# 荷蘭 比利時 盧森堡

27

City Target

MOOK

# 荷蘭 比利時 盧森堡

27 

contents

荷比盧地圖
N
A
B
C
1
2
3
北海 North Sea
瓦登海
Waddenzee
格羅寧根省
Groningen
格羅寧根 Gronin
Leeuwarden
Makkum
Assen
菲士蘭省
Friesland
大堤防 Afsluitdijk
Hindeloopen
德倫特省
Drenthe
北荷蘭省
Noord Holland
Ijsselmeer
Steenwijk
羊角村 Giethoorn
霍恩 Hoorn
恩克赫伊森 Enkhuizen
哈克馬 Alkmaar
Zwolle
艾登 Edam
福倫丹 Volendam
上愛塞省 Overijssel
贊斯堡 Zaanse Schans
馬肯 Marken
荷蘭
The Netherlands
Haarlem
弗萊福蘭省
Flevoland
阿斯米爾 Aalsmeer
阿姆斯特丹 Amsterdam
Apeldoorn
庫肯霍夫 Keukenhof
Lisse
德哈爾城堡
Kasteel de Haar & Haarzuilens
森林國家公園
Het Nationale Park De Hoge Veluwe
海牙 Den Haag
萊登 Leiden
Amersfoort
Otterlo
席凡尼根 Scheveningen
烏特勒支
Utrecht
Ede
吉德蘭省 Gelderland
台夫特 Delft
Gouda
烏特勒支省Utrecht
Arnhem
Hoek van Holland
鹿特丹 Rotterdam
小孩堤防 Kinderdijk
Nijmegen
南荷蘭省
Zuid Holland
Dordrecht
北布拉班省
Noord Brabant
Breda
提爾堡Tilburg
努能 Nuenen
桑德 Zundert
Middelburg
恩哈芬 Eindhoven
西蘭省 Zeeland
林堡省
Limburg
安特衛普省
Antwerpen
Zeebrugge
安特衛普 Antwerpen
Thorn
魯爾蒙德 Reormond
Oostende
Lier
布魯日 Brugge
東法蘭德斯省
Oost-Vlaanderen
林堡省 Limburg
西法蘭德斯省
West-Vlaanderen
梅赫倫 Mechelen
波克萊克露天博物館
Domain Bokrijk
馬斯梅赫倫 Msssmechelen
根特 Gent
Hasselt
馬斯垂克 Maastricht
大拜哈爾登城堡 Groot-Bijgaarden
透明教堂
Doorkijkkerk
通厄倫 Tongeren
波佩林赫 Poperinge
布魯塞爾 Brussels
魯汶 Leuven
Kortrijk
哈勒國家森林公園 Hallerbos
滑鐵盧 Waterloo
德國
German
伊伯爾 Ieper
比利時
Belgium
布拉班省
Brabant
列日 Liège
Ath
列日省 Liège
Tournai
埃諾省
Hainaut
Spa
Namur
Charleroi
Mons
班什
Binche
那慕爾省
Namur
Durbuy
Dinant
克萊沃 Clervaux
Han-sur-Lesse
Bastogne
維安登 Vianden
盧森堡省
Luxembourg
盧森堡
Luxembourg
法國 France
盧森堡市
Luxembourg
申根 Shengen

# 航向荷比盧的偉大航道

## 護照辦理

### 什麼狀況下需要辦？

- 未持有護照
- 護照效期不足6個月時

### 哪裡辦？

首次申請普通護照者，需本人親自至領事事務局或外交部中、南、東辦事處辦理。若實在無法親辦，也必須先親自到戶籍所在地之戶政事務所辦理「人別確認」，再備齊相關文件，委託交通部觀光局核准之綜合或甲種旅行社代辦(一般加收約300元)。換發護照者不在此限。

外交部領事事務局

**台北市濟南路一段2-2號(中央聯合辦公大樓)3~5樓**

**(02) 2343-2888(總機)、(02) 2343-2807~8(護照查詢專線)**

**週一至週五08:30~17:00，週三延長至20:00，以下各區辦事處皆同。**

**www.boca.gov.tw**

外交部中部辦事處

**台中市黎明路二段503號1樓(行政院中部聯合服務中心廉明樓)**

**(04) 2251-0799**

外交部南部辦事處

**高雄市苓雅區政南街6號3~4樓**

**(07) 715-6600**

外交部東部辦事處

**花蓮市中山路371號6樓　(03) 833-1041**

### 如何辦？

相關規定在外交部領事事務局網站有詳盡說明，以下僅作簡要介紹。

準備：

- 身分證正本、正反面影本各1份(14歲以下需準備戶口名簿正本或3個月內戶籍謄本或新式身分證正本)
- 護照專用白底彩色照片2張(6個月內近照)
- 簡式護照申請書(20歲以下未婚者，父或母需在申請書背面簽名，並黏貼身分證影本。申請時，繳驗簽名人身分證正本)
- 外文姓名拼音(可參考外交部領事事務局網站。換發新護照者，需沿用舊護照拼音)
- 36歲以下役齡男性，須另外準備退伍令正本或免役令正本
- 換發護照者，需準備舊護照

要多久？

一般為6個工作天，遺失護照則須7個工作天。如

果是急件，可以加價提前辦理，最快為隔天取件。

多少錢？

護照規費為1,300元(未滿14歲者與「接近役齡」男性，規費為900元)。辦理急件，每提前1天，加收300元。

效期

10年

## 簽證辦理

從2011年1月11日開始，台灣遊客前往包含荷蘭、比利時、盧森堡在內的歐洲36個國家和地區，無需辦理申根簽證，只要持有效護照即可出入申根公約國，6個月內最多可停留90天。有效護照的定義為，預計離開申根區時最少還有3個月的效期。

但要注意的是，儘管開放免簽證待遇，卻不代表遊客可無條件入境，移民官有時會在入境檢查時要求提供相關證明文件，建議隨身攜帶以備查驗。入境申根國家可能需要查驗的相關文件包括：來回航班訂位紀錄或機票、英文行程表、當地旅館訂房紀錄或當地親友邀請函、足夠維持旅歐期間生活費之財力證明、公司名片或英文在職證明等等。另外，原本辦理申根簽證所需的旅遊醫療保險，雖同樣非入境時的必備證明，但最好同樣投保，多一重保障。

如有其他相關問題，或是要辦理非觀光簽證，可洽詢：

**荷蘭在台辦事處**

台北市信義區松高路1號13樓之2（遠雄金融中心）

(02) 8758-7200

領事簽證：週一至週三09:00-11:00

www.nlot.org.tw

**比利時台北辦事處**

台北市民生東路三段131號6樓601室（環球商業大樓）

(02) 2715-1215

週一至週五09:00~12:00、13:30~16:00（全部採預約制）

taipei.diplomatie.belgium.be

**盧森堡台北辦事處**

臺北市信義區基隆路一段333號18樓1812室

(02)2757-6007

www.investinluxembourg.tw

## 旅遊諮詢與實用網站

**荷蘭旅遊局**

荷蘭的遊客服務中心代號與他國不同，是以VVV（Verenining voor Vreemdelingen Verkeer）為標誌。

www.holland.com/global

**荷蘭交通路線規劃網站**

9292.nl

**比利時旅遊局**

www.visitbelgium.com

**盧森堡旅遊局**

www.visitluxembourg.lu

**盧森堡市旅遊局**

www.lcto.lu

## 飛航資訊

從台灣前往荷比盧地區，最有效率的方法是搭乘KLM荷蘭航空從台北直飛阿姆斯特丹的飛機（與中華航空共用班號），一天一個航班，不需中停曼谷，飛行時間約為12~13小時。搭乘中華、長榮航空直飛班機，需要在曼谷或法蘭克福短暫停留，再搭乘原機飛往阿姆斯特丹，飛行時間去程約17~18小時，回程約16~17小時（含過境短留的1.5小時）。搭乘國泰航空則需要在香港轉機。比利時、盧森堡與台灣之間沒有直飛航班，都需要在歐洲其他國家轉機前往，或是搭乘亞洲的航空公司，在曼谷或新加坡轉機前往。

若不知如何選擇航空公司，建議善用機票比價網站Skyscanner，填寫出發、目的地及時間後，可選擇只要直達班機或轉機1~2次，網站上會詳細列出所有票價比較、飛航時間及提供服務的航空公司組合。

**Skyscanner** www.skyscanner.com.tw

| 航空公司 | 訂位電話 | 網址 |
|---|---|---|
| 長榮航空 | (02)2501-1999 | www.evaair.com |
| 中華航空 | 台灣市話412-9000 (手機撥號02-412-9000) | www.china-airlines.com |
| 荷蘭皇家航空 | (02)7752-7424 | www.klm.com.tw |
| 國泰航空 | (02)7752-4883 | www.cathaypacific.com |
| 新加坡航空 | (02)2551-6655 | www.singaporeair.com.tw |
| 阿聯酋航空 | (02)7745-0420 | www.emirates.com/tw/chinese |

# 荷比盧行前教育懶人包

## 基本旅遊資訊

### ◎荷蘭

**正式國名**

尼德蘭王國（het Koninkrijk der Nederlanden）

**地理位置**

荷蘭是著名的低地國，有24%的國土低於海平面，且不少土地是透過填海造地而來。除了東部及南部有幾座數百公尺高的小丘外，其餘地區一片平坦。

**面積**

約41,543平方公里

**人口**

約1717多萬人

**首都**

阿姆斯特丹（Amsterdam）

**宗教**

雖然荷蘭一向被認為是新教國家，但隨著宗教影響力愈來愈弱，信仰羅馬天主教的人口反而超過基督新教。目前天主教徒約佔總人口29%，新教徒15%，穆斯林5%，其他則為無神論者與不可知論者。

**種族**

超過80%的人口是純正荷蘭人，外來移民以印尼、土耳其、德國人較多。

**語言**

官方語言為荷蘭語與菲仕蘭語（僅在菲仕蘭省使用），南方的林堡省與布拉班省也有各自的方言。幾乎所有荷蘭人都能用英語溝通。

## ◎比利時

**正式國名**

比利時王國（荷語Koninkrijk België /法語Royaume de Belgique ）

**地理位置**

比利時從南到北，最寬處不超過329公里，景觀頗為多元，可區分為三個區域：比利時低地、中比利時、阿登尼斯（Ardennes）。

**面積**

約30,528平方公里

**人口**

約1130多萬人

**首都**

布魯塞爾（Bruxelles）

**宗教**

75%以上信奉天主教，少部分信奉基督新教與伊斯蘭教。

**種族**

60%為佛蘭芒人（Vlaams，北部），40%為瓦隆人（Walloon，南部）。

**語言**

官方語言為荷蘭語（55%，多分佈北部）、法語（44%，多分佈南部）、德語（1%），但比利時人的荷蘭語與法語在腔調上與荷蘭、法國本地不同。一般人交談則會使用弗蘭芒語與瓦隆語等方言。

## ◎盧森堡

**正式國名**

盧森堡大公國（Grand-Duché de Luxembourg）

**地理位置**

盧森堡南北全長82公里，寬57公里，北部多平原，東部是岩壁與葡萄園環繞的河谷，南部則是礦藏豐富的紅土地。

**面積**

約2,586平方公里

**人口**

約59多萬人

**首都**

盧森堡市（Luxembourg City）

**宗教**

87%信奉天主教，少部分信奉基督新教與猶太教。

**種族**

76%為盧森堡人，外來移民以葡萄牙人和義大利人最多。

**語言**

官方語言為盧森堡語、德語與法語。盧森堡語是一般人的日常口語，德語為書面用語，法語則是正式的高級書面用語。

**時差**

荷比盧三國位於同一時區，時間比台灣慢7小時，若實施日光節約時間，則時差為6小時。日光節約時間是從3月最後一個週日至10月最後一個週日。

**最佳旅行時刻**

受到北大西洋環流的影響，荷比盧三國都屬於溫帶海洋性氣候，春花、夏樹、秋楓、冬雪，能夠明

顯感受四季更迭，然而託海洋調節的福，夏季涼爽，即使7~8月盛夏，平均高溫約25°C，不過日夜溫差大，即使夏季也要記得帶件薄外套。對於原本居住亞熱帶的旅客而言，雖然冬季寒冷，大約0°C~5°C，但整體而言較乾燥，不至於有酷寒感覺。

最適合旅遊的季節是6~8月，由於緯度較高，夏季日照時間長，即使晚上9點都還沒天黑，有充裕的時間可遊覽。10月到隔年3月間，荷蘭和比利時大多進入陰沈多雲，時有降雨的秋冬，11月以後大約下午4點就快沒陽光了，許多博物館、遊客中心、遊覽船及景點在10月底至隔年復活節前（約4月初）會減少營運時間或不開放，這個季節前往旅遊要特別注意。

**貨幣及匯率**

荷比盧目前通行的貨幣是歐元（€），紙幣面額有€5、€10、€20、€50、€100、€200、€500，硬幣面額有¢1、¢2、¢5、¢10、¢20、¢50、€1、€2。1歐元約等於新台幣35元（實際匯率會有變動）。

**電壓**

電壓均為220V（荷蘭為230V，但也適用220V電器），台灣電器需使用圓形的兩孔轉接插頭。

**網路**

在荷比盧三國，網路的使用相當普遍，各飯店、餐廳幾乎都有提供免費的無限上網，只要在消費時，向店家詢問上網密碼即可。此外，當地售有可上網及打電話的預付卡，不妨多加利用。

**打電話**

從台灣撥打

**台灣直撥荷蘭：**002+31+城市區碼去掉前面的0（例如阿姆斯特丹是20）+電話號碼

**台灣直撥比利時：**002+32+城市區碼去掉前面的0（例如布魯塞爾是2）+電話號碼

**台灣直撥盧森堡：**002+352+電話號碼

從荷比盧撥打回台灣

00+886+城市區碼去掉前面的0（例如台北是2）+電話號碼

## 旅行前，最好要知道的事

**要怎麼給小費？**

在荷比盧，服務費通常已被包含在消費中，因此沒有給小費的硬性規定，一般在餐館付帳時，如果覺得服務不錯，通常會留下找回的零錢，即算是付過小費了。住在高級飯店，可支付約¢50~€2小費給行李小弟或房間清理人員；住在一般旅舍則可以不必付小費。搭乘計程車時，若是請司機幫忙搬運行李，則建議給€1小費。

**商店營業時間**

荷蘭、比利時和盧森堡境內的商店，通常從09:00營業至下午17:00或18:00，視各家而定，如有調整請依官網公告為準。

**使用公廁需要付費**

在荷比盧上公廁，通常都要付費，一般而言是€0.3~0.6，因此身上最好帶有足夠的零錢。盡量把握機會好好利用博物館及用餐的餐館，有時餐廳廁所設有密碼鎖，密碼若沒有寫在收據上，就需至櫃檯詢問。不過在某些荷蘭及比利時大城市，常可看到各種造型的簡易男廁（只能小便），雖然不甚衛生，但至少是免費的；至於女士，還是準備零錢吧。

**購物可以退稅嗎？**

荷比盧的加值稅已包含在售價中（荷蘭19%、比利時21%、盧森堡15%），只要進入貼有「Tax Free」標誌的商店購物，並符合以下資格及可退稅：

- 同一人、同一天，在同一家店購物達退稅標準，荷蘭需消費達€50以上、比利時消費達€50以上、盧森堡消費達€74以上。不過住宿、食品及餐飲無法退稅。
- 非歐盟國籍且在歐盟國停留時間未超過3個月。

要怎麼退稅？

結帳時，記得向店家索取「Global Refund Cheque」（免稅購物證明），上面需標明商品價格、數量及總額。在離開荷比盧或歐盟國家最後一站時，將免稅購物證明、收據、未使用的商品交給海關驗證蓋章，把免稅購物證明送回機場的退稅點（Cash Refund Office），扣除手續費後即可選擇領取現金、匯款至指定銀行信用卡或將支票寄至填寫的地址。例如阿姆斯特丹的史基浦機場是旅客最後一站，則需到史基浦機場3號出境大廳的國際退稅組織辦公室（位於22號報到處對面）辦理退稅。在荷蘭最高可退回購買金額的13.75%、比利時可退回約11.5~15.5%、盧森堡最高可退回11.8%。

**若不幸發生緊急事故該怎麼辦？**

荷比盧的治安整體來堪稱良好。但主要觀光景點還是有許多不法份子專挑遊客下手行偷拐搶騙之事，特別是荷蘭阿姆斯特丹中央車站到紅燈區一帶，以及比利時布魯塞爾南站及大廣場周圍，都需要特別謹慎。電車或地鐵也是扒手最常做案的地方，人多時一定要把後背包拿到身前，此外，現金和信用卡最好分開存放。

緊急聯絡電話

**荷蘭：**警察、消防、急救112

**比利時：**警察101、消防急救112

**盧森堡：**警察113、消防112

**外交部海外急難救助免付費：**00-800-0885-0885

**駐荷蘭台北代表處：**+31 (0)654-948849(急難重大事件使用)、荷蘭境內直撥：0654-948849

**駐歐盟兼駐比利時代表處：**+32 (0)475-472-515(專供急難重大事件使用)

旅遊荷比盧常用單字對照表

| 中文 | 荷蘭文 | 法文 |
|---|---|---|
| 週一 | Maandag | Lundi |
| 週二 | Dinsdag | Mardi |
| 週三 | Woensdag | Mercredi |
| 週四 | Donderdag | Jeudi |
| 週五 | Vrijdag | Vendredi |
| 週六 | Zaterdag | Samedi |
| 週日 | Zondag | Dimanche |
| 休息中 | Gesloten | Fermé |
| 東 | Oost | Est |
| 南 | Zuid | Sud |
| 西 | West | Ouest |
| 北 | Noord | Nord |
| 男廁 | Heren | Hommes |
| 女廁 | Dames | Femmes |
| 氣泡水 | Koolzuurhoudend | Gazeuse |
| 無氣泡礦泉水 | Koolzuurvrij | Plate |
| 車站 | Station | Gare |
| 車站月台 | Perron | Quai |
| 出口 | uitgang | Sortie |
| 入口 | Ingang | Entrée |
| 到達 | Aankomst | Arrivée |
| 出發 | Vertrek | Départ |

## 荷比盧旅行日曆

◎荷蘭

| 日期 | 地區 | 節慶 |
|---|---|---|
| 1月1日 | 全國 | ＊新年New Years day |
| 3月下旬至5月 | 庫肯霍夫 | 庫肯霍夫花園開放Keukenhof |
| 3月底至4月初 | 全國 | ＊復活節假期 |
| 4月初至9月初 | 哈克馬 | 起司市場 AlkmaarseKaasmarkt |
| 4月27日 | 全國 | ＊國王日Koningsdag |
| 5月 | 全國 | ＊光復日5月5日<br>＊耶穌升天紀念日<br>聖靈降臨節 |
| 7~8月 | 艾登 | 起司市場Edam Kaasmarkt |
| 9月第三個週二 | 海牙 | 親王日Prinsjesdag |
| 11月中旬 | 阿姆斯特丹 | 聖尼可拉斯節Sinterklaas |
| 11月底至1月中 | 阿姆斯特丹 | 光雕藝術節Amsterdam Light Festival |
| 12月25日 | 全國 | ＊耶誕節 |

＊代表國定假日，許多博物館會在國定假日當天休館。

◎比利時

| 日期 | 地區 | 節慶 |
|---|---|---|
| 1月1日 | 全國 | ＊新年 |
| 2月下旬 | 班什 | 班什嘉年華會Carnaval van Binche |
| 3月底至4月初 | 全國 | ＊復活節假期 |
| 5月1日 | 全國 | ＊勞動節 |
| 5月第二個週日 | 伊伯爾 | 拋貓節Kattenstoet |
| 復活節後第40天（5月上旬） | 布魯日 | ＊耶穌升天紀念日<br>聖血遊行Heilig-Bloedprocessie |
| 復活節後第50天 | | ＊聖靈降臨節 |
| 7月初 | 布魯塞爾 | 中世紀慶典Ommegang |
| 7月21日 | 全國 | ＊國慶日 |
| 7月下旬 | 根特 | 根特藝術節GentseFeesten |
| 8月15日 | 全國 | ＊聖母升天節 |
| 11月1日 | 全國 | ＊萬聖節 |
| 11月11日 | 全國 | ＊第一次世界大戰停戰紀念日 |
| 11月中旬 | 全國 | 聖尼可拉斯節Sinterklaas |
| 12月25日 | 全國 | ＊耶誕節 |

◎盧森堡

| 日期 | 地區 | 節慶 |
|---|---|---|
| 5月底至6月初 | 全國 | 埃西特納赫舞蹈Echternach |
| 6月23日 | 全國 | ＊國慶日 |
| 7月底至8月初 | 維安登 | 中世紀慶典Festival Médiéval |

＊盧森堡的國定假日除了國慶日及第一次世界大戰停戰紀念日外，均與比利時相同。

# 荷比盧市區交通

## 荷蘭The Netherlands

### 鐵路系統

荷蘭鐵路主要由荷蘭國鐵公司(Nederlandse Spoorwegen,簡稱NS)營運,部分區域路段由其他公司營運,但不需另外購買車票。主要車種有Intercity(IC)、Sprinter和Intercity Direct。Intercity只停靠大城市,車廂採雙層設計,外觀以藍、黃兩色為主,適合長途旅行,性質類似台灣的自強號;Sprinter是區域性火車,每一站都停,相當於區間車,車廂外觀以藍、白兩色為主;而Intercity Direct是往返於阿姆斯特丹中央車站、史基浦機場、鹿特丹中央車站和布雷達(Breda)之間的快速直達車。

NS所有火車的座位皆分為1等和2等車廂,在車門外側通常會以1和2來標示車廂等級,請依自己購買的票種上車。

荷蘭火車站的月台沒有閘門(進入月台前的刷卡機是供OV卡的持有者感應票卡用),但千萬不要抱著僥倖心理坐黑車,車上不時會有查票人員,若是被抓到,不但要繳納€50的罰款,還會留下記錄,同時也丟了國人的臉。

### 購買車票

車票可在售票櫃檯或自動售票機購買,也可在官網線上購買電子票(e-tickets)。自動售票機只接受硬幣、不收紙鈔,若身上沒有零錢或可以使用的信用卡,則需至售票櫃檯購票,但要多付€1;購票時,可要求售票員列印該趟火車行程,上

面會註明該在哪一站轉車，並到第幾月台等車。如果上車才補票會收取高額手續費，所以最好事先買票。

從官網線上購票，訂單完成後，可以選擇下載並列印電子車票，也可以從手機下載NS APP，出入閘門時直接用手機掃二維碼搭乘。提醒你，大城市市區常有2個以上的火車站，購票時請注意正確站名。

### 車票種類

荷蘭國鐵推出的車票種類眾多，性質各不相同，簡介如下：

·單程票（Enkele reis／One-way Ticket）：沒有購票折扣，有效期限28小時。除非旅程中僅需搭乘2~3次，否則對旅客來說並不划算。

·當日來回票（Dagretour／Day Return）：沒有購票折扣，當天往返，有效期限28小時。除非旅程中僅需搭乘2~3次，否則對旅客來說並不划算。

·1日票（NS Dagkaart／Day Ticket）：一天之內可無限制搭乘NS火車，2等車廂票價€58.8。

·兒童票（Railrunner）：成人可以為同行的4~11歲兒童購買Railrunner，每人票價€2.5，全天皆可使用。

·非尖峰時段團體票（Groepsticket Daluren／Off-Peak Group Ticket）：搭乘火車的同行者2~7人，可購買此票種，屬於單程票，只能在離峰期間使用。離峰時段為平日06:30之前、09：00~16：00之間以及18:30之後；週六和假日則全天可搭乘，但4月27日的國王日（Koningsdag）不適用。每人票價依人數多寡從€7.15~€17不等。

·荷蘭旅遊票（Holland Travel Ticket）：專為旅客設計的1日票，可在一天之內（包括尖峰時段）無限次搭乘荷蘭境內火車、地鐵、電車和巴士等交通工具，但不適用於Thalys高速火車，每張票價€70。想省錢的可選擇「off-peak Holland Travel Ticket」，同樣可在一天內無限次搭乘，但僅限在非尖峰時段使用，票價€48。

### 如何在自動售票機買票

1.選擇票種：票種有單程、當日來回、1日票與兒童票等，請詳見上述車票種類介紹。

2.選擇目的地：輸入目的地的前3個字母，再從名單中選取。

3.選擇廂等：有頭等廂（1e klas）與二等廂（2e klas）兩種。

4.選擇是否有優惠證明：全票請選「Vol tarief」，若持有學生證（非尖峰時間）、老者，或4~11歲無成人陪伴的孩童，可購買優惠票（Korting）。

5.選擇當天搭乘（Vandaaggeldig）或不指定日期（Zonder datum）：當天搭乘者，車票效期至翌日凌晨4點，若買不指定日期者，上車前需打票。

6.選擇票數（Kaartje）。

7.選擇付款方式：可投零錢或使用信用卡。

8.取票。

### 儲值式OV-chipkaart

「OV-chipkaart」是由阿姆斯特丹GVB公司所發行的交通卡，這種卡類似台北的悠遊卡，不但可搭乘荷蘭全境跨城市的火車，也可乘坐所有城市的大眾運輸工具，包含電車、地鐵、公車、渡輪等，而且享有不錯的票價優惠，如果會在荷蘭大城市之間頻繁移動，且經常需要搭乘大眾運輸工具，建議購買一張儲值式的OV-chipkaart。OV-chipkaart分為記名卡（Persoonlijk OV-chipkaart）和匿名卡（Anonieme OV-chipkaart）兩種，記名卡適合長期居住荷蘭者使用，對一般旅客來說，選擇匿名卡最方便。

匿名卡可在車站票務中心或各大城市的地鐵售票機購買，一張€7.5，有效期限為5年。

每次搭乘都會收取€0.88基本費，車資則依據搭乘距離來計算，每個城市每公里的車資也不盡相同。票值將用完時，可至票務櫃檯或地鐵站加值機加值，最多可加至€150。35分鐘之內的轉乘，不扣除基本費；20分鐘之內可免費進出同一車站。

使用方法與悠遊卡相同，不管月台是否設有閘門，進出車站及上下車均需感應票卡。此外，每次搭乘火車時，卡片裡的餘額至少要有€20；若搭電車、公車、地鐵，基本餘額要€4。如果搭乘火車時卡片餘額小於€20，會被視為逃票，需多加留意。

OV-chipkaart不使用時可辦理退卡退款，至售票櫃檯辦退卡需加收手續費€2.5，餘額退還的上限是€30，而卡片本身的材料費€7.5則不退還。

www.ov-chipkaart.nl

**搭乘火車**

購票後先透過車站的電子看板或出發時刻表vertrek，確認欲搭乘的列車停靠哪一個月台，記得要確認a或b月台，因為同一月台兩邊可能是完全不同方向的列車，像烏特勒支這種大城市的月台相當長，經常以前後區分不同月台，等車時要特別留意。荷蘭最貼心的是，大部份火車站月台都設有升降梯，只是有些要稍微找一下，別傻傻地搬大行李。

使用儲值式OV-chipkaart、拋棄式單程車票或1日票，進出月台都一定要感應票卡。上下車須自行按鈕開門，不管哪一型的車種，車上都有電子螢幕顯示站名，不用擔心坐過站。

**相關網站**

荷蘭國鐵

計畫以火車旅行者，在搭乘火車前最好先上荷蘭國鐵網站，先查詢好班次時間及乘車月台，甚至在網上事先購票。官網首頁右上方可選取英文介面，在右側欄位中輸入起、訖站及日期時間，便可查詢所有班次及細節。

www.ns.nl

公共交通旅行資訊OVR

推薦另一個相當好用的整合性交通網站，只要輸入起迄站名、地點、街道名稱甚至郵遞區號，選定預計出發時間，網站就會規劃好全程的交通工具，整合鐵路、地鐵、電車、公車及渡輪資訊。

9292.nl/en

### 巴士

荷蘭的城市之間幾乎沒有所謂的長途客運系統，都是市區巴士、大城市通往郊區、連接火車站和小村落的地區民營巴士，例如Connexxion公司經營阿姆斯特丹近郊，往贊斯堡、艾登、霍恩至大堤防的中短程區域巴士，而RET則營運鹿特丹、海牙及台夫特之間的城市和郊區。交通資訊也全被整合進9292.nl網站中，且均可使用OV-

chipkaart，所以在荷蘭使用大眾交通工具旅行相當簡單方便。

### 自行車

自行車是荷蘭人最愛的交通工具，據説每個荷蘭人都有兩輛以上的腳踏車，分別是通勤用及休閒使用，全長超過20,000公里的腳踏車專用道，規劃各種長短的行程，騎行在氣候溫和的平坦道路，眼前是運河田野美景，旅行不就該如此。最方便的是，全國超過100個以上的火車站都設有腳踏車出租處及停車場。除了在各地遊客中心索取路線圖，荷蘭旅遊局網站上也提供線上路徑規劃。

www.holland.com

# 比利時Belgium

### 鐵路系統

比利時鐵路由National Railway Company of Belgium（荷文簡稱NMBS／法文簡稱SNCB）營運，鐵路網相當發達，國內移動幾乎都靠火車。車種包括ICE、Intercity (IC)可往來主要大城及其他國家；Interregio（IR地方快車）可往來比利時國內主要城市；Local（區間車）則往來小城鎮，各站都停。搭乘方式與荷蘭大同小異。

若搭火車往返布魯塞爾國際機場，則需繳納額外的Diabolo fee，買國內單程票的話，費用已被算在票價內，但若用的是Rail Pass或歐洲火車聯票，則需至櫃檯購買Diabolo fee Ticket，價錢為

€6.4。

**購買車票**

車票可在車站售票櫃檯、自動售票機買，或上官網、下載App訂購。一般車票不會限定時間與班次，無法指定座位，此外也不允許中途下車，若想同一天在起迄點間多停留一站，可加價選擇VITticket。車票分成單程票、來回票，頭等及二等艙，此外，若多人或多次旅行目的地是否有日期時間，便可查詢所有班次及，以下介紹的折扣票種可多加利用。

單程票Standard Ticket

適合搭乘次數不多的遊客，價格依路程距離遠近從€2.5~23不等。

Go Pass 1

針對26歲以下青年的優惠車票，國內任一地點的單程票都只要€7.10，或是可選擇二等車廂的來回票。

週末票Billet Week-End

週五19:01以後出發，當週週日前返回，來回車票享50%折扣，需要在購票時告知回程時間，當天來回只能於週六、週日使用。

Rail Pass

不限距離任選國內10次車程，二等車箱為€96，頭等車箱為€146，效期為1年，由於不具名，因此可以轉讓或在同一次旅程中與同行者共同使用。Rail Pass透過SNCB App購買，可享€3折扣。

另一種10趟單程票券為Go Pass 10，對象為26歲以下青年，同樣採不具名的形式，價錢為€59（二等車廂），只能在售票櫃檯或自動售票機購買；如透過App訂購可享€2折扣。

Free4kids

持有效車票的成人旅客，可帶12歲以下的孩童免費隨行，最多4位。記得隨身攜帶證明年齡的證件。

**相關網站**

官網右上方是語言選擇，進入主網站後，在左側欄位中輸入起、訖站及日期時間，便可查詢所有班次、路線及細節。

**www.belgiantrain.be**

### 巴士

沒有長途巴士系統，都是往來區域間、大城市中接駁輕軌、以及連接火車站與城鎮間的地區短程巴士。

### 自行車

交通不便的郊區，與其等待班次不多的公車，不如騎乘自行車享受迎風暢快。比利時國鐵站多設置自行車出租中心，購買時可詢問目的地是否有含自行車出租的火車＋自行車套票，對於遊覽舊城中心距離車站較遠的城市也很方便。

# 盧森堡Luxembourg

### 鐵路系統

盧森堡國鐵由CFL營運，行駛於各城鎮間則是國鐵巴士CFL Bus，雖然有通往各地的鐵路線，但班次不算多，由於國土面積不大且道路狀況良好，盧森堡人大多都是開車往返各地。而自2020

年3月起，盧森堡全境實施免費公共交通政策，凡搭乘路面電車、公車或火車（頭等艙除外）都可免費，不再需要購買車票！如果要前往周邊國家，則需購買跨境車票。

搭乘火車頭等艙需要買票，短程單程票（Kuerzzäitbilljee）€3起，2小時內可隨意搭乘火車及巴士；一日票（Dagesbilljee）€6，一天內無限制搭乘火車。上車前都必須使用安裝在車站的驗證器進行驗票。

www.cfl.lu

# 跨國交通 Inter Country

## 跨國鐵路

### 大力士Thalys

Thalys跨國高速鐵路，是由法鐵、比鐵、德鐵共同持股經營，以布魯塞爾南站為中心，通往荷蘭的阿姆斯特丹（1小時53分鐘）、法國的巴黎（1小時20分鐘）與德國的科隆（1小時47分鐘）。而從阿姆斯特丹到巴黎也只需3小時19分鐘。車票可在官網上購買，依票種彈性和各種限制而有不同的價格選擇，也可在火車站購買，如在荷蘭、德國和比利時的車站售票櫃檯買票，會加收行政手續費。

www.thalys.com

### 歐洲之星 Eurostar

歐洲之星由英國的歐洲之星公司與法鐵、比鐵合營，路線以倫敦聖潘可拉斯站（St. Pancras）為起站，通往法國的巴黎北站與比利時的布魯塞爾南站，從倫敦到布魯塞爾只需2小時。車票可在官網上購買，依出發地、票種彈性和各種限制而有不同的價格選擇。

www.eurostar.com

### 跨國火車通行證 Rail Pass

若是要在荷比盧做大範圍跨國旅行，建議可在台灣向有代理歐鐵票務的旅行社（如飛達旅行社），購買荷比盧三國火車通行證，需特別注意的是，搭乘Thalys及歐洲之星無法使用跨國火車通行證，但可享受歐聯特惠價 (Passholder)，另需事先訂位並收取額外的訂位費。

但若全程只是在單國做小範圍短程移動，例如從阿姆斯特丹到海牙及鹿特丹，則還是購買單程票或OV卡比較划算。

火車通行證需於開立後6個月內開始啟用，第一次使用前需填上使用者的護照號碼，每次上車前記得在通行證上的日期欄位填上當天日期，若寫錯不可塗改，直接在另一欄填入正確日期，否則可能會影響當日車票的效用。遇查票時，需同時出示護照以備查驗。

**飛達旅運**

台北市中山區南京東路三段168號10樓之6

(02) 8161-3456 www.gobytrain.com.tw

## 跨國巴士

歐洲跨國巴士交通網相當便利，主要城市間班次頻繁且多為直達車，最常使用且涵蓋區域最廣的是Euroline、Flixbus。搭乘跨國巴士就是要有用時間換取金錢的心理準備，暑假旺季是學生的最愛，容易客滿，一定要提前預約。

www.eurolines.com/en/

### 荷比盧火車通行證

| 一個月內 | 成人個人票 | | 熟齡個人票 | | 青年個人票 | |
|---|---|---|---|---|---|---|
| | 頭等廂 | 二等廂 | 頭等廂 | 二等廂 | 頭等廂 | 二等廂 |
| 任選3天 | 161 | 127 | 145 | 114 | 129 | 110 |
| 任選4天 | 194 | 153 | 175 | 138 | 155 | 132 |
| 任選5天 | 225 | 177 | 203 | 160 | 180 | 153 |
| 任選6天 | 253 | 200 | 228 | 180 | 202 | 172 |
| 任選8天 | 305 | 240 | 275 | 216 | 244 | 208 |

※單位：歐元／每人。熟齡票適用於60歲以上，青年票適用於12~28歲，4~12歲兒童與大人同行免費（每位大人最多可攜帶兩名兒童）。在官網購票不需支付開票手續費，如需旅遊諮詢顧問人工開票，則另加收手續費€5。

※以上票價適用至2023年12月31日

# 玩荷比盧吃什麼？

荷蘭、比利時與盧森堡不僅在歷史上關係緊密，文化也互相影響。務實的荷蘭人多半以性價比高的小吃文化取勝，美食小國比利時與盧森堡則深受法式料理薰陶，菜色美味創新，比利時人自稱是熱愛享受美酒與美食的饕客（Bourgondiërs），2017年比利時就有130家餐廳在米其林評鑑下摘星。

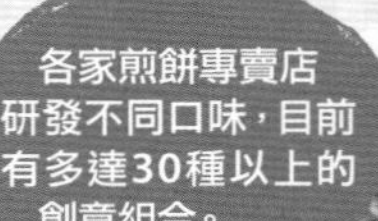

## 荷式煎餅 Pannenkoek

|荷蘭|小吃

荷式煎餅很像一張展開的法式可麗餅，但餅皮較厚，上面鋪滿餡料，除了巧克力、焦糖等傳統口味，也能加上火腿、起司、培根等食材與麵糊一起煎，可直接用刀叉食用。

## 生鯡魚 Haring

|荷蘭|小吃

荷蘭俗語說：「只要有生鯡魚，就不需要醫生了。」生鯡魚含有Omega3、魚油等營養素，早在14世紀就有鹽漬生鯡魚的紀錄：將新鮮鯡魚去除內臟後，以鹽醃漬待其熟成。當地人的吃法是抓起魚尾，仰頭將整條直接放入口中，現在的攤販都會切塊，再用牙籤叉著吃。每年5月至7月是鯡魚盛產季，也是品嚐的好時機。

有些店家提供獨門自製醬料或多種沾醬，但一般以美乃滋為主。

## 炸魚塊 Kibbeling

|荷蘭、比利時|小吃

在荷蘭、比利時的市集、路邊攤或魚舖都可買到，通常以炸鱈魚（Kibbelingkabeljauw）為主。外層裹了極薄的麵衣，炸得酥脆，鎖住魚肉的鮮美，咬下去鮮嫩多汁。

## 炸肉丸 Bitterballen

|荷蘭|小吃

混合各種辛香料的炸肉泥丸，是荷蘭典型開胃菜或下酒菜，適合擔任派對或聚會聊天時的小點心。炸肉丸外層酥脆，內部是入口即化的內餡，包括牛肉（Rundvlees/Kalfsvlees）、起司（Kaas）、蝦泥（Garnalen）等口味。

# 豌豆濃湯

## Erwtensoep

|荷蘭|小吃

這是荷蘭家庭的必備料理，湯中除了豌豆，還加入洋蔥、胡蘿蔔等大量根莖類蔬菜，以及能讓豌豆吸收油脂的培根一起長時間熬煮至水分蒸發，最後再加入香腸，可當前菜也可成為主菜。

荷蘭人認為濃湯不能太稀，若將叉子插入湯中而不會倒下，才稱得上是真正的荷式豌豆濃湯。

# 可樂餅

## Kroket/Croquette

|荷蘭、比利時|小吃

荷蘭文Kroket來自法文Croquette，指的是餡料中加入醬料與牛肉泥（Rudvleeskroket）、起司（Kaassouffle）、蝦泥（Garnalenkroket）或炒麵（Bamikroket）等的可樂餅，外層以麵衣包裹，再進行油炸，肉類通常是長條形、蝦類是橢圓四方體。在火車站的Smullers自助販賣機內可投幣購買。

比利時通常能在餐廳或海鮮攤找到，以起司與炸蝦口味（Croquette de crevettes）居多。

# 荷蘭小鬆餅

## Poffertjes

|荷蘭|小吃

這種小尺寸的鬆餅有點類似雞蛋糕的口感，嚼起來鬆軟又有勁，通常撒上糖粉，搭配蜂蜜或奶油，是簡單樸實的傳統小吃，在街頭、市集、超市或鬆餅專賣店都找得到。

# 油炸麵球

## Oliebollen

|荷蘭、比利時|小吃

每年12月初就會看到油炸麵球的攤位出現。將麵粉、牛奶、蛋揉合後油炸，再撒上糖粉，有點類似甜甜圈與台灣炸雙胞胎的口感，有時還會在內餡中加入蘋果或葡萄乾，銷售攤販通常在每年12月才會出現，是一項季節限定美食。

某些甜點專賣店會將它列入菜單中，因此在其他季節也吃得到。

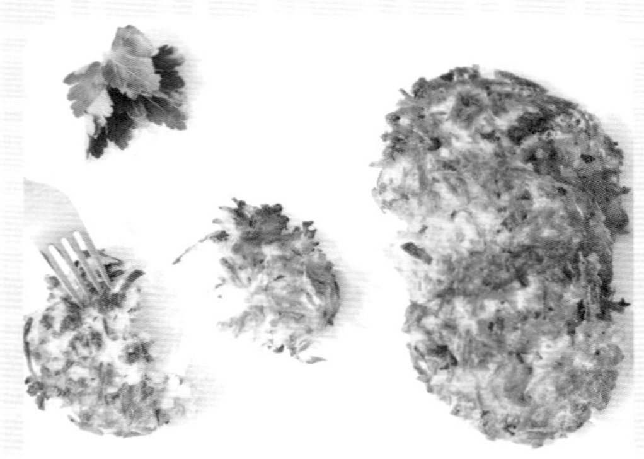

# 油炸馬鈴薯薄餅 Gromperekichelcher

|盧森堡|小吃

將馬鈴薯切絲，與切碎的洋蔥、香菜、雞蛋、麵粉和鹽混合後，壓成扁平狀再油炸，外表酥脆，內部吃得到各種食材，是盧森堡最受歡迎的小吃之一。通常搭配蘋果醬或番茄醬，也有人會配著熱湯一起食用。

# 煎香腸配蔬菜薯泥 Stoemp

|荷蘭、比利時|傳統料理

Stoemp是指將馬鈴薯與各類蔬菜一起壓成泥狀，有點類似上海菜飯的概念。蔬菜薯泥可搭配各式肉類，最家常的搭配組合就是煎香腸，幾乎每家餐廳都有提供。

# 法蘭德斯燉牛肉 Carbonnades Flamandes a la Biere

|比利時|傳統料理

以啤酒入菜是比利時常見的料理方式。這道菜是使用Trappist修道院啤酒將牛肉小火燉煮，啤酒讓肉質更軟嫩，也增添不少風味。通常會附上薯泥或炸薯條供選擇。

# 淡菜 Moules

|比利時|傳統料理

淡菜烹煮方式很多，有焗烤、煎煮、搭配不同醬汁清蒸等，最推薦的是傳統以白酒蒸煮(Moules au vin blanc)的作法，洋蔥、西洋芹等香料香菜先炒鍋，再加入淡菜與白酒蒸煮，芹菜的清爽和淡菜的鮮甜互為幫襯，搭配炸薯條，再來杯啤酒，堪稱最完美搭配。

# 番茄醬肉丸 Boulettes Sauce Tomates

|比利時|傳統料理

這是比利時傳統家常菜，使用牛絞肉與豬絞肉混合的肉丸，和番茄醬汁一同熬煮，酸甜鹹的滋味一次都能品嘗到。

# 啤酒燉兔肉 Lapin a la biere

|比利時|傳統料理

通常以修道院啤酒或天然發酵蘭比克啤酒燉煮兔肉，並加入蘋果或櫻桃等酸甜水果，兔肉口感與雞肉十分類似，別有一番風味。

# 焗烤菊苣 Chicons au gratin

|比利時|傳統料理

比利時的特產蔬菜菊苣也稱為苦小白菜（Witloof/Chicon），纖維與營養成分高但熱量低，與苦瓜有異曲同工之妙。最經典的菊苣料理是以培根或火腿捲起來焗烤，再搭配馬鈴薯泥。

# 雞肉奶油燉菜 Waterzooi a la gantoise

|比利時|傳統料理

這是根特地區的家鄉菜，將水煮雞胸肉與馬鈴薯泥呈盤，最後淋上由鮮奶油熬煮的醬汁，奶香濃郁且不膩。有時會撒上醃菜，藉由淡淡的酸來平衡奶油的滋味。

## 豬血腸佐蘋果泥 Bloedpens

|比利時|傳統料理

豬血腸以豬血加入脂肪與各式不同香料製成，略帶甜味，好的豬血腸味道並不腥羶，每家自製的豬血腸味道不盡相同，通常會搭配白香腸一起享用，配上蘋果泥或煎蘋果，滋味絕佳。

## 燻豬肉配蠶豆 Judd mat Gaardebounen

|盧森堡|傳統料理

有人說這是盧森堡的國菜，使用靠近豬頸較軟嫩的部分，將燻豬肉泡水整晚，隔日與各式蔬菜與香料一起熬煮，最後放入培根淋上醬汁，通常搭配蠶豆食用。

## 番茄鑲北海灰蝦沙拉 Tomaat Garnaal/tomate-crevette

|比利時|傳統料理

北海灰蝦也稱為Purus，是法蘭德斯區的特產。小灰蝦去皮後約1、2公分，肉質軟嫩有嚼勁，被譽為海鮮之后。傳統吃法是把番茄挖空，填入與美乃滋、香料混合的灰蝦沙拉，通常做為開胃前菜。

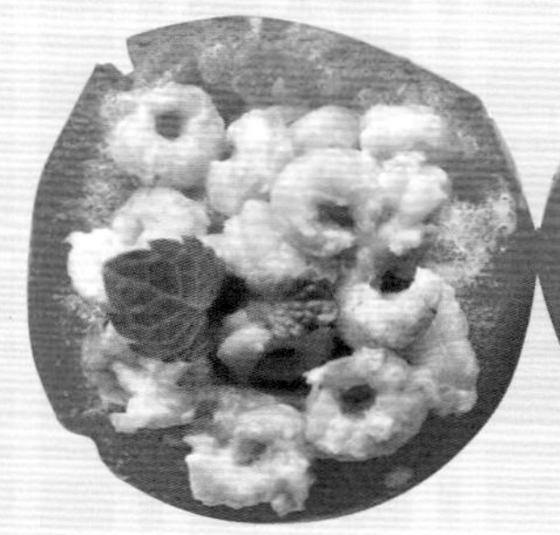

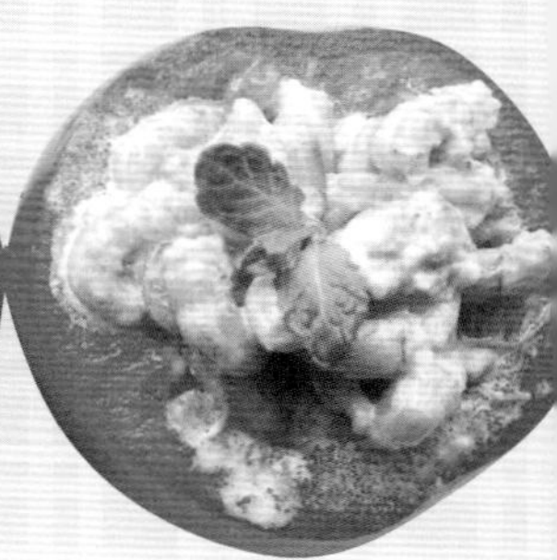

**在餐廳點餐與小費的注意事項**

**通常到餐廳一坐下，服務生會先問你要喝什麼飲料，這是西方人的用餐習慣。餐廳通常都會準備英文菜單，若真的沒有也別擔心，只要不是太鄉下，荷比盧三國人民的英文能力普遍不錯。這三國的餐點分量都不少，點菜時也可以只單點主菜就好。**

**多數餐廳已包含服務費，若在高級餐廳用餐且對服務很滿意，可自行斟酌給小費，通常是餐費的5~10%。請不要把剩下的幾毛錢放在桌上當小費，這是很沒禮貌的行為，使用信用卡會在簽帳單下面看見小費欄，自行填上金額就可以。**

阿姆斯特丹、鹿特丹等大城市都有以蘋果塔聞名的餐館，不容錯過。

# 荷式蘋果塔
# Appeltaart/Appelgebak

|荷蘭|甜點

蘋果塔是務實的荷蘭人最著名的甜點，從17世紀的繪畫中就看得到蘋果派的蹤跡，運用蘋果的酸甜滋味加上桂皮或檸檬汁，塔皮既脆又鬆軟，內部充滿大塊軟嫩多汁的蘋果肉，由於口味偏酸，常會搭配鮮奶油食用。

# 西式糕點
# Pâtisserie

|比利時|甜點

深受法國飲食文化影響，比利時有不少知名甜品店，店內宛如珠寶盒的甜點櫃展示著巧克力黑森林Foret Noir、千層酥Millefeuilles、水果塔ToutiFruti、栗子塔Mont blanc aux marrons等，都是甜點控的最愛。

許多巧克力大師本身就是甜點師傅，他們的巧克力專賣店同時也是甜點店。

# 鬆餅
# Waffle

|比利時|甜點

比利時鬆餅有兩種，列日鬆餅（Leige Waffles）呈現橢圓格子狀，以雞蛋、砂糖、麵粉、牛奶混合後烘烤，口感實在有嚼勁。另一種布魯塞爾鬆餅（Brussels Waffles）在食材上加入蛋白，口感鬆軟較具空氣感，入口即化。

兩種鬆餅都可選擇加上巧克力、草莓、冰淇淋或鮮奶油等配料一起享用。

許多店家在挑選馬鈴薯品種時特別謹慎，對於薯條的尺寸大小也有不同看法，有扁平帶皮的，也有去皮長條型，口感不盡相同。

# 薯條
# Friet/Patat

|荷蘭、比利時、盧森堡|甜點

炸薯條最早起源於比利時，通常先以低溫油炸，靜置薯條一會兒，再以高溫油炸第二次，最後搭配微酸的美乃滋，是最傳統的比利時薯條口味（Frieten）。店家提供多種醬汁，其中較特別的為略帶辣味的Samura、帶酸甜的綜合口味cocktail等。

# 玩荷比盧買什麼？

荷蘭、比利時有太多讓人失心瘋的小物，具地區特色的木屐鞋、台夫特藍瓷、布魯日蕾絲、米菲兔或丁丁的卡通漫畫周邊商品，還有讓人抗拒不了的起司與巧克力。

## 起司 Kaas

|荷蘭|

荷蘭人平均身高榮登世界第一，據說是日常食用許多乳製品的關係。荷蘭不以起司種類取勝，光靠艾登（Edam）和高達起司（Gouda），就能躋身全球最大起司輸出國。專賣店隨處可見，可以先試吃再選購口味。若有時間造訪修道院啤酒廠，別忘了添購修士們的自製起司。

### 高達起司 Goudakaas

半硬質起司的代表，13世紀起就在高達生產，口感溫和綿密，加熱後有極佳延展性，常被用於料理中，又有「萬能起司」封號。高達起司佔荷蘭總生產量60%，口味眾多，比如熟成25個月以上的特級高達（Premium Gouda），也有加入香草、核桃等熟成的香草高達（Spice Gouda），還有最受國人歡迎的煙燻高達（Smoked Gouda），外型為長筒狀，適合搭配啤酒。

### 艾登起司 Edamkaas

外表為球形，佔荷蘭總產量的25%。口感溫和柔順，後味略帶微酸，可以直接當點心。依熟成的長短，4星期的稱為年輕艾登（Jong）、4個月的稱為原味艾登（Nature）、10個月熟成則稱老艾登（Oud），熟成時間越長，風味越濃厚。

## 焦糖煎餅 Stroopwaffles

|荷蘭|

焦糖煎餅起源於18世紀末的起司重鎮高達，當時的麵包師把工廠內剩餘的麵粉、牛奶、蛋加上糖混合，壓扁後烘烤，成為硬中帶軟、散發奶香的小圓餅，在各大超市、機場都找得到。奶油焦糖煎餅（Roomboter）是最傳統的口味，還有蜂蜜、巧克力、迷你尺寸等選擇，怕甜的人也有減糖口味。

在地吃法是將焦糖煎餅放在熱茶的上方，靜置兩三分鐘，等待焦糖軟化後再食用。

## 木屐鞋
## Klompen

|荷蘭|

木屐鞋是最能代表荷蘭的紀念品，購買時可以試穿，各種尺寸和花色都有，也有原色木鞋，買回家後可以畫上自己喜愛的圖案。若覺得木屐鞋太硬不實穿，可選擇木屐鞋造型的軟底布料室內鞋，或各種木屐鞋造型的筆筒、花器、鑰匙圈、磁鐵等紀念品。

## 米菲兔
## Miffy

|荷蘭|

荷蘭是米菲兔的故鄉，相關商品從燈具、餐具、玩具到浴袍等，琳瑯滿目，也有以藍瓷方式繪製的米菲兔，提供不同選擇。

## 台夫特藍瓷
## Delft blue

|荷蘭|

類似中國青花瓷的藍瓷是台夫特特產，白底藍紋圖案以荷蘭常見的風景人物，例如以風車與農村生活為主題。正統藍瓷是人工手繪上色，價格不斐，除了餐盤茶具、鍊墜，也有純欣賞的裝飾品。

許多紀念品店販售的藍瓷多為工廠大量製作，非人工手繪，價格較為親民。

## 荷蘭設計
## 生活雜貨

|荷蘭|

荷蘭設計名聞遐邇，除了重量級品牌如Droog和Moooi之外，平價的生活用品店也充滿實用又具設計感的雜貨，推薦從服飾、家具到日常用品都有的Sissy Boy，販售廚具、餐具、園藝用品的Dille&Kamille，以及平價連鎖店Hema。

## 巧克力 Chocolate

|比利時|

比利時幾乎和巧克力三個字畫上等號，巧克力名店滿街都是，高中低價位都有，傳承百年的香濃甜蜜滋味，不只擄獲比利時人的心，也迷倒全世界，特別是夾心巧克力（Parline），不同外層和內餡能變化出上百種組合。天氣轉涼時，來杯香濃的熱巧克力也是極佳選擇。

## 傳統肉桂焦糖餅 Speculoos

|比利時|

Speculoos是加入肉桂、丁香、薑與豆蔻等香料的焦糖餅乾，將麵糰以木頭模具塑形再烘培，略帶肉桂與焦糖香氣，鹹甜風味適合搭配咖啡一起享用。超市中就能找到聞名全球的品牌，若要品嚐道地的肉桂焦糖餅，可前往傳統糕點店，如布魯塞爾的Dandoy等。

## 啤酒與周邊商品 Bier and gifts

|比利時|

比利時啤酒千變萬化，光是總類就有上千種。如果超市的啤酒無法滿足你，就前往啤酒專賣店尋找季節限定或特殊口味限量版。依不同種類和酒廠，還有專門搭配的啤酒杯，同時各酒廠也推出各種飲酒用具與穿搭周邊商品，是啤酒迷的最愛。

## 丁丁＆藍色小精靈 TinTin& Smurf

|比利時|

創造丁丁歷險記和藍色小精靈的漫畫家都是比利時人，兩者皆是許多人共同的童年回憶，最後都被拍成電影，登上大銀幕。想要收集丁丁或藍色小精靈商品，到布魯塞爾大廣場旁的丁丁專賣店、漫畫博物館1樓的藍色小精靈專賣店準沒錯。

# 超市的庶民零食

|比利時|

## Cote D'Or

這是比利時人最愛的國民巧克力。Cote D'Or（非洲大象商標）原意是指非洲的黃金海岸，也是當初選用高級可可豆的來源，口味琳瑯滿目，優質價廉深得大眾信賴，經常推出新品，如焦糖海鹽核果口味，在超市巧克力中最受歡迎，也是伴手禮最佳選擇。

## Galler

Galler在大廣場附近設有巧克力專門店，產品皆以顏色分類口味，例如招牌長條巧克力系列共有23種內餡口味，每種分別以專屬的顏色標示。長條（Bar）與迷你（Mini bar）系列在超市有賣，售價比專門店便宜些。

## Jules Destrooper

朱利斯是比利時知名的奶油脆餅品牌，銷往全球各地，在本地超市可找到更多不同口味與本地風格的鐵盒包裝，有布魯日風景、超現實大師馬格利特的畫作等多種選擇。

# 蕾絲編織 Lace

|比利時|

傳統編織蕾絲是布魯日知名特產。精細的花樣與繁複編織手法表現歐洲女性特有的優雅情懷，手工編織的骨董蕾絲價格相當高，因此紀念品店中也有機器復刻商品可供選擇。除了布魯日，布魯塞爾大廣場附近也有幾家蕾絲專賣店。

# 氣泡酒與葡萄酒

|盧森堡|

在盧森堡人的餐桌上，經常搭配一杯冒著泡泡的金黃氣泡酒Cremant，幾乎都來自東南部莫色爾河（Moselle）沿岸，這裡的葡萄種類包括Riesling、Auxerrois、Pinot gis和Pino Blanc等，果香濃郁，口感滑順平衡，是容易入口的佐餐酒。自有一套控管品質和分級制度，會根據品質而授予「Vin Classe」、「Premier Cru」、「Grand Premier Cru」酒標。

除了莫色爾河沿岸的酒莊，在盧森堡的超市或酒品專賣店也找得到。

# 荷蘭
# The Netherlands

荷蘭

## 關於荷蘭

每年出口40多萬噸起司的荷蘭，以高達(Gouda)和艾登(Edam)起司最為著名，毫無疑問地，起司是荷蘭人餐桌上必備食物，除了生產量獨步全球之外，每個荷蘭人平均一年會吃掉8公斤起司，如此驚人的食量同樣名列世界第一，難怪荷蘭人的平均身高稱霸歐洲之冠！

# 阿姆斯特丹

## Amsterdam

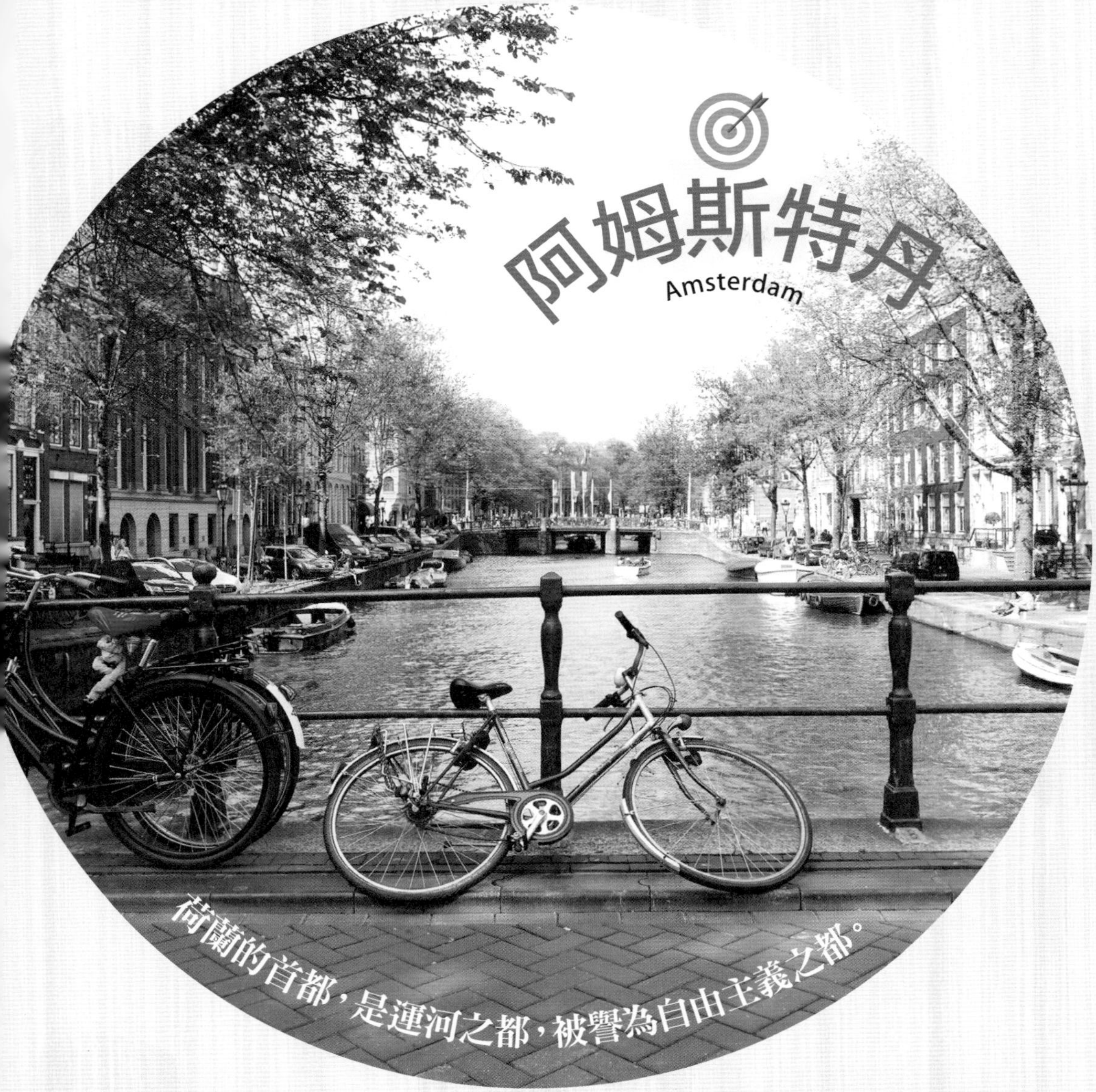

荷蘭的首都，是運河之都，被譽為自由主義之都。

阿姆斯特丹位置圖

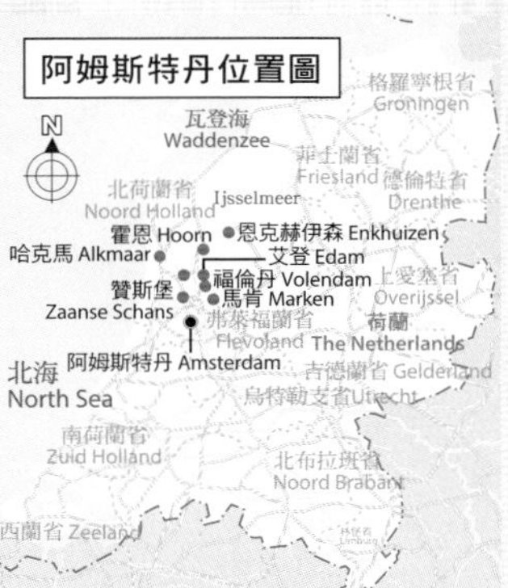

阿姆斯特丹在13世紀只是個小漁村，到了17世紀荷蘭成為航海與貿易的強權時，一躍而成世界重要的港口，世界第一間股票交易所在此成立，至今阿姆斯特丹仍是荷蘭的金融與商貿中心。在這座古老運河與美麗山形屋交織的水都裡，盡是自由穿梭的單車、17世紀黃金時代的華麗裝飾、載滿遊客的小船、熱鬧喧嘩的街頭市集，美術館典藏著舉世聞名的藝術品，還有充滿活力的夜生活、觀光客比尋芳客多的紅燈區與大麻咖啡店。

# 航向阿姆斯特丹的偉大航道

## 如何前往

### 飛機

#### 從台灣出發

荷蘭航空（KLM）、中華航空和長榮航空都有從桃園機場出發的直航班機到達阿姆斯特丹，約需12~13小時，但長榮航空會在曼谷稍作停後留原機出發，航程時間較長。其他亞洲或歐洲的航空公司都需要在香港、曼谷或新加坡轉機，歐洲國家的航空公司大多需要兩次轉機。

#### 從歐洲其他城市出發

歐洲國家航空公司往來周邊國家的班次都相當頻繁。從法蘭克福、巴黎和倫敦出發的直飛班機大約都需時1小時20分，柏林出發約1.5小時，維也納出發約1小時50分。除了主要航空公司，也可選擇廉價航空easyJet或Germanwings等。

#### 史基浦國際機場

史基浦國際機場（Amsterdam Airport Schiphol，AMS）位於阿姆斯特丹西南20公里處，是荷蘭最大、旅客呑吐量排名第4的歐洲機場，經常入選為「全球最佳國際機場」。1樓是入境大廳，2樓是出境大廳，如果不趕時間，機場裡還有許多東西可以逛逛，例如國家博物館的分館就位於機場2樓第2與第3貴賓室之間（免費參觀），是全球唯一有17世紀藝術真跡展出的機場。隔壁設有一間賭場，讓等機的旅客消磨時間。

P.4B1 www.schiphol.nl

### 火車

大阿姆斯特丹地區共有9個火車站，位於市中心的中央車站(Amsterdam Centraal)是相當重要的國際中轉站，由此出發可連接荷蘭各地及前往歐洲各主要城市。從巴黎或布魯塞爾前往阿姆斯特丹可搭乘Thalys高速火車，布魯塞爾出發搭乘Thalys需時1小時50分鐘，每小時1班次；巴黎北站出發為3小時17分鐘，約每小時1班；從法蘭克福搭乘ICE直達車，需時3小時58分鐘，每日約5班。

**中央車站**

**P.31B2**

### 巴士

長途巴士雖然耗時，卻是最省錢的交通工具。跨國長途巴士主要由Flixbus、Eurolines、iDBUS和megabus提供服務，終點站都可轉乘火車或電車前往中央車站。布魯塞爾出發需時4小時，巴黎出發約8小時，從倫敦維多利亞車站可搭乘megabus，搭渡輪穿過多佛海峽，行經比利時抵達阿姆斯特丹，共約需10小時。

**Flixbus**

**Amsterdam Sloterdijk火車站(終站)**

**www.flixbus.com/**

**Eurolines**

**Amsterdam Amstel火車站(終站)**

**07:00-23:00 www.eurolines.nl**

**iDBUS**

**Amsterdam Sloterdijk火車站(終站)**

**uk.idbus.com**

**megabus**

**P+R Zeeburg電車站(終站)**

**uk.megabus.com**

## 機場至市區交通

旅行荷蘭若使用大眾運輸工具的頻率很高，建議從機場搭乘火車或巴士前往市區的旅客，可以直接購買全國通用的OV-chipkaart，不僅使用方便也比單程票划算許多。

### 火車

機場地下一樓就是火車站，在航站大廳中央可以找到售票機和票務櫃檯。從Schiphol到Amsterdam Centraal的班次非常密集，車程約15~20分鐘，單程票價為頭等廂€8.33、二等廂€4.9。從機場火車站可直接前往荷蘭其他主要城市，跨國火車也有停靠。

**www.ns.nl/en**

### 巴士

從機場搭乘阿姆斯特丹機場快線(Airport Express：公車397)和Connexxion營運的夜間公車N97，可直達阿姆斯特丹市區，車程約40分鐘，乘車地點在航站大樓對面的史基浦廣場(Schiphol Plaza)，沿途停靠國家博物館和萊茲廣場，終點位於Marnixstraat巴士總站 。車票可在機場遊客中心、巴士乘車處或官網購買。可選擇單程或來回票，若只有一天遊覽市區，建議購買Amsterdam Travel Ticket一日票，一天內可無限次搭乘市區及周邊的巴士、地鐵和電車。

**巴士總站**

**P.31A3 397公車：05:00~午夜，每10分鐘一班。N97夜間公車：午夜~05:00，每30分鐘一班。 單程票€6.5，來回票€11.75，Amsterdam Travel Ticket一日票€18。**

### 飯店巴士Schiphol Hotel Shuttle

Connexxion提供100多家飯店的接駁服務，車票可在遊客中心、旅館、機場Connexxion櫃檯(靠近入境大廳4)購買，單程票€18.5起，每天06:00~21:00從入境大廳外的A7月台發車。回程需於2小時前請飯店幫忙預約或上官網預約。

**www.schipholhotelshuttle.nl**

### 計程車

在機場出口可找到排班計程車，採跳錶方式計費，剛上車的前2公里起跳價€7.5，之後每公里€2，到市區大約€40~50，正常狀況下約20分鐘可達。若有大件行李，一般而言，每件行李給司機€1小費。另外強烈建議，切勿搭乘在機場內攬客的計程車，他們都是違法的。

### 租車

在機場大廳可找到Avis、Hertz、Budget、Europcar、National、Sixt等6家國際連鎖租車公司。但由於荷蘭無論油錢或停車費都十分昂貴，因此不建議開車旅行。

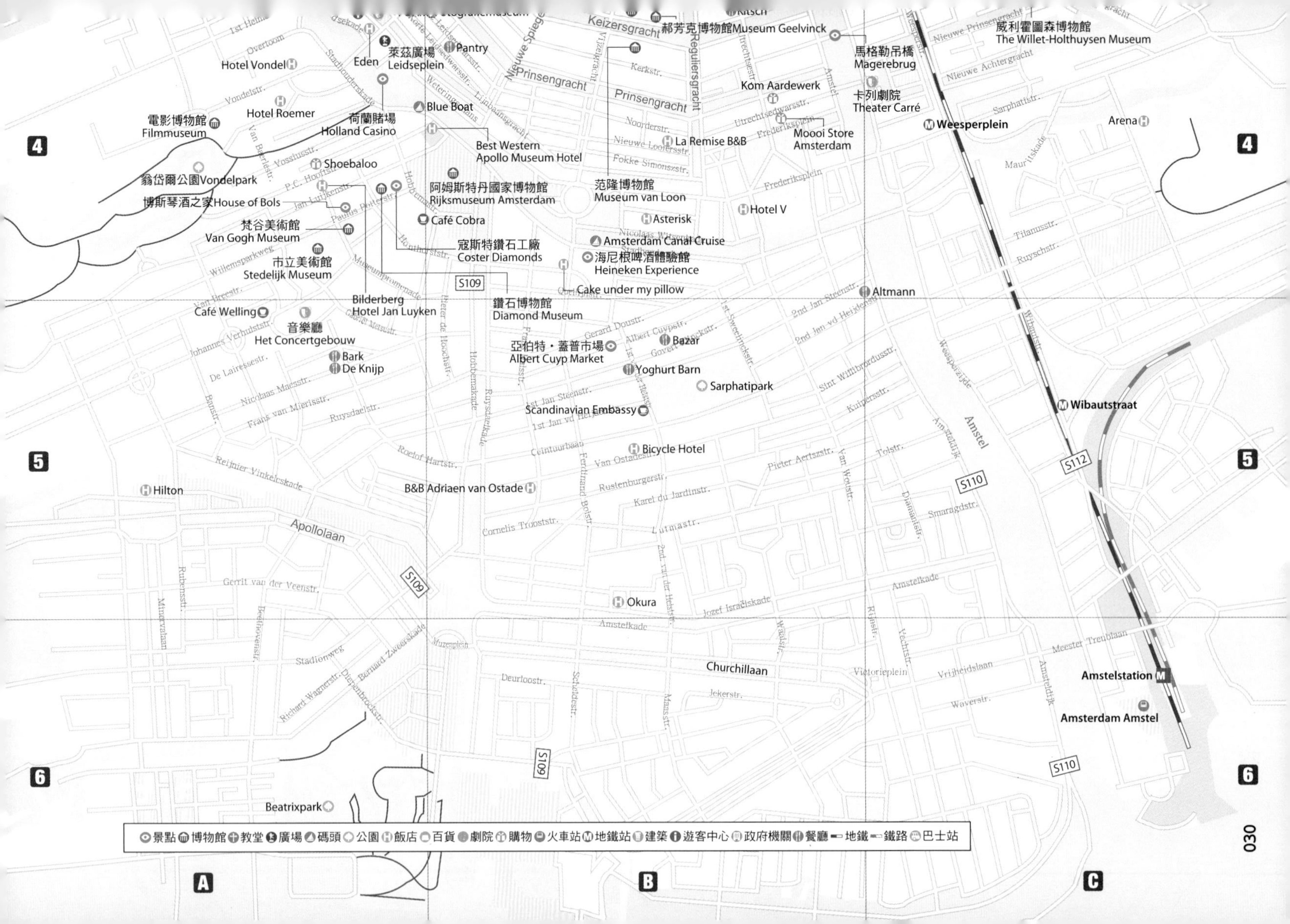
Hotel Vondel
Eden
萊茲廣場
Leidseplein
Pantry
Hotel Roemer
荷蘭賭場
Holland Casino
Blue Boat
電影博物館
Filmmuseum
Best Western
Apollo Museum Hotel
Shoebaloo
翁岱爾公園Vondelpark
博斯琴酒之家House of Bols
阿姆斯特丹國家博物館
Rijksmuseum Amsterdam
Café Cobra
梵谷美術館
Van Gogh Museum
市立美術館
Stedelijk Museum
寇斯特鑽石工廠
Coster Diamonds
Bilderberg
Hotel Jan Luyken
鑽石博物館
Diamond Museum
Café Welling
音樂廳
Het Concertgebouw
Bark
De Knijp
Hilton
B&B Adriaen van Ostade
Apollolaan
Beatrixpark
Keizersgracht
郝芳克博物館Museum Geelvinck
Prinsengracht
Reguliersgracht
Kom Aardewerk
La Remise B&B
Moooi Store
Amsterdam
范隆博物館
Museum van Loon
Hotel V
Asterisk
Amsterdam Canal Cruise
海尼根啤酒體驗館
Heineken Experience
Cake under my pillow
Altmann
亞伯特・蓋普市場
Albert Cuyp Market
Bazar
Yoghurt Barn
Sarphatipark
Scandinavian Embassy
Bicycle Hotel
Okura
Churchillaan
馬格勒吊橋
Magerebrug
卡列劇院
Theater Carré
威利霍圖森博物館
The Willet-Holthuysen Museum
Weesperplein
Arena
Amstel
Wibautstraat
Amstelstation
Amsterdam Amstel
S109
S110
S112
4
5
6
A
B
C
景點 博物館 教堂 廣場 碼頭 公園 飯店 百貨 劇院 購物 火車站 地鐵站 建築 遊客中心 政府機關 餐廳 地鐵 鐵路 巴士站

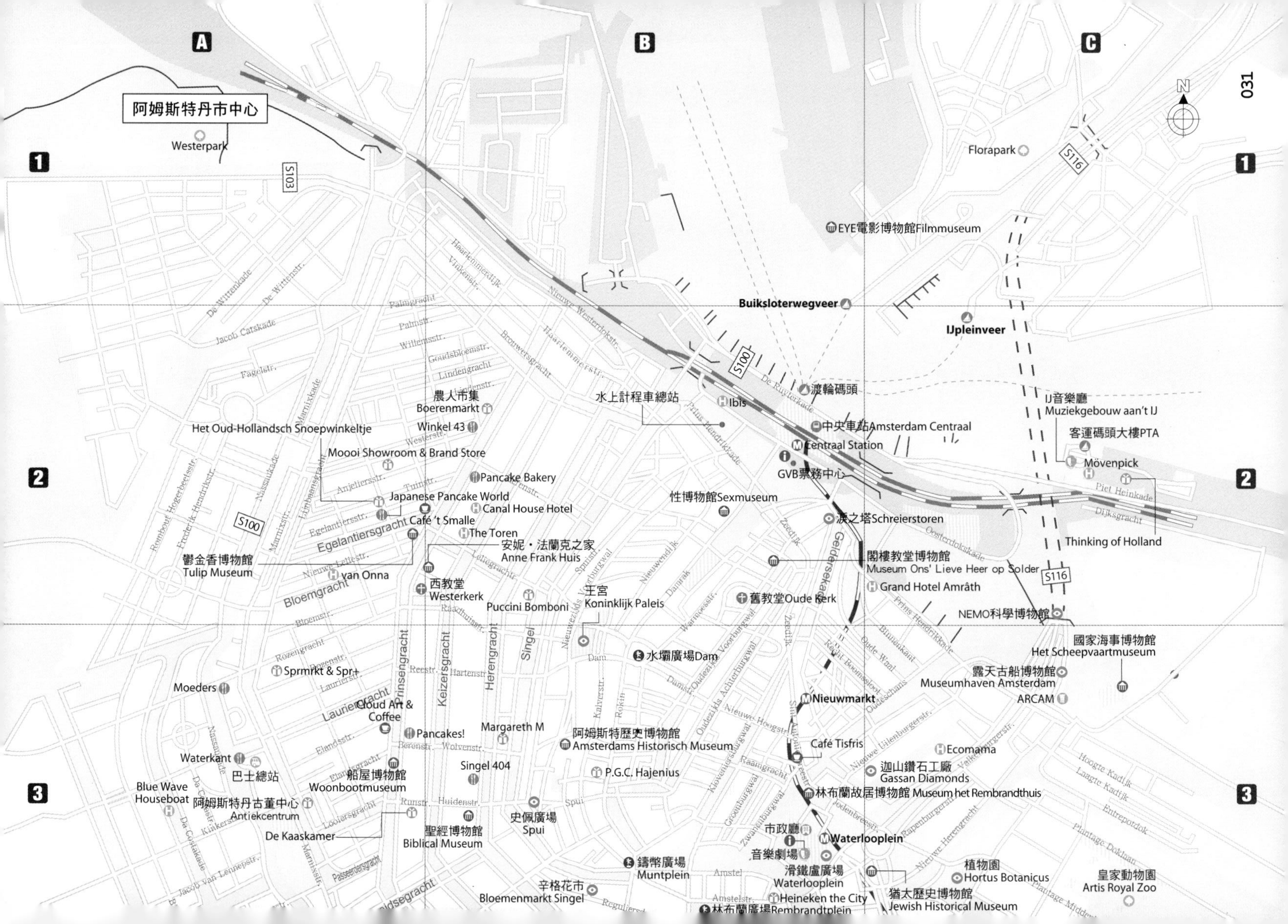
阿姆斯特丹市中心
Westerpark
Florapark
EYE電影博物館Filmmuseum
Buiksloterwegveer
IJpleinveer
渡輪碼頭
水上計程車總站
Ibis
中央車站Amsterdam Centraal
Centraal Station
GVB票務中心
IJ音樂廳
Muziekgebouw aan't IJ
客運碼頭大樓PTA
Mövenpick
Thinking of Holland
農人市集
Boerenmarkt
Winkel 43
Het Oud-Hollandsch Snoepwinkeltje
Moooi Showroom & Brand Store
Pancake Bakery
Japanese Pancake World
Canal House Hotel
Café 't Smalle
The Toren
安妮・法蘭克之家
Anne Frank Huis
鬱金香博物館
Tulip Museum
van Onna
西教堂
Westerkerk
Puccini Bomboni
王宮
Koninklijk Paleis
性博物館Sexmuseum
淚之塔Schreierstoren
閣樓教堂博物館
Museum Ons' Lieve Heer op Solder
Grand Hotel Amrâth
舊教堂Oude Kerk
NEMO科學博物館
國家海事博物館
Het Scheepvaartmuseum
露天古船博物館
Museumhaven Amsterdam
ARCAM
水壩廣場Dam
Sprmrkt & Spr+
Moeders
Cloud Art & Coffee
Pancakes!
Margareth M
阿姆斯特丹歷史博物館
Amsterdams Historisch Museum
Nieuwmarkt
Café Tisfris
Ecomama
迦山鑽石工廠
Gassan Diamonds
林布蘭故居博物館 Museum het Rembrandthuis
Waterkant
巴士總站
Blue Wave Houseboat
阿姆斯特丹古董中心
Antiekcentrum
船屋博物館
Woonbootmuseum
Singel 404
P.G.C. Hajenius
De Kaaskamer
聖經博物館
Biblical Museum
史佩廣場
Spui
市政廳
音樂劇場
滑鐵盧廣場
Waterlooplein
Waterlooplein
植物園
Hortus Botanicus
皇家動物園
Artis Royal Zoo
鑄幣廣場
Muntplein
辛格花市
Bloemenmarkt Singel
Heineken the City
猶太歷史博物館
Jewish Historical Museum
林布蘭廣場Rembrandtplein
Prinsengracht
Keizersgracht
Herengracht
Singel
Egelantiersgracht
Bloemgracht
Lauriergracht
Geldersekade
Damrak
Rokin
Kalverstr.
Amstel
S100
S103
S116
A
B
C
1
2
3
N

# 阿姆斯特丹行前教育懶人包

## INFO

### 基本資訊

**人口**

市區約81.3萬人，大阿姆斯特丹區約111.2萬人

**面積**

市區219.32平方公里

**區域號碼**

(0)20

**時區**

冬季比台灣慢7小時，夏令時間(3月最後一個週日~10月最後一個週日)比台灣慢6小時。

**SIM卡**

1.在台灣事先上網購買：現在許多歐洲國家推出的SIM卡皆可在歐洲直接跨國通用，選擇網卡時，請注意此卡是否有涵蓋荷蘭即可，再根據使用天數和流量來挑選適合自己的卡。目前台灣有許多網路平台在販售SIM卡，可提前上網先買好，抵達目的地開機即可使用。

2.在當地購買：在史基浦機場入境大廳詢問檯或火車站售票處附近，可找到販售SIM卡的櫃檯或售卡機。無論Lebrara、KPN或其他電信，費率各家不同。

**DO YOU KNOW**

**阿姆斯特丹號稱「博物館之都」**

**阿姆斯特丹這小小的城市裡號稱有著高達75間風格各異、規模有大有小的博物館，從高知名度的必訪景點如國家博物館、梵谷美術館、海尼根博物館、安妮之家，到性博物館、小貓館、博斯琴酒之家等特殊主題館等，讓人逛都逛不完，難怪這裡被冠上「博物館之都」的封號啊！**

## 行程建議

### 散步&騎單車

阿姆斯特丹的主要景點分佈在5條運河包圍的區域裡。若時間充裕，散步或騎單車是探索此城的絕佳方式。不妨以水壩廣場為起點，往西沿著王子運河飽覽水岸船屋風光；往南遊逛辛格花市、萊茲廣場或林布蘭廣場，再一路前往東南方的滑鐵盧廣場尋寶；向東行，穿越商店密集的巷弄，參訪舊教堂，安靜慢賞紅燈區。

阿姆斯特丹也被稱為「博物館之城」，雖然市區範圍不大，但博物館美術館的密集度卻很高，古老的建築與創新的公共藝術隨處可見，值得看的景點不少，各種意想不到的新奇隨處可見，就算待上一個星期也不見得能玩遍全城。

### 最佳電車之旅

從中央車站出發的電車2號、4、12號是城市中最佳代步工具之一。國家地理雜誌曾盛讚2號電車有著全球最佳大眾運輸路線，行經許多熱門觀光景點，比如水壩廣場、辛格花市、萊茲廣場、國家博物館、翁岱爾公園等。4號則穿越市區的北與南，行經亞伯特蓋普市集、博物館廣場等亮點。

### 觀光行程

遊客中心和Damrak straat上的Tours & Ticket聯合售票中心都有提供許多導覽行程，包含徒步、單車、觀光巴士及運河遊船。許多行程及博物館事先在官網上訂票都享有優惠折扣，若臨時要參加Sightseeing的觀光巴士或購買海尼根體驗館、杜莎夫人蠟像館等私人博物館門票，建議到Tours & Ticket購買優惠票。

Tours & Ticket
Damrak 26
+31 20-4204000
09:00~21:00
www.iamsterdam.com

## 觀光巴士 Amsterdam Sightseeing Hop-On Hop-Off

車上附中文語音導覽，使用期限內可於每個站無限次上下車。

**沿途共有9個站牌，從中央車站出發，行經皇家動物園、迦山鑽石工廠、海尼根體驗館、博物館區、翁岱爾公園、西教堂等景點。**
**+31 20-4204000**
**週三至週日10:00~17:00，每15~30分鐘1班。**
**24小時€25（加運河遊船票€37.5），48小時€51（含運河遊船）。**
**www.citysightseeingamsterdam.nl**

## 運河遊船

在運河水路發達的阿姆斯特丹，運河遊船是最受歡迎的遊城方式。提供遊船服務的公司非常多，各家推出的行程路線相當豐富，以下僅列出最經典的行程，如果有興趣，請到這些公司的官網搜尋適合行程，或至中央車站的遊船服務中心詢問。線上訂購不定時會推出特價優惠。

| 行程名稱 | 乘船點 | 時間 | 價格 | 電話／網址 | 特色 |
|---|---|---|---|---|---|
| City Canal Cruise | Stadhouderskade 501（Hard Rock Café對面） | 航程約75分。每日10:00~18:00，4月~10月半小時發船；11~3月每小時發船。 | 線上優惠價成人€14，5~12歲€11。 | 6791370 www.blueboat.nl/en/product/city-canal-cruise | 航行於主要運河和港口，有中文語音導覽。 |
| Evening Canal Cruise | Prins Hendrikkade 25（中央車站附近） | 航程1小時。每日17:00~21:00，30分鐘一班。 | 線上優惠價24小時€16，4~12歲€8。 | 5301090 www.lovers.nl/en | 享受燈火通明的運河美景，觀賞水岸老建築。 |
| Canal Bike（Pedal-Boat） | 萊茲廣場 國家博物館旁邊 | 航程1小時。每日09:30~18:30，半小時一班。 | 1小時€10，線上購票可享€1優惠折扣。 | 2170500 www.stromma.com/en-nl/amsterdam/sightseeing/canal-tours/pedal-boat/ | 體驗水上腳踏車樂趣，行程不設限。 |
| 100 Highlights Cruise | Prins Hendrikkade 37（中央車站對面） | 航程約1小時。09:00~22:00，大約40分鐘一班。 | 線上優惠價成人€16.5~19.5，4~12歲€10.5~13.5。 | 2170500 www.stromma.com/en-nl/amsterdam/ | 1小時內穿越阿姆斯特丹所有著名景點。 |
| Dutch Cheese& Wine Cruise | Damrak Pier 5（中央火車站前方的Damrak大道上）、Stadhouderskade 550 | 航程約1.5小時。4~10月每日20:30。其他月份週五至週日20:30。 | 線上優惠價成人€37.5，18歲以上才能參加。 | 2170500 www.stromma.com/en-nl/amsterdam/dining-cruises/cheese-wine-cruise/ | 在阿姆斯特丹的夜色中品嚐起司和紅酒。 |
| Semi-open Boat Cruise | Restaurant Loetje, Amsterdam Centraal | 航程約1小時。3月底~12月每日10:00~20:45，每30分鐘發船。 | 線上優惠價成人€16，4~12歲€8。 | 5301090 www.lovers.nl/en | 半開放式遊船，航行坐看西教堂、安妮·法蘭克之家等歷史景點。 |

## 優惠票券

### 阿姆斯特丹卡I amsterdam City Card

持I amsterdam City Card，可於有效期間內免費進入全市數10間博物館一次、無限次搭乘路面電車、公車、地鐵等由GVB所經營的大眾運輸工具（上下車均需感應票卡）、免費搭乘Blue Boat或Holland International的運河遊船一趟、在許多景點或餐廳享有25%折扣優惠。優惠範圍也包含贊斯堡、馬肯和福倫丹等鄰近小鎮，可免費參觀贊斯堡博物館和風車磨坊。

I amsterdam City Card可在遊客中心、GVB票務中心、史基浦機場遊客中心等處購買，或在官網、 GVB App訂購。

**24小時€60，48小時€85，72小時€100。**

**www.iamsterdamcard.com**

### 博物館卡Museumkaart

Museumkaart可使用於全荷蘭400間美術館和博物館，效期為1年，適合長時間在荷蘭停留，或計畫於各城市參觀博物館的旅客。可在各大博物館、各地遊客中心以及官網上購買。

**成人€64.9，18歲以下€32.45。**

**www.museumkaart.nl**

### 荷蘭旅遊票Holland Travel Ticket

專為旅客設計的1日票，可在一天之內（包括尖峰時段）無限次搭乘荷蘭境內火車、地鐵、電車和巴士等交通工具，可以去羊角村划船，還能去贊斯堡看風車，但不適用於Thalys高速火車，每張票價€70。想省錢的話可選擇「off-peak Holland Travel Ticket」，同樣可在一天內無限次搭乘，但僅限在非尖峰時段使用，票價€48。

**https://reisproducten.gvb.nl/en/toeristen**

## 旅遊諮詢

阿姆斯特丹市區和史基浦機場共有3處遊客中心（VVV）可協助旅館訂房、預訂行程、導覽與購買各種票券事宜。

### 阿姆斯特丹中央車站（車站大門廣場外）

**P31B2**

**Stationsplein 10**

**+30 20-7026000**

**09:00~17:00**

**www.iamsterdam.com**

### 史基浦機場（史基浦廣場2號入境口）

**Aankomsthal 2**

**07:00~22:00**

# 阿姆斯特丹市區交通

## 大眾交通票券

阿姆斯特丹的大眾運輸系統由GVB營運，包括路面電車（Tram）、公車（Bus）、地鐵（Metro）、渡輪（Ferry）。

主要觀光景點皆在電車站附近，若要前往郊區或中央車站對岸的Noord區域才需要搭乘巴士，市區內由於路線複雜，較不建議使用。地鐵共有5條路線，分別為M50、M51、M52、M53、M54，其中M52貫穿市中心，較適合旅客搭乘，其他多半環繞市區外圍，方便當地人使用，較少旅客乘坐。

**電車及地鐵06:00~00:00，每條路線略有不同。夜間巴士00:00~06:00繞行市區外圍即前往郊區，費用較高。 夜間巴士單程€5.4**

### GVB票卡

由GVB公司發行的票卡種類眾多，請詳見如下表格。除了可儲值且全國通用的匿名卡(Anonieme OV-chipkaart)外，其他票卡大多無法用於搭乘火車或不屬於GVB營運的聯外客運。OV卡及搭乘火車方式請見P.11。如有問題可洽GVB票務中心(GVB Service & Tickets)。

**Stationsplein 13A（中央車站的遊客服務中心旁） +31 20-9008011 週一至週六08:00~19:00 週日和國定假日 www.gvb.nl**

| 票券種類 | 有效期限 | 價格 | 購買地點 | 特點 |
|---|---|---|---|---|
| One Hour Ticket | 上車感應後1小時內 | €3.4 | GVB自動售票機、GVB票務中心櫃檯、GVB各處服務據點(GVB Service Points)、GVB APP | 1小時內無限次轉乘GVB系統的交通工具(不適用於夜間巴士) |
| GVB Day Ticket | 第一次上車感應開始計算，有1~7天（24~168小時）的票卡可選擇。 | 1日 €9<br>2日 €15<br>3日 €21<br>4日 €26.5<br>5日 €33<br>6日 €37.5<br>7日 €41 | GVB自動售票機、GVB票務中心櫃檯、GVB各處服務據點(GVB Service Points)、GVB APP、遊客中心、AKO書店 | 可根據使用天數彈性購買。若有4~11歲兒童隨行，可購買GVB Day Ticket Child，票卡1張€4.5。 |
| 儲值式匿名卡<br>Anonymous OV-chipkaart<br>(Anonieme OV-chipkaart) | 5年 | 每張卡€7.5 | 車站售票機、遊客中心、GVB票務中心 | 通用於荷蘭境內跨城市火車及全國大眾交通工具 |
| Amsterdam & Region Travel Ticket | 第一次上車感應開始計算，有1~3天的票卡可選擇。 | 1日 €21<br>2日 €31.5<br>3日 €40.5 | 遊客中心、GVB自動售票機、GVB票務中心櫃檯、GVB各處服務據點(GVB Service Points) | 適用於GVB及阿姆斯特丹周圍區域由Connexxion及EBS營運的交通工具。涵蓋範圍包含贊斯堡、福倫丹等。 |
| Amsterdam Travel Ticket | 第一次上車感應開始計算，有1~3天的票卡可選擇。 | 1日 €18<br>2日 €24<br>3日 €30 | 史基浦機場遊客中心、史基浦NS國鐵票務中心、GVB自動售票機、GVB票務中心、GVB各處服務據點(GVB Service Points) | 適合從史基浦機場進出，並在阿姆斯特丹停留1~3天的旅客。<br>可在效期內無限次搭乘史基浦機場和阿姆斯特丹之間的火車、阿姆斯特丹機場快線（公車397）和Connexxion營運的Niteliner N97，以及所有GVB 電車、地鐵和日夜間巴士。 |

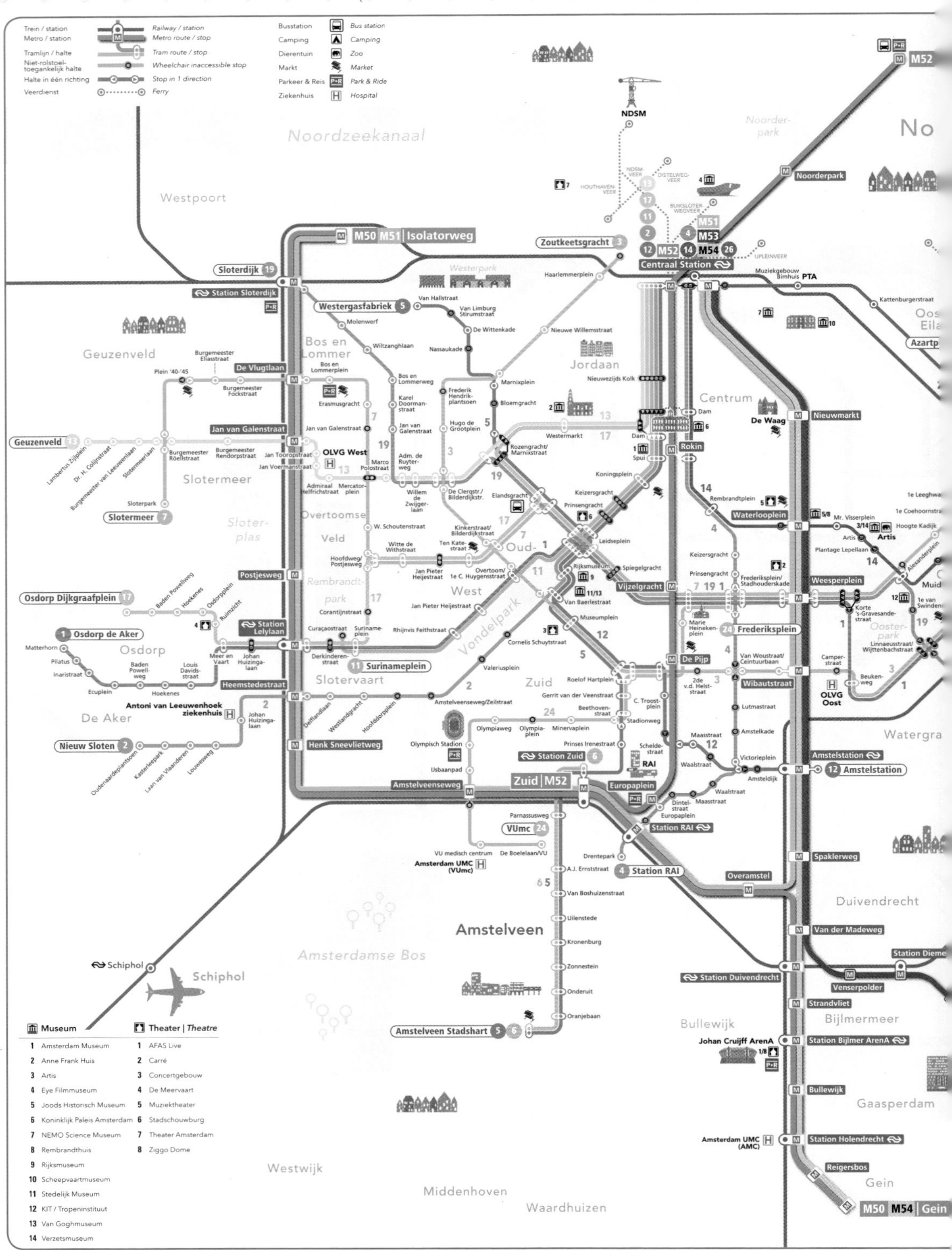
Trein / station — Railway / station
Metro / station — Metro route / stop
Tramlijn / halte — Tram route / stop
Niet-rolstoel-toegankelijk halte — Wheelchair inaccessible stop
Halte in één richting — Stop in 1 direction
Veerdienst — Ferry
Busstation — Bus station
Camping — Camping
Dierentuin — Zoo
Markt — Market
Parkeer & Reis — Park & Ride
Ziekenhuis — Hospital
Noordzeekanaal
Westpoort
NDSM
Noorderpark
M50 M51 Isolatorweg
Zoutkeetsgracht
Centraal Station
M51 M52 M53 M54
Sloterdijk
Station Sloterdijk
Westergasfabriek
Geuzenveld
Bos en Lommer
De Vlugtlaan
Jan van Galenstraat
Jordaan
Centrum
De Waag
Nieuwmarkt
Rokin
Slotermeer
OLVG West
Sloterplas
Overtoomse Veld
Postjesweg
Osdorp Dijkgraafplein
Rembrandtpark
Oud-West
Vondelpark
Waterlooplein
Weesperplein
Artis
Vijzelgracht
Osdorp de Aker
Osdorp
Station Lelylaan
Frederiksplein
Wibautstraat
OLVG Oost
De Pijp
Surinameplein
Slotervaart
Zuid
Heemstedestraat
De Aker
Antoni van Leeuwenhoek ziekenhuis
Nieuw Sloten
Henk Sneevlietweg
Olympisch Stadion
Station Zuid
RAI
Amstelstation
Watergraafsmeer
Amstelveenseweg
Zuid M52
Europaplein
Station RAI
VUmc
Amsterdam UMC (VUmc)
Overamstel
Spaklerweg
Duivendrecht
Amstelveen
Van der Madeweg
Schiphol
Amsterdamse Bos
Station Duivendrecht
Station Diemen Zuid
Venserpolder
Strandvliet
Bijlmermeer
Bullewijk
Johan Cruijff ArenA
Station Bijlmer ArenA
Amstelveen Stadshart
Gaasperdam
Amsterdam UMC (AMC)
Station Holendrecht
Reigersbos
Gein
M50 M54 Gein
Westwijk
Middenhoven
Waardhuizen
Museum
1 Amsterdam Museum
2 Anne Frank Huis
3 Artis
4 Eye Filmmuseum
5 Joods Historisch Museum
6 Koninklijk Paleis Amsterdam
7 NEMO Science Museum
8 Rembrandthuis
9 Rijksmuseum
10 Scheepvaartmuseum
11 Stedelijk Museum
12 KIT / Tropeninstituut
13 Van Goghmuseum
14 Verzetsmuseum
Theater | Theatre
1 AFAS Live
2 Carré
3 Concertgebouw
4 De Meervaart
5 Muziektheater
6 Stadschouwburg
7 Theater Amsterdam
8 Ziggo Dome

**阿姆斯特丹交通圖**

❶電車(Tram)路線和停靠站易有變動，請以官網為準。Tram 6和Tram 11目前停駛。

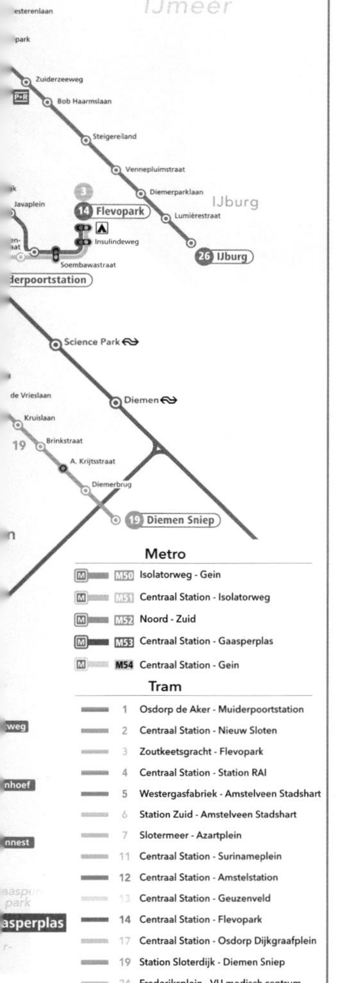

## 渡輪Ferry

由GVB營運的渡輪碼頭位於中央車站北面，提供多條通往River IJ北岸或其他區域的免費航線，約5~20分鐘一班次，皆可攜帶腳踏車上船。乘船碼頭包括Buiksloterweg、IJplein、NDSM、Distelweg、Centraal Station和Zamenhofstraat等。

## 單車

單車是荷蘭的國民交通工具，阿姆斯特丹街頭隨處可以看到單車出租行。由於荷蘭單車失竊率非常高，租車時最好租2個大鎖，並加保失竊險。加了保險的租車行情，大約是3小時€11起，一日€14.5起，價格根據車種而不同，較大的租車行會提供單車導覽行程，需要事先預約，遊客中心也有免費的不同主題單車路線地圖可索取。以下為觀光局推薦且持有I amsterdam Card可享優惠的店家。

### Yellow Bike

Nieuwezijds Kolk 29 +31 20-6206940 09:30~17:00 www.yellowbike.nl

### MacBike

Overtoom 45(近翁岱爾公園)、Waterlooplein 289（滑鐵盧廣場） +31 20-6248391 09:00~18:00 www.macbike.nl

### AmsterBike

Piet Heinkade 25 +31 20-6833369、4281440 09:00~18:00 www.amsterbike.eu

## 計程車

在熱門廣場、景點和車站附近可以找到計程車招呼站（藍底白字，寫著P taxi的牌子），或請旅館櫃檯協助叫車。在非尖峰時段或路況許可時，也可在路邊招車。每輛計程車的收費不一，起錶價最高為€7.5，2公里後每公里跳錶最高€2.2，車資表張貼於車窗外。若以電話叫車，卻因遲到而讓司機等待，司機可收取最高每小時€40.65的等待費。上車前請先詢問大致車費，確保計程器有正常跳錶運作。

還有一種造型酷炫的人力計程車（bike taxi），總站在水壩廣場一角的Damrak上，在路上看到空車也可隨手招車，或用電話叫車。車資則依目的地與車伕議價。

### Taxicentrale Amsterdam （TCA）

+31 20-7777777 www.tcataxi.nl ❶可事先下載叫車app

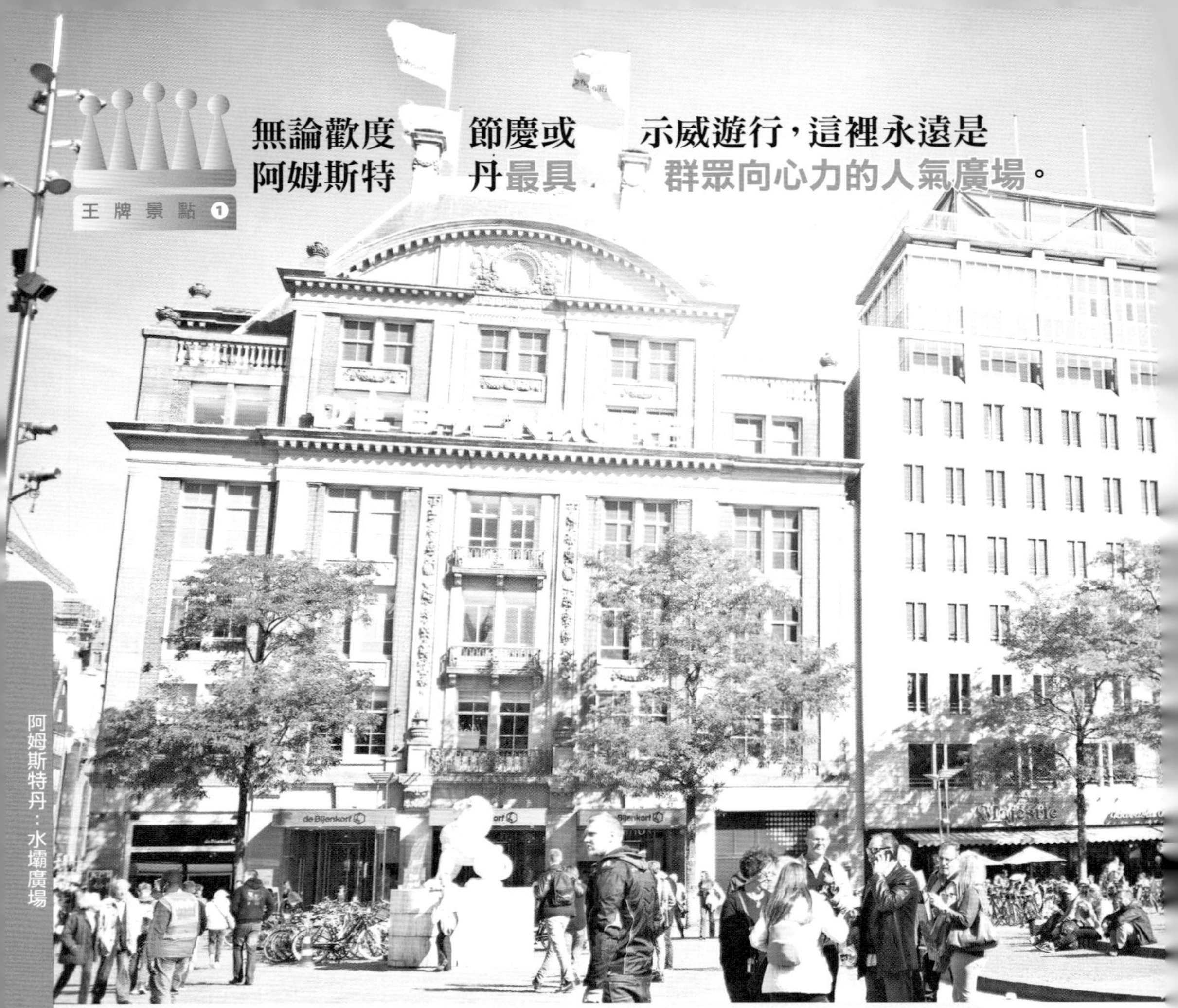
無論歡度節慶或示威遊行，這裡永遠是
阿姆斯特丹最具群眾向心力的人氣廣場。
王牌景點 1
de Bijenkorf
Majestic



MAP P.41 B2

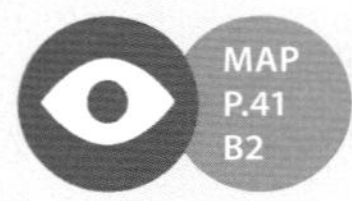

# 水壩廣場

**Dam**

要問阿姆斯特丹的集會廣場在哪兒呢？答案自然非水壩廣場莫屬。不論是國內人民歡度節慶，或是工會罷工示威抗議，水壩廣場永遠都是群眾聚合的熱門地點。

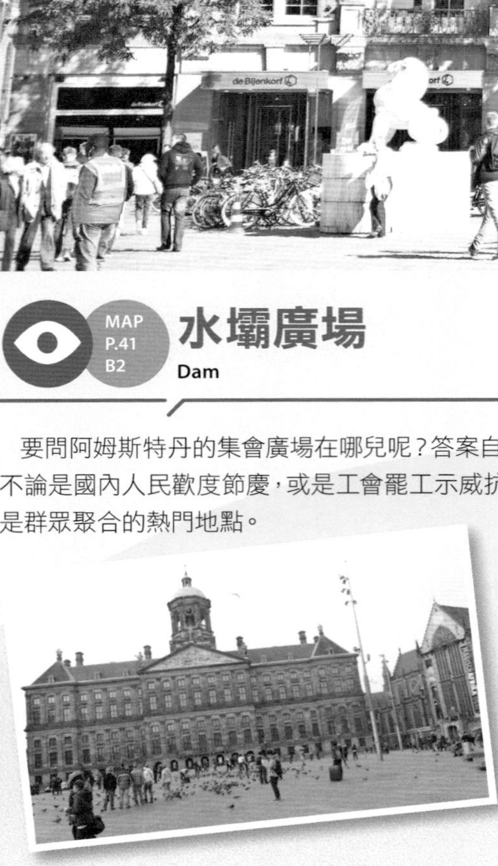

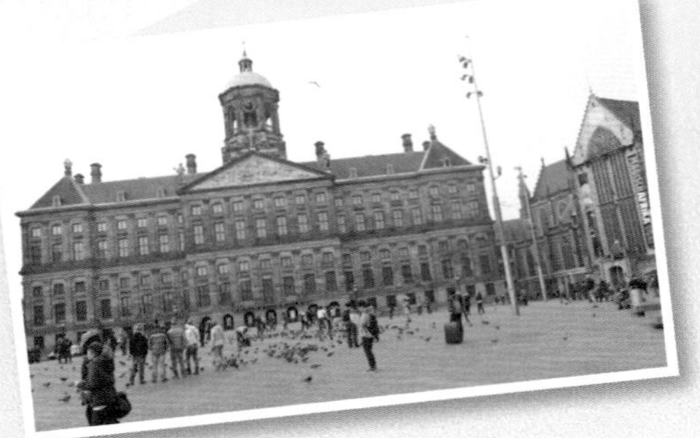

廣場上佇立一座高達22公尺的國家紀念碑，建於1956年，用以紀念二次大戰中喪生的荷蘭同胞。前面有一雙石獅代表荷蘭，每年5月5日（荷蘭解放日），上至女王、首相，下至販夫走卒都會來此獻花追思。

位於Damrak大道的盡頭

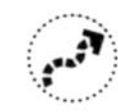

◎走出中央車站，沿Damrak步行約5分鐘抵達。
◎搭乘Tram2、4、11、12、13、14、17在Dam站下車可抵達。

至少預留時間
好好感受廣場悠閒氣息：約1~1.5小時
廣場周邊走透透：半天~1天

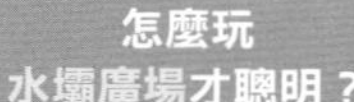


造訪水壩廣場理由

1. 阿姆斯特丹城市的**起源地**
2. 遊賞市中心的**最佳起點**
3. 永不迷路的**指南地標**

在沒有集會遊行的日子裡，經常可見街頭藝術家在此表演，逛街逛累了的遊客也在廣場上或坐或臥，或是餵食鴿群。

這裡是遊覽阿姆斯特丹的最佳起點，遊客只要站在廣場中央就能摸清自身所在位置，掌握遊賞動線方向，無需擔心迷路。

**阿姆斯特丹名稱是怎麼來的？**

**13世紀時，阿姆斯特爾河（Amstel）邊的小漁村在靠近河口的低地修築水壩（Dam），這是城市的起源，也是Amsterdam名稱的由來，意指「阿姆斯特爾河邊的水壩（Amstel dam）」，而水壩地點就是現在的水壩廣場。**

**提前掌握休館資訊**

王宮和新教堂會不定期休館，有興趣參觀的人**記得提前上網確認日期**，以免白跑一趟。拜訪杜莎夫人蠟像館建議**提前一天到官網購買門票**，並預訂參觀時段，**可享有€3優惠喔**！

**購物戰區攻略**

以廣場為中心向外放射的**新堤路(Nieuwendijk)**、**卡爾弗街(Kalverstraat)**、**水壩大道(Damrak)**和**羅金街(Rokin)**，是血拼族必逛的一級戰區。

**善用免費歇腳處**

遊逛景點走累了，許多背包客和省錢旅人都會坐在廣場上國家紀念碑前的**階梯歇歇腿**，喝個水，從階梯上欣賞廣場四周的建築，補足體力再繼續玩！

# 漫步廣場看王宮、賞教堂、拜訪蠟像館，感受熱鬧悠閒的氣氛。

王宮由建築師Jacob van Campen依荷蘭古典風格興建，因為蓋在溼地上，整整用了13,659根實木樁，至今仍屹立不搖。

## 王宮 Koninklijk Paleis

王宮建於1648年，最早曾為市政廳，1808年成為路易·拿破崙(Louis Napoléon Bonaparte)的皇宮，現在主要用來接待外賓，皇室沒有活動時，開放民眾參觀。

東西面門楣上的雕刻出自雕塑家Artus Quellien之手，繁複精巧，展現荷蘭國民二戰後的自信。

P.41A2 在水壩廣場上 +31 20-5226161 週二至週日10:00~17:00 週一、節日，常有不固定休館日，建議先上網查詢。 成人€12.5，18歲以下免費。 www.paleisamsterdam.nl

## DO YOU KNOW

### 荷蘭國王開的飛機你搭過嗎？

從登基前就擔任民航副機師的荷蘭國王威廉·亞歷山大是荷蘭皇家航空公司的現任機師，飛行資歷21年，目前每月仍固定執勤2次波音737，但他在機長廣播中只會稱自己是威廉，所以乘客們多半不知道自己正在被國王服務，搞不好你也曾搭過國王開的飛機呢！

畫迷可以跨越時空，一睹梵谷和林布蘭等大師風采。

## 杜莎夫人蠟像館 Madame Tussauds Amsterdam

這裡的蠟像不但幾可亂真，與遊客之間的互動性也十足。可以到歐巴馬的辦公室與他商討國策、與小羅納迪諾切磋球技、和喬治·克隆尼吃頓浪漫晚餐，甚至走進羅比·威廉斯的房間與他同床共枕。

P.41B2 Dam 20 +31 20-5221010 10:00~20:00(7~8月至21:30) 成人€26、3~15歲€22，3歲以下免費。建議提前一天到官網上購票，可享€3優惠折扣。 www.madametussauds.nl

## 新教堂 Nieuwe Kerk

王宮旁的新教堂建於15世紀，歷年的皇家儀式、婚禮和官方集會皆在此舉行，包括威廉明娜女王(Queen Wilhelmina)、茱莉安娜女王(Queen Juliana)和碧翠斯女王(Queen Beatrix)的加冕大典。

新教堂從1970年起轉型成展覽場所，提供藝術、攝影等主題展出和文化活動。

P.41A2 在水壩廣場上 +31 20-6268168 10:00~18:00 依展覽主題而不同 www.nieuwekerk.nl

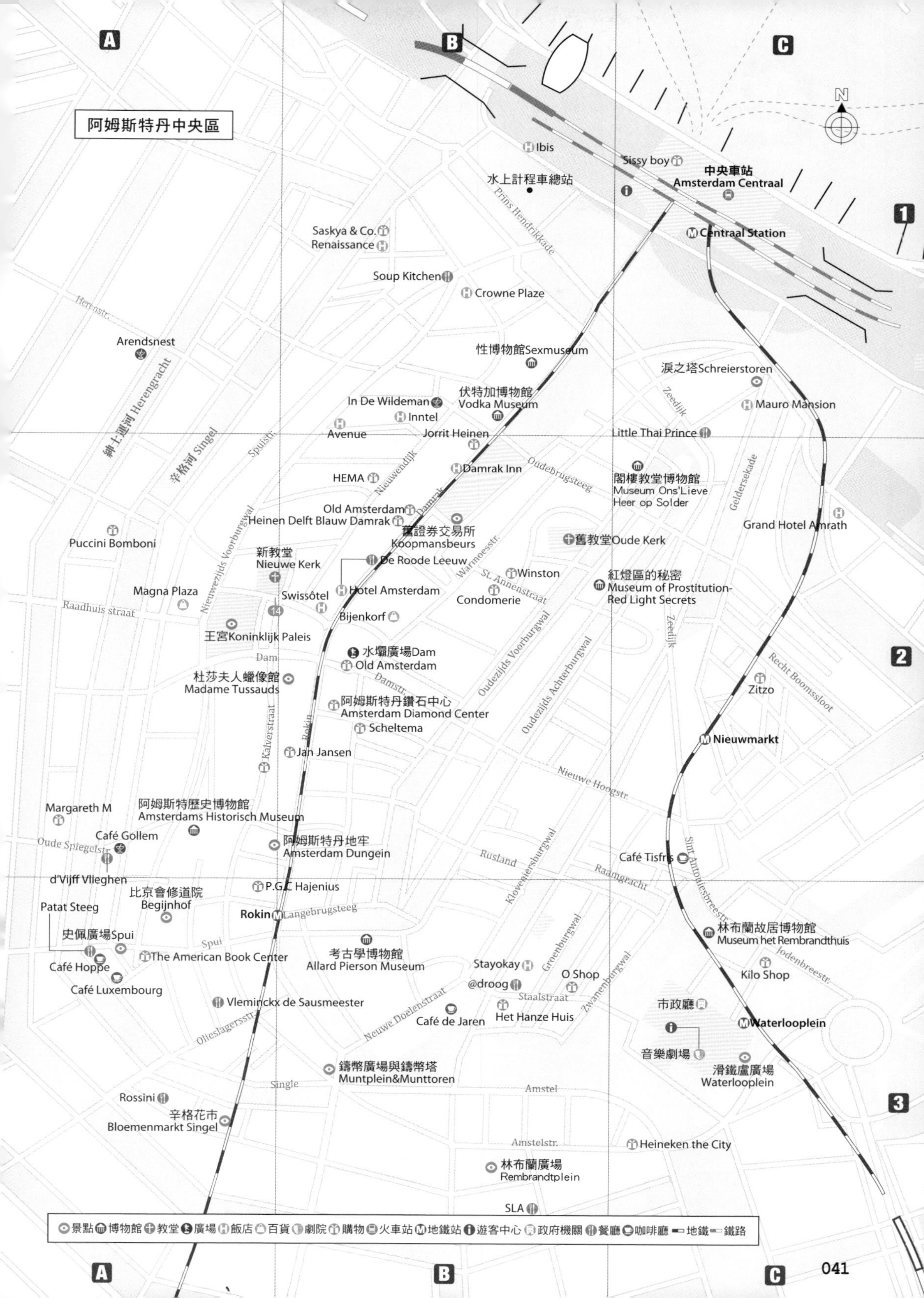
阿姆斯特丹中央區
Ibis
Sissy boy
中央車站
Amsterdam Centraal
水上計程車總站
Prins Hendrikkade
Centraal Station
Saskya & Co.
Renaissance
Soup Kitchen
Crowne Plaze
Herenstr.
Arendsnest
紳士運河 Herengracht
性博物館Sexmuseum
淚之塔Schreierstoren
Zeedijk
Mauro Mansion
伏特加博物館
Vodka Museum
In De Wildeman
Inntel
Avenue
Jorrit Heinen
Little Thai Prince
辛格河 Singel
Spuistr.
Damrak Inn
Oudebrugsteeg
閣樓教堂博物館
Museum Ons'Lieve
Heer op Solder
Geldersekade
HEMA
Nieuwendijk
Old Amsterdam
Damrak
Heinen Delft Blauw Damrak
舊證券交易所
Koopmansbeurs
Grand Hotel Amrath
Puccini Bomboni
Nieuwezijds Voorburgwal
新教堂
Nieuwe Kerk
De Roode Leeuw
Warmoesstr.
舊教堂Oude Kerk
Winston
St. Annenstraat
紅燈區的秘密
Museum of Prostitution-
Red Light Secrets
Magna Plaza
Swissôtel
Hotel Amsterdam
Condomerie
Raadhuis straat
14
Bijenkorf
王宮Koninklijk Paleis
Dam
水壩廣場Dam
Old Amsterdam
Zeedijk
杜莎夫人蠟像館
Madame Tussauds
Damstr.
Oudezijds Voorburgwal
Oudezijds Achterburgwal
Recht Boomssloot
Zitzo
阿姆斯特丹鑽石中心
Amsterdam Diamond Center
Scheltema
Kalverstraat
Rokin
Jan Jansen
Nieuwmarkt
Nieuwe Hoogstr.
Margareth M
阿姆斯特歷史博物館
Amsterdams Historisch Museum
Café Gollem
Oude Spiegelstr.
阿姆斯特丹地牢
Amsterdam Dungein
Rusland
Kloveniersburgwal
Café Tisfris
Raamgracht
Sint Antoniesbreestr.
d'Vijff Vlieghen
比京會修道院
Begijnhof
P.G.C Hajenius
Patat Steeg
Rokin
Langebrugsteeg
林布蘭故居博物館
Museum het Rembrandthuis
史佩廣場Spui
Spui
考古學博物館
Allard Pierson Museum
Jodenbreestr.
The American Book Center
Café Hoppe
Stayokay
Groenburgwal
O Shop
Kilo Shop
Café Luxembourg
@droog
Zwanenburgwal
Staalstraat
Vleminckx de Sausmeester
Olieslagerssteeg
Neuwe Doelenstraat
Café de Jaren
Het Hanze Huis
市政廳
Waterlooplein
音樂劇場
鑄幣廣場與鑄幣塔
Muntplein&Munttoren
滑鐵盧廣場
Waterlooplein
Single
Amstel
Rossini
辛格花市
Bloemenmarkt Singel
Amstelstr.
Heineken the City
林布蘭廣場
Rembrandtplein
SLA
景點 博物館 教堂 廣場 飯店 百貨 劇院 購物 火車站 地鐵站 遊客中心 政府機關 餐廳 咖啡廳 地鐵 鐵路
A
B
C
1
2
3
N

**走出水壩廣場，發現更好玩的藝術市集，**
**聆聽比京的故事，甚至放膽走進性博物館吧！**

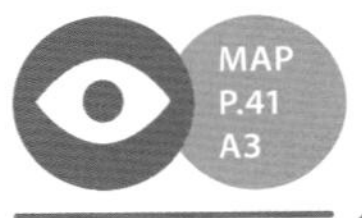


## 史佩廣場藝術市集
Spui

如何前往

搭乘Tram 2、12至Koningsplein站下車，或搭Tram 4、14至Rokin站下車，步行皆可達。

info

藝術市集：3~12月每週日10:00~18:00

artamsterdam-spui.com

Spui是水閘之意，早期曾是一片水域，在1882年成為廣場之後，周圍逐漸聚集許多書店、古董店、酒吧和咖啡館，每週五的書市及週日的藝術市集，讓此區洋溢藝文氛圍。

每逢週日，許多獨立藝術家在此設攤展示自己的繪畫、雕塑、設計等作品，並親自解說創作理念和過程。

### DO YOU KnoW

**小頑童熱心助人傳佳話**

史佩廣場邊佇立一座Het Lieverdje小童像（Little Darling），模樣活潑，很難想見這瘦小皮蛋竟是「小小廖添丁」，據說他熱心助人、見義勇為，經常救援動物、照顧貧病，難怪1960年代發起普羅沃運動（Provo）的參與者會選擇在此活動。Provo源於荷蘭語的「挑釁provoceren」，以無政府主義為精神，反對資本主義、共產主義等主流架構，以各種非暴力方式挑釁執法人員，當時每週六晚上，成群普羅沃青年聚集在此吟唱示威，小童像因而成為他們的精神象徵。

博物館聲稱其成立宗旨就是要讓性回歸最初原始的單純，儘管這種說法可能不足採信，畢竟館內大量性虐待、雜交的照片還是很令人難堪，不過，任誰也無法否認這些事實的存在。

## 性博物館
Sexmuseum

如何前往

從水壩廣場沿著Damrak街道步行，約5分鐘可達。

info

Damrak 18　+31 20-6228376

10:00~18:00

成人€9。未滿16歲不得入場。

www.sexmuseumamsterdam.nl

全球首座以情色為主題的博物館，佔地不大，但「五臟俱全」，從畫在捲軸、書冊、瓷器上的春宮畫，到用陶土、青銅、象牙、大理石製成的性交人偶，全然展現人類最原始的情慾。

MAP
P.41
A2

## 阿姆斯特丹歷史博物館
Amsterdam Museum

在聖靈西亞修道院的迴廊中，展示了眾多古老宅第山形牆上的門楣浮雕，豐富有趣。

如何前往

**搭乘Tram 2、12至Koningsplein站，沿Nieuwezijds Voorburgwal北行即達。**

info

**Kalverstraat 92 +31 20-5231822 10:00~17:00 成人€20，17歲以下免費。 www.amsterdammuseum.nl 此館翻修中，展覽目前暫時移至Amstel河畔的Amstelhof大樓內。**

前身是一間修道院及孤兒院，1975年改設為博物館，收藏阿姆斯特丹的歷史文物、藝術作品與考古發現，從13世紀聚落形成，經歷17世紀歐洲貿易中心的黃金時代直到今日，一切轉變盡化為繪畫、模型、照片、影片，陳列其中。

**觀賞庭院請保持安靜**

**目前修道院由比京會基金會租給單身女性居住，雖然對外開放庭院參觀，但在欣賞山牆建築與庭院之美時請保持安靜，千萬不要打擾當地居民生活。**

MAP
P.41
A3

## 比京會修道院
Begijnhof

如何前往

**搭乘Tram 2、12至Koningsplein站，沿Singel往北走，向右銜接Spui，左轉沿Nieuwezijds Voorburgwal，右側可發現入口。**

info

**Nieuwezijds Voorburgwal 373、Begijnhof 30**

**+31 20-6221918 09:30~18:00 免費**

**www.begijnhofamsterdam.nl**

阿姆斯特丹的比京會建於1346年，原始建築在1421和1452年的城市大火中燒毀，今日樣貌則是17、18世紀所重建，其中門牌號碼34號的Houten Huy's修葺於1957年，特意整建為15世紀木屋形式，呈現修道院早期原貌。

比京（Begijnen）指的是一群篤信羅馬天主教卻又不願離群隱居的婦女，她們聚居的地方稱為比京會修道院，也有人譯作「凡人修道院」。

### DO YOU KNOW

### 兩個宗教在同一院落共處4百年

**荷蘭在16世紀投向新教懷抱，修道院庭院中的教堂被新教徵收，比京會眾在31號的屋子裡設立一間祕密教堂與之分庭抗禮，兩個宗教就在同一座院落裡共處了4百年，直到最後一位比京會士於1971年過世為止。**

## 雪茄、起司、百年書店、美妝生活用具，想買什麼紀念品，這裡都有。

### Scheltema

Scheltema成立於1853年，總共五層樓的空間裡陳列將近12萬本圖書，每區都有舒適的沙發座椅和奢侈的窗景可遠眺廣場，2樓附設咖啡簡餐廳，適合沉靜心靈。

從水壩廣場沿Rokin街道步行可達 Rokin 9 +31 20-5231481 10:00~19:00 www.scheltema.nl

### HEMA

HEMA是荷蘭的連鎖平價生活用品店，版圖已擴張至英、法、德、比利時及盧森堡。商品琳瑯滿目，舉凡餐具廚具、零食飲料、文具、美妝服飾等，從設計、生產、行銷到通路一手包辦。

從水壩廣場沿著Nieuwendijk購物街步行可達 Nieuwendijk 174-176 +31 20-6234176 週一至週六09:00~19:00，週日10:00~18:00。 www.hemashop.com

大部分HEMA店內附設自助式輕食區，提供熱狗堡、荷式豆子湯、各式簡餐等。

樹幹造型的柱子、整面牆的書櫃、梯形階梯與直達天花板的書櫃，讓人有進入圖書館的錯覺。

### American Book Center

位於路口的美國圖書中心共4層樓，精選旅遊、藝術、科幻叢書與桌遊部門。1樓為雜誌與藝術類，2樓為旅行、生活類，3樓則為音樂、電影類書籍。

搭乘Tram 2、12至Koningsplein站下車，或搭 4、14至Rokin站下車，步行皆可達。 spui 12 +31 20-6255537 週一至週三11:00~18:00，週四至週六10:00~19:00，週日11:00~18:30。 www.abc.nl

MAP P.41 B2

## Old Amsterdam

店內的起司屬於豪達起司（Gouda cheese），奶香濃厚，微甜順口帶一點煙燻的烤麵包香，適合佐紅酒或當作開胃菜。店家還準備了各種口味起司提供試吃，並搭配麵包、蜂蜜芥末醬或香草醬，物超所值。

從中央車站沿Damrak街道步行至水壩廣場可達

Damrak 62　+31 20-3301602　09:00~22:00

oldamsterdamcheesestore.com

店內主推名為Old Amsterdam的老配方，種類不多，只是根據需求包裝成不同大小。

### 看過來！全城購物一級戰區在這裡

阿姆斯特丹的購物黃金地段集中在幾處：中央車站前的水壩大道（Damrak）及羅金街（Rokin）擁有各種紀念品店；若想採買歐洲品牌商品，以水壩廣場為中心出發的新堤路（Nieuwendijk）和卡爾弗街（Kalverstraat），一路延伸至鑄幣廠的整片徒步區，是人潮洶湧的血拼戰區，重量級百貨公司如Bijenkorf、Magna Plaza都位於這區。

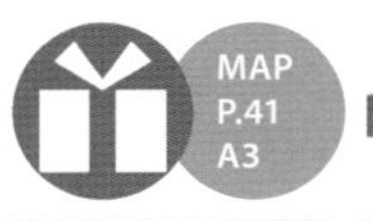

MAP P.41 A3

## P.G.C. Hajenius

P.G.C. Hajenius創立於1826年，1914年開設專賣店。店內的中央恆溫室儲放著來自加勒比海及中美洲的雪茄品種，店家謹慎的收藏保存，同時也展示著由各地鑑賞家捐贈的煙斗，各個身價非凡。

搭乘Tram 4、14、24至Rokin站，沿Rokin北行可達。

Rokin 96　+31 20-6237494　週一12:00~18:00，週二至週六09:30~18:00，週日12:00~17:00。　www.hajenius.com

雪茄店開在Art Deco建築豪宅裡，除了販售雪茄，還設有專屬吸煙室，不定期舉辦手工雪茄和品酒體驗活動。

荷蘭短雪茄（Short-Filler）中的Sumatr系列是鎮店知名商品

繪有風車、鬱金香圖案的藍瓷木鞋或其他圖樣的紀念品，平價親民。

MAP P.41 B3

## Heinen Delfts Blauw Damrak

在阿姆斯特丹的幾家藍瓷專賣店中，以水壩大街旁這家貨色最齊全，最受歡迎的商品是將《夜警》、《戴珍珠耳環的少女》等名畫印成藍瓷盤子或磁鐵，以Miffy為主題的也不少。

從中央車站前沿著Damrak步行，約5分鐘可達。

Damrak 65　+31 20-3204922　09:30~20:00

www.heinendelftsblauw.com

# 在全城心臟地帶，盡情享用傳統荷蘭料理，票選最好吃薯條一口接一口！

## 五隻蒼蠅 Restaurant d'Vijff Vlieghen

博物館般的荷蘭經典餐廳

must eat! 套餐€40起 推薦菜

Spuistraat 294-302

店名d'Vijff Vlieghe是「五隻蒼蠅」之意，源於第一代五間住戶中Jan Janszoon Vijff Vlighen的名字。這裡提供正宗荷蘭菜，以魚類為大宗，結合傳統荷式料理及摩登呈盤，吸引許多名人前來。9間相連的餐室各有名字及獨特裝飾，例如林布蘭室就掛有四幅林布蘭親製的刻版畫；騎士廳則有武士的盔甲和武器等。

P.41A2　搭乘Tram 2、12至Koningsplein站下車，沿Singel河畔往北行可達。　+31 20-5304060　週二至週日18:00~22:00　www.vijffvlieghen.nl　務必事先訂位

走進餐廳彷彿來到荷蘭黃金時代的貴族家中，牆面手繪花紋和文字都擁有300多年歷史。

許多椅背上都貼有銅牌，刻著曾經坐過這張椅子的名人姓名。可惜刻有貓王名字的銅牌被偷走了，現在誰也分不清哪張曾經被貓王寵幸過。

隱身在小巷內的薯條外帶店，門口經常大排長龍。

## Vleminckx de Sausmeester

全城票選最好吃薯條

Voetboogstraat 33

這家被許多媒體、當地人與遊客公認是阿姆斯特丹最好吃的薯條店之一，新鮮薯條油炸兩次，搭配近30種沾醬選擇，如小拇指粗細的薯條外層酥脆，中間柔軟不油膩。貼心的是，門口的菜單還包括中文版本。

P.41A3　搭乘Tram 2、12至Koningsplein站下車，往南走Singel，左轉Heiligeweg，再左轉Voetboogstraat可達。　+31 654787000　週二至週日11:00~19:00（週三至20:00），週一12:00~19:00。　vleminckxdesausmeester.nl/

## Patat Steeg

巷弄中的薯條小店

Heisteeg 3

隱身於巷弄的Patat Steeg，以「阿姆斯特丹最好吃的薯條之一」而知名，每日新鮮手工製作，尺寸較粗，外層炸得金黃酥脆，內層柔軟且口感厚實。如果不想邊走邊吃，店外有長板椅凳可以坐著享用。

P.41A3　搭乘Tram 2、12至Koningsplein站下車，走Singel沿河畔往北行，右轉Heisteeg可達。　+31 20-4226447　11:00~19:00，週四至週六11:00~21:00。

## In De Wildeman

暢飲啤酒好去處

 kolksteeg 3

這是個沒有音樂的啤酒品酒吧，以堆疊的橡木桶、舊廣告牌和掛著釀酒器具的牆壁裝潢，塑造出舒適的品酒氛圍。店內擁有18種生啤與250種瓶裝啤酒酒單，來自荷蘭、比利時、德國、英國等地，吸引許多在地熟客和外國觀光客前來。

P.41B1 走出中央車站，沿Damrak往南步行，右轉kolksteeg約7分鐘可達。 +31 20-6382348 週一至週四12:00~1:00，週五至週六12:00~02:00。 www.indewildeman.nl/

## Brasserie De Roode Leeuw

百年經典新滋味

 Damrak 93-94

隸屬於Hotel Amsterdam De Roode Leeuw的百年餐廳，提供早午晚三餐和下午茶。中午時段在明亮的室內露台區享受漢堡或牛排套餐，佐以咖啡香，看著人來人往的水壩廣場，身邊是老顧客們輕聲細語的交談聲，就是經典時尚的阿姆斯特丹風味。

P.41B2 走出中央車站，沿Damrak向南直行至接近水壩廣場前，在右側可找到。 +31 20-5550666 07:00~22:00 www.brasseriederoodeleeuw.nl

王牌景點 2

有什麼比搭船更能認識一座被運河環繞的城市？穿梭於西運河環帶區，最美的水道風景就在這裡。

造訪西運河環帶區理由

1. 全城最美最長的運河就在這裡
2. 乘船體驗世界文化遺產
3. 當地設計師品牌集中地

西運河環帶區位於水壩廣場西側，辛格河與王子運河之間。

◎從中央車站沿Damrak走到水壩廣場，往右沿王宮後方的Raadhuisstraat走，即可進入西運河環帶區。
◎搭乘Tram 13、17至Westermarkt站下車，步行即達。

至少預留時間
搭船坐賞運河兩岸風光
約1~1.5小時
走訪岸邊經典景點
半天~1天

MAP P.50

## 西運河環帶區之旅

**Westelijke Grachten-Gordel/Western Canal Tours**

荷蘭有四分之一土地低於海平面，昔日為了擴展貿易與居住空間開鑿許多運河，除了交通、商業與排水功能，縱橫交錯的運河水道如今成了阿姆斯特丹的經典場景。尤其西運河環帶區（Westelijke Grachten-Gordel）是眾家遊船必經路線，沿岸景點不容錯過。

阿姆斯特丹的運河多達165條，橋樑有1500多座。乘著小船穿梭其間，換個角度欣賞城市。

四通八達的運河水圳，讓阿姆斯特丹獲得「北方威尼斯」稱號。

安妮·法蘭克之家、西教堂、萊茲廣場與辛格花市等知名景點都位於西運河環帶區。

## 怎麼玩 西運河環帶區之旅才聰明？

### 依自身需求選擇主題遊船

乘船從不同角度探索阿姆斯特丹，是初訪者必體驗。根據個人預算和喜好挑選遊船行程，記得善用I amsterdam City Card，憑此卡可免費乘坐部分船公司推出的Canal Cruise。

### 放慢腳步逛市集+九小街

西運河環帶區充滿各種市集和博物館，值得花時間細遊慢逛，喜愛當地設計師品牌的人，千萬別錯過九小街。

### 在運河畔喝咖啡

逛累了，當然要在美麗的運河畔找家餐館或咖啡館坐坐，享受荷蘭式悠閒午後。

### 三大元素捕捉經典場景

沿著王子、皇帝、紳士及萊茲4條運河散步，將橋樑+運河+遊船三大元素構築在相機觀景窗裡，就是風景明信片中的經典畫面，也成為超人氣打卡地點。

### 哇！運河也能榮登世界文化遺產

阿姆斯特丹的運河結構宛如同心圓弧狀，以中央車站為圓心，最內側的辛格河（Singel）約15世紀便已存在，17世紀當地政府展開運河環帶區興建工程，陸續挖鑿紳士運河（Herengracht）、皇帝運河（Keizersgracht）、王子運河（Prinsengracht）與辛格運河（Singelgracht），並填滿運河之間的空間來擴充土地，山形牆建築沿著河岸排列，從此辛格運河成為該城最外緣的邊界。2010年，辛格運河以內的環形水道網被列入世界文化遺產名錄。

### 運河遊船主題豐富選擇多

提供遊船服務的公司很多，各家推出的套裝行程琳瑯滿目，遊客可依據自身預算需求，選擇不同主題與功能的船隻，例如遊賞兩岸風景1小時的Canal Cruise、無限次自由上下船的Hop On Hop Off Boat、水上腳踏船Pedal Boat、晚餐船Dinner Cruise和博物館遊船Museum Cruise等。乘船地點多數在中央車站對面的碼頭或國家博物館附近，航行路線通常包括王子運河、萊茲運河及紳士運河等。遊船公司資訊請見P.33。

## Do You Know

### 尋找運河邊的豪宅

1660年代，荷蘭的有錢人開始在萊茲街與費茲爾街（Vijzelstraat）之間的紳士運河邊聚居，其屋宇建材多使用國外進口的砂岩，門和樑柱上都有華麗雕飾，在當時又有「黃金河岸」之稱。

## 遊河上岸後，充滿人文色彩的西教堂、辛格花市、安妮‧法蘭克之家，正等你來探訪。

安妮的父親奧圖（Otto Frank）是這場悲劇唯一生還者，1947年他將安妮遺留的日記付梓出版，多年來轉譯成54種文字，流傳量高達3千萬本。

### 安妮‧法蘭克之家
**Anne Frank Huis**

安妮出生自幸福家庭，父親是成功的貿易商，無奈錯生在納粹追殺猶太人的時代，全家人瞬間失去自由，靠著朋友掩護，躲藏在公司書櫃後的密室整整兩年。1944年8月，蓋世太保得到密報，將安妮一家逮進集中營，隔年安妮因傷寒在營裡病逝。

**搭乘Tram 13、17至Westermarkt站，沿大路西行，右轉Prinsengracht沿河邊走可達。 Prinsengracht 263-267，博物館入口位於Westermarkt 20。 +31 20-5567105 09:00~22:00 僅能在官網線上購票。成人€16，10~17歲€7，9歲以下€1（以上均含線上購票手續費€1） www.annefrank.org**

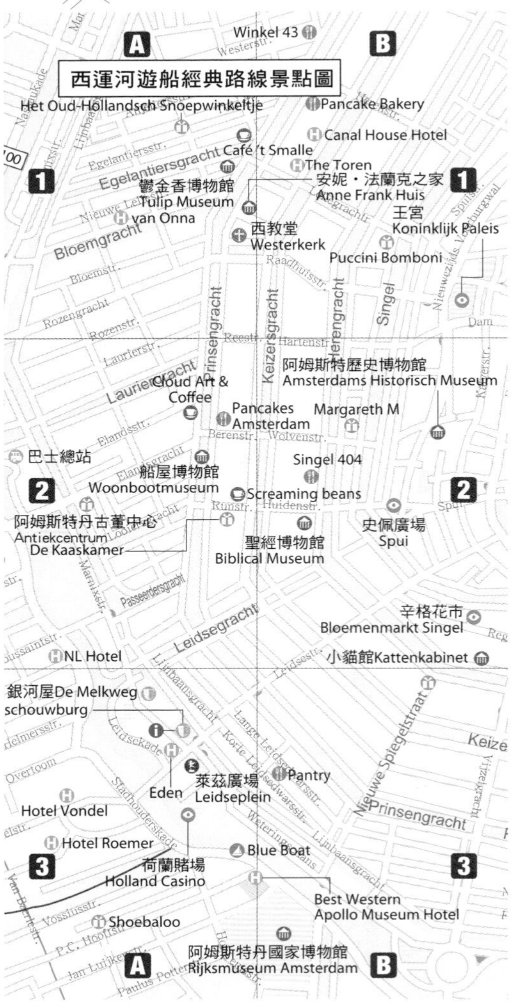

當年的密室在奧圖堅持下不再重新裝潢，僅以照片、模型及殘留設施開放民眾參觀。館內另設有咖啡座和商店。

「我知道我想要什麼，我有目標，有觀點，有信仰，還有愛。」這些文字節錄自一個才華洋溢、14歲女孩的日記，她就是安妮。

**一律線上購買，現場不售票喔！**

**安妮‧法蘭克之家僅提供線上購票，現場門口不售票。如果確定參觀日期，建議提前2個月內先上網買票，以免門票售罄；如欲購買當天門票，也必須從官網購買。特別提醒你，館內不可拍照。**

MAP P.50 A1

## 西教堂 Westerkerk

擁有華麗塔樓的西教堂是王子運河畔最搶眼的建築物，建於1631年，採用磚石合造的荷蘭文藝復興式風格，塔高超過85公尺，登上塔頂可眺望阿姆斯特丹市容。

搭乘Tram 13、17至Westermarkt站即達。 Prinsengracht 281 +31 20-6247766 週一至週五11:00~15:00 www.westerkerk.nl

西教堂由知名雕塑家Hendrik de Keyser建造，1966年，碧翠絲女王的婚禮就是在此舉辦。

### DO YOU KNOW

#### 林布蘭屍骨至今下落未明

**晚年淒涼的林布蘭逝世後，和幼子同葬在西教堂裡。90年代初因為教堂整修，墓穴中大量屍骨被掘出遷葬，其中很可能包括林布蘭的遺骸，只要透過科學方法即可驗證，但礙於經費不足，這項檢驗計畫延宕至今仍未執行，使林布蘭屍骨下落成謎。**

#### 跟臺灣大有關係的這個人也長眠於此！

**荷蘭統治台灣時的最後一任首長弗雷德里克·揆一（Frederick Coyett，1615~1687），任職於荷蘭東印度公司，1656年被派駐台灣擔任最高長官，1662年在鄭成功攻打下投降，因丟失台灣而獲罪的他被放逐到印尼小島，直到1674年才被釋放移居阿姆斯特丹，死後就葬在西教堂內。**

### DO YOU KNOW

#### 體驗另類船屋生活

**船屋大量出現是在二次大戰後，由於城市普遍遭受破壞，為應付龐大人口，許多人把貨船改裝成住家。如今，船屋不再是無殼蝸牛的住所，反倒成了時髦人士的家，甚至出現以混凝土打造的新式船屋，擁有大片玻璃窗和船頂草皮花園。目前阿姆斯特丹大約有2千多艘船屋，想體驗水上生活，不妨找家船屋旅館（Botel）或船屋中的B&B投宿。**

MAP P.50 A2

## 船屋博物館 Woonbootmuseum/Houseboat Museum

這艘名為Hendrika Maria的運貨帆船，建於1914年，在1967年被改裝成船屋使用，今日成為博物館，還原當時的起居空間，包括客廳、臥室、廁所等。

搭乘Tram 13、17至Westermarkt站，西行過王子運河後，沿河岸南行即達。 Prinsengracht 296 K +31 20-4270750 3~10月週二至週日10:00~17:00，其他月份週四至週日10:00~17:00。 成人€5，5~15歲€4。 www.houseboatmuseum.nl

館內陳列不少船屋模型、照片和影片，詳細解說船屋各個結構。

**街頭轉角驚見塗鴉藝術**

**走在街道上常會看到令人驚喜的公共藝術，位於西運河旁的Prinsengracht與Tuinstraat轉角，就有一整面塗鴉牆，來自於荷蘭街頭塗鴉藝術家The London Police之手，他們從1998年開始以黑白人物圖案改造城市，除了阿姆斯特丹，足跡也遍布歐美各國。**

MAP P.50 A3

## 萊茲廣場 Leidseplein

萊茲廣場被劇院、購物街、咖啡館、餐廳所圍繞，而市立劇院（Stadsschouwburg）是廣場焦點所在，每當阿姆斯特丹Ajax足球隊踢贏比賽，都會到此劇院的陽台和球迷一同歡呼慶祝。

搭乘Tram 2、12至Leidseplein站，步行即達。

廣場附近有家Café Americain，內部裝飾典雅，在阿姆斯特丹已相當少見，自1950年代以來就是藝文愛好者聚集的地標。

MAP P.50 B2

## 辛格花市 Bloemenmarkt Singel/Flower Market

由20間浮在辛格河（Singel）上的船屋串連成的鮮花市場，約莫成形於1862年，現在主要客源都是觀光客。在這裡，各式鮮花大把大把出售，除了鬱金香，還販售各類花卉種子的綜合包和花卉相關紀念品。

搭乘Tram2、12至Koningsplein站下車，步行即達。

Vijzelstraat與Koningsplein之間的Singel河河面上

9:00~17:30（週日11:00起）

市集老闆們研發出多種可供遊客帶回國的種子與乾燥花，不論你要飛往何處，只要問一聲，老闆都能告訴你要前往的國家可否攜帶這些花或種子上飛機及入境。

**無所不在的XXX符號代表什麼？**

**阿姆斯特丹街頭無所不在的XXX符號，幾乎等同於市徽。這個標記其實沒有任何不禮貌的意思，而是為了提醒居民，這城市曾經歷的三個磨難：水患、火患與黑死病。阿姆斯特丹建於比海平面低的沼澤地，12世紀以來就多水患，人們在水上畫「X」代表阻止淹水；第二個X代表防火，15世紀時房屋結構以木造為主，當時歷經幾次大火延燒，死傷無數，政府規定改磚造建材，造就了現在的運河屋舍樣式；第三個X則是讓阿姆斯特丹幾乎滅城的黑死病。XXX標記不只是遊客必買的紀念品，更是驅難避災的護身符，守護全城居民。**

# 運河畔的古董市集和主題博物館，你豈能錯過？

## 鬱金香博物館 Amsterdam Tulip Museum

如何前往

搭乘Tram 13、17至Westermarkt站，西行過王子運河後，沿河岸北行即達。

info

Prinsengracht 116 +31 20-4210095

10:00~18:00 成人€5，學生€3。

www.amsterdamtulipmuseum.com

此館介紹了鬱金香的品種歷史、藝術背景與種植技藝，包括鬱金香如何從原產地中亞傳入歐洲的故事。館內空間雖然很小，卻是了解荷蘭國花的理想起點。

## 阿姆斯特丹古董中心 Antiekcentrum Amsterdam

如何前往

搭乘Tram 5、7、19至Elandsgracht站，下車後就在運河對面。

info

Elandsgracht 109 +31 20-6249038

週一至週五11:00~18:00，週六和週日10:00~17:00。 休週二

www.antiekcentrumamsterdam.nl

這是荷蘭最大的室內古董市場，舊名De Looier，總面積超過1700平方公尺，攤位眾多，由55家專業古董商提供販售商品，舉凡陶瓷器皿、燈飾銀器、鐘錶傢俱、繪畫雕刻、玩具娃娃、珍奇珠寶等，以及17、18世紀的古董收藏，彷彿走進堆滿寶藏的迷宮。

每週六和週日舉行「桌子市集」，人們可以用低廉的租金租到一個桌子攤位，將家裡的二手用品拿來賣，是阿姆斯特丹最受歡迎的定期跳蚤市場之一。

館內養了3隻貓，看到遊客來訪便會上前磨蹭，彷彿在說：「歡迎歡迎，請隨意參觀。」

## 小貓館 Kattenkabinet

如何前往

搭乘Tram 2、12至Koningsplein站，下車後沿Singel走往Koningsplein，左轉Herengracht可達。

info

Herengracht 497 +31 20-6269040 週二至週日12:00~17:00 成人€10，學生€5，12歲以下免費。 www.kattenkabinet.nl

這是以貓為主題的私人小型博物館，主人Bob Meijer愛貓成痴，為紀念他的愛貓長達17年的陪伴而成立這間藝廊，展示各種與貓有關的藝術品及收藏品，包括繪畫、雕塑、海報、飾品等。

## 當地設計師品牌、起司、巧克力、懷舊糖果，一起來感受荷蘭人的生活美學！

### 九小街 De Negen Straatjes

知名的「九小街」有許多溫馨小鋪、當地設計師品牌店、畫廊、家飾店和小型精品店，沒有熙攘的大批遊客，運河、橋樑、個性櫥窗與兩旁的林蔭交織出荷蘭人重視生活的態度。

**從水壩廣場往西走，可抵達夾在辛格河與王子運河之間的9條購物小巷。 www.de9straatjes.nl**

逛累了就選一家緊鄰運河的咖啡館歇腳，享受午後的阿姆斯特丹文青風。

### De Kaaskamer

店內販售的起司來自世界各地，超過350多種，其中光是荷蘭自家生產的就有200多種，同時還推出傳統的家庭式沙拉、醃肉、三明治，以及醃橄欖、酒、油、醋、堅果零食等，像個超小型食材超商。每到中午或下班時間，來此購買簡便午餐、烹飪食材或野餐食物的人經常大排長龍。

**搭乘Tram 2、12至Koningsplein站下車，沿Singel往北走，左轉Wijde Heisteeg，銜接Huidenstraat西行，過皇帝運河可達。 Runstraat 7 +31 20-6233483 週一12:00~18:00，週二至週五09:00~18:00，週六09:00~17:00，週日12:00~17:00。 kaaskamer.nl**

## Mooooi Store Amsterdam

MAP P.30 B4

創辦人之一Marcel Wanders在荷蘭設計界是響噹噹的人物，多次獲得設計大獎，作品被博物館列為指定收藏。2001年，Marcel與Casper Vissers合創了moooi，把他的幽默、熱情、想法和愛，融入到日常生活用品中。

搭乘Tram 4至Prinsengracht站下車，沿Utrechtsestraat往南走可達。 Utrechtsestraat 145-147 +31 20-5287760 週二至週六10:00~18:00(週日12:00起) 週一 www.moooi.com

宛如博物館的店面陳設，網羅了荷蘭及各國最具潛力的設計新人作品，造型各異的燈具、桌椅、沙發，令人嘆為觀止。

「mooi」在荷蘭文中是「美麗」之意，多加一個「o」表示比美麗更加美麗。

## Puccini Bomboni

MAP P.50 B1

這裡的巧克力只用最新鮮的核果、水果、葡萄乾，或是薑、咖啡、香料、芝麻、蜂蜜、焦糖、軟糖等，共有將近40款口味及造型的巧克力，依傳統祕法每天在透明的廚房裡現做。

搭乘Tram 2、12、13、17至Dam站下車，沿Raadhuisstraat西行，過辛格河右轉，沿河岸北行即達。 Singel 184 +31 20-4278341 09:00~18:00（週日和週一11:00起） www.puccinibomboni.com

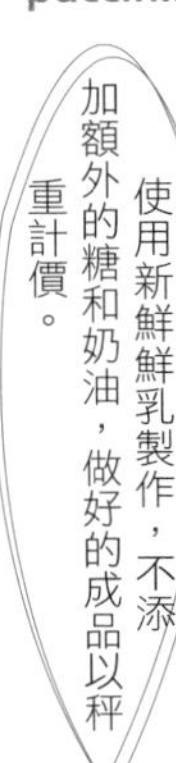

使用新鮮鮮乳製作，不添加額外的糖和奶油，做好的成品以秤重計價。

兒時在祖母開的糖果店度過童年，長大後卻遍尋不著昔日愛吃的糖果，索性自己開一家。

## Het Oud-Hollandsch Snoepwinkeltje

MAP P.50 A1

店裡整齊排列了許多玻璃罐裝的荷蘭懷舊糖果，老闆娘推薦三種知名又受歡迎的古早味：甘草糖（Honing Drop）、肉桂棒（Kaneel-Stokjes）及奶油枕（Polka-Brokken），皆以秤重計費。

搭乘Tram 13、17至Westermarkt站，沿大路西行過王子運河後，右轉Prinsengracht沿河岸北行，遇Tuinstraat左轉，過2個路口即達。 Tweede Egelantiersdwarsstraat 2 +31 20-4207390 週二至週六11:00~17:00 週日和週一 www.snoepwinkeltje.com/en/

# 荷式煎餅和三明治是必嚐國民美味，若想體驗媽媽家常菜或印尼、義大利等異國料理，這裡都有。

## Singel 404

爆餡三明治專賣餐館

Singel 404

must eat! 三明治€11.5起 帕尼尼€9.5起 推薦菜

許多人為了豐盛到快滿出來的三明治和帕尼尼而來，面對厚厚的菜單，先從冷熱三明治開始選擇，接著是麵包種類，內餡從火腿、雞肉、起司、羅勒、萵苣到鱷梨等食材，各種組合任君挑選。

P.50B2 搭乘Tram 2、12至Koningsplein站下車，沿Singel往北行，左轉走Wijde Heisteeg過辛格河，再右轉Singel可達。 +31 20-4280154 10:00~18:00 singel404.nl

## Pancake Bakery

40多年煎餅老店

Prinsengracht 191

創立於1973年的煎餅老店，供應超過75種煎餅，你一定能找到喜愛的口味，如果想另創新口味，師傅也絕對照單全收，隨時候教。

P.50B1 搭乘Tram 13、17至Westermarkt站下車，沿大路西行至Prinsengracht右轉，沿河岸北行可達。 +31 20-6251333 09:00~20:30(週五和週六至21:00) www.pancake.nl

煎餅可貴之處在於輕薄簡便，既節約用餐時間，也精簡荷包開銷。

Pancakes採取吃完就走的快餐模式，深受年輕人歡迎。

## Pancakes Amsterdam

風味多元荷式煎餅

must eat!
煎餅
€7.9~18
推薦菜

**Berenstraat 38**

店裡用餐空間明亮潔淨，光是荷蘭標準煎餅就有12種單一口味，例如蘋果、香蕉、巧克力等，如果嫌太單調，還有多種綜合配料的特調煎餅。此外也有椰子、香蕉加煉乳的泰國口味，風味多元。

P.50A2 搭乘Tram 13、17至Westermarkt站下車，沿大路西行至Prinsengracht左轉，在Prinsengracht與Berenstraat轉角處可達。 +31 20-5289797 09:00~17:00 www.pancakesamsterdam.nl

## Proeflokaal Arendsnest

專攻荷蘭本地啤酒

**Herengracht 90**

這是只賣荷蘭精釀啤酒的酒館，專門推廣本地啤酒，提供50種生啤與100多種精釀啤酒清單。地下室為品酒室，每週推出精釀啤酒試飲服務，並解說啤酒的各類專業知識，試飲費用請洽官網。

P.41A1 從中央車站步行約12分鐘可達，或搭Tram 2、12、13、17在NieuwezijdsKolk站下車，步行5分鐘可達。 +31 20-4212057 週一至週四14:00~24:00(週五至01:00)，週六12:00~01:00(週日至24:00)。 www.arendsnest.nl/

must eat!
生啤酒一杯
€4.65~7.15
推薦菜

### Moeders
荷蘭老媽媽家常菜

Rozengracht 251

這裡每道料理份量十足，用醬料醃浸入味的豬肋排（Spare ribs）烤得軟嫩適中，肉汁鹹香中帶點蜂蜜甜味。由於餐廳經常客滿，一定要事先訂位喔！

P.31A3 搭乘Tram 13、17至Marnixstraat站下車，沿Rozengracht步行可達。

+31 20-6267957 週一至週五17:00~24:00，週六12:00~24:00，最後點餐時間22:00。

www.moeders.com

荷蘭文Moeders是媽媽的意思，餐廳供應荷蘭老媽媽的傳統味道。

店內到處貼滿媽媽的照片，來自世界各地的客人帶來家庭故事在此分享，你也可以帶著自己媽媽的照片前來。

1983年開業的Winkel 43經常座無虛席。

### Winkel 43
必嚐國民甜點蘋果塔

Noordermarkt 43

招牌蘋果塔塔皮外層香酥內層鬆軟，內餡是柔和的酸甜滋味，搭配入口即化的鮮奶油，讓人驚嘆簡單的荷蘭國民甜點竟能如此美味。此外也提供平價早午晚餐、三明治、濃湯等。

P.50B1 搭乘Tram 2、12、13、17至NieuwezijdsKolk站下車，往西步行約8分鐘可達。 +31 20-6230223 週二至週四08:00~01:00，週五至週六08:00~03:00，週日09:00~01:00，週一07:00~01:00。 www.winkel43.nl

### Waterkant
坐擁運河的餐廳酒吧

Marnixstraat 246

荷式傳統煎餅€8.95起 烤雞肉捲€14.9起（must eat! 推薦菜）

天氣好時，最適合坐在運河旁享受陽光與河岸風光。位於停車場後的Waterkant就是當地人才知道的秘密基地。白天是餐廳，到了晚上變成酒吧，充滿活躍社交的年輕人，氣氛變得熱鬧起來。

P.31A3 搭乘Tram5、7、19至Elandsgracht站下車，步行3分鐘可達。 +31 20-7371126 11:00~01:00（週五與週六至03:00） www.waterkantamsterdam.nl

餐廳提供搭配酒精飲料的簡餐與點心，如炸肉丸、玉米餅、漢堡等。

## The Pantry

傳統荷蘭菜餚

**Leidsekruisstraat 21**

各式燉菜淋上馬鈴薯泥是必點傳統荷蘭菜餚，燉牛肉（Hutspot）、燉酸菜（Zuurkoolstamppot）、燉羽衣甘藍薯泥（Boerenkoolstamppot）各有不同滋味，初次享用推薦綜合拼盤（Combination Stamppot），另附上肉球或香腸配菜，相當豐盛。

P.50B3 搭乘Tram2、12至Leidseplein站下車，往東南走Korte Leidsedwarsstraat至Leidsekruisstraat左轉可達。 +31 20-6200922 11:00~22:30(週一和週二10:30起) thepantry.nl

溫暖燈光下，深色木質桌椅搭配油畫，狹小空間擺滿桌子。

## Rossini

陽光般的義大利餐廳

**Reguliersdwarsstraat 5**

餐廳前身為Saturnino，後改名成Rossini，主廚團隊不變。手工製作的義大利麵、筆管麵或義大利餃口感特別紮實，與醬料搭配後濃度比例剛剛好。除了觀光客，上班族也很愛來此聚餐。

P.41A3 搭乘Tram2、12至Koningsplein下車，左轉Reguliersdwarsstraat即達。 +31 20-6390102 12:00~23:30 rossini-amsterdam.nl

餐廳用溫暖黃橙色調，繽紛的馬賽克瓷磚和熱情爽朗笑聲，讓人瞬間走進灑滿陽光的義大利。

荷蘭文SLA意為「生菜」，由於健康有機概念風行，SLA在城裡已開設多家分店。

## SLA

健康蔬果沙拉餐

**Utrechtsestraat 10HS**

這是以提供蔬果沙拉為主題的餐廳，食材經過有機認證，沙拉選擇多樣，包括煙燻鮭魚、雞肉、油炸鷹嘴豆餅等主食，再搭配多種季節蔬菜與水果，適合想吃無負擔輕食或素食的食客。

P.41B3 搭乘Tram 4、14至Rembrandtplein站下車，步行2分鐘可達。 +31 20-8960694 11.30~21.00 www.ilovesla.com

# 棕色咖啡館
# Brown Café in Amsterdam

阿姆斯特丹的棕色咖啡館指的就是傳統荷蘭Pub，這些酒吧內部多半燈光昏暗，有著深色木質裝潢、沾染菸漬的牆壁和天花板，氣氛卻舒適愜意。通常一大早開始營業，供應早餐和咖啡，白天是街坊鄰居的咖啡館，夜裡是放鬆的酒吧，是阿姆斯特丹人共同的生活記憶。

## Café Hoppe

長長的吧台只見酒保的身影迅速晃動，如果不主動出擊，可能永遠也喝不到酒。別嫌棄酒保態度傲慢，這家店1670年就開業了，不論來者何人都得對它尊敬三分。

**P.41A3　搭乘Tram 2、12至Koningsplein站，往Spui廣場方向走即達。　+31 20-4204420　09:00~01:00(週五和週六至02:00)　咖啡約€2.8起，早餐€5.5起，生啤酒€3.3起。　cafehoppe.com**

當地的上班族一下班幾乎全湧進了這裡，店門外站滿的人潮告訴你，想進門得有衝鋒陷陣的本事。

深色木製的吧檯與高腳椅，昏黃燈光與擺滿酒瓶的牆壁，適合逃離喧嘩暫時歇腳。

## Café Gollem

Gollem是阿姆斯特丹最古老的咖啡啤酒館之一，擁有6間店面。位於Raamsteeg這家提供10多種生啤與200種以上的酒單，全都密密麻麻寫在四周牆面，並供應起司與小點心。

**P.41A2　搭Tram2、12於Koningsplein站下車，步行3分鐘可達。　Raamsteeg 4　+31 20-6129444　週一至週四16:00~01:00，週五至週六14:00~02:00，週日16:00~01:00。　cafegollem.nl**

## Café Luxembourg

Luxembourg的氣氛自在舒適，這兒的開胃小點荷式炸肉丸(Holtkamp Croquette Balls)滋味絕佳，出自於有名的熟食麵點店Holtkamp，被當地美食評論家封為城裡140家評鑑裡最好吃的荷式炸肉丸。

**P.41A3　搭Tram2、12於Koningsplein站下車，往Spui廣場方向走即達。　Spui 24　+31 20-6206264　10:00~22:00　荷式炸肉丸€8起、咖啡€3.2起，三明治€11起。　www.cafeluxembourg.amsterdam**

荷式炸肉丸除了牛肉、起司口味，也有特製蝦泥口味。

每位來客自在地從這桌聊到那桌，彼此交換報紙和話題，晚到的熟客可能要面臨站著發言的景況。

## Café Welling

店門開在側邊，不起眼的舊門擺明專為熟客而設，從上個世紀開店起至今還是百年前的調調。來客都是當地人，許多是深藏不露的教授學者，或欲赴國家音樂廳表演的歌者或演奏家，也習慣先到這裡調整心情。

**P.30A5　搭乘Tram 2、3、5、12至Museumplein站，沿J.W.Brouwerstraat走至國家音樂廳正門，就在音樂廳對面街角處。　J.W.Brouwerstraat 32　+31 20-6620155　16:00~01:00　www.cafewelling.nl**

挑高空間、落地窗和鏡子的大量運用，以及運河畔的露天咖啡座，深受上班族及年輕人喜愛。

## Café de Jaren

Jaren不只是一間咖啡館，這裡也提供晚餐和沙拉吧，到了夜晚則變成時髦酒吧，氛圍獨具，像一場國際性Party。

P.41B3　搭乘Tram 4、14至Rokin站或搭24至Muntplein站，皆步行5分鐘可達。　Nieuwe Doelenstraat 20-22　+31 20-6255771　週日至週三10:00~22:00，週四至週六10:30~23:00。　早餐約€3.9起，三明治約€6起。　www.cafedejaren.nl

## Cloud Art & Coffee

這是結合咖啡的藝廊，也可說是結合藝術的咖啡店。19世紀這兒就是茶與咖啡的專門店，如今老闆將當代藝術與歷史結合，並提供各式美味咖啡、茶與蛋糕。欲了解展覽作品請上官網查詢。

P.50A2　搭乘Tram 13、17至Westermarkt站，步行5分鐘即達。　Prinsengracht 276　+31 20-3583574　09:00~17:00（週六和週日10:00起）　咖啡€2.8起、茶€3.5起　www.cloudamsterdam.com/

## Screaming Beans

這是荷蘭最好的咖啡烘培商之一，供應優質的精品咖啡，可搭配各式甜點和手工餅乾。店內座位不多、氣氛舒適，並定期開辦咖啡師課程和拿鐵藝術工作坊。

P.50A2　搭乘Tram2、12至Koningsplein站，沿河畔Singel往北走，左轉Wijde Heisteeg，接Huidenstraat，過皇帝運河可達。　Runstraat 6　+31 646030998　08:00~17:00（週六和週日09:00起）　咖啡€3.5起　www.screamingbeans.nl/

## Café 't Smalle

't Smalle之意為「狹窄」，進了店內就可了解來由，店外卻有一片露天雅座延伸到運河上，深受遊客青睞。

1780年開業至今，許多當地人把這兒當作第二個家，香濃的Cappuccino和琴酒是最忙碌的飲料，賣相單純的三明治調醬卻是一流。這是少數能勞駕荷蘭女王親臨的咖啡館，想必也經得起挑剔。

P.50A1　搭乘Tram 13、17至Westermarkt站，沿大路西行過王子運河後，沿河岸北行，過Egelantiersgracht運河左轉即達。　Egelantiersgracht 12　+31 20-7867748　10:00~01:00（週五和週六至02:00）　Cappuccino€2.65，琴酒€4.95，炸肉丸€6.5。　www.t-smalle.nl

## Scandinavian Embassy

老闆Nicolas Castagno曾得過瑞典義式咖啡冠軍，除了美味咖啡外，也有餐食，如招牌煙燻三文魚配佐水波蛋，也不時推出創意菜單，如生蠔搭配咖啡，顛覆想像，讓人大呼過癮。

P.30B5　搭乘Tram 3、12、24至De Pijp站，步行4分鐘即達。　Sarphatipark 34　+31 681600140　08:00~18:00（週六和週日09:00開始）　咖啡€2.8起　scandinavianembassy.nl

室內以白色與原木極簡裝潢，打造一個斯堪地那維亞風格的咖啡美食空間。

王牌景點 3

荷蘭官方認可，**紅燈區**搬上檯面成為景點，
如果你不排斥或充滿好奇心，不妨前來見識見識。

阿姆斯特丹：紅燈區

# 紅燈區
MAP P.41B2 C1,C2

De Wallen/Red Light District

紅燈區隨著13世紀阿姆斯特丹港口的發展而興起，離家已久的水手上了岸，促使此區的酒吧與性產業應運而生。對當地人來說，性工作也是一種職業，為了不讓這行業被人口販子與黑道操控，政府將之公開合法化，提供性工作者們定期健檢、月事津貼等福利，並力邀其工會領袖入席議院。

紅燈區女郎基本上都是個體戶，租一小格櫥窗與房間就在裡面搔首弄姿，等待客人上門，並不會當街拉客；一旦談成價碼，就會拉上窗簾進行交易。

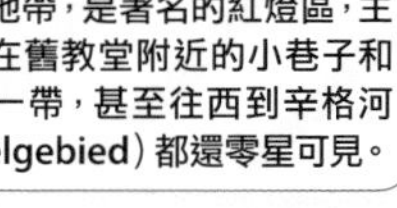

以舊教堂為中心向南北延展出的狹長地帶，是著名的紅燈區，主要集中在舊教堂附近的小巷子和中國城一帶，甚至往西到辛格河（Singelgebied）都還零星可見。

從中央車站沿Damrak步行，左轉Oudebrugsteeg即進入紅燈區。

至少預留時間
遠觀近看兜圈慢慢走
約0.5~1小時
逛遍鄰近古蹟和市集
約半天~1天

**造訪紅燈區理由**

1. 滿足**窺探櫥窗春色**的好奇心
2. 見證**神聖與淫蕩**衝突相容的景象
3. 阿姆斯特丹**獨有的另類風景**

情趣商店和性雜誌隨處可見

**怎麼玩 紅燈區才聰明？**

**把握白天暢遊老城**

紅燈區位於阿姆斯特丹的歷史核心，區內的古蹟、市集與博物館齊聚，值得在白天深入造訪。

**夜探紅燈區**

夜晚是探訪紅燈區最佳時段，可結伴走過舊教堂鄰近的街巷，或參加當地旅行社推出的徒步之旅，由專業導遊帶領穿過狹窄巷道，了解該區歷史和性工作者如何經營。當地導覽之旅可參考：www.visitacity.com、triggertours.com

**善用適當的取景位置**

從Oudezijds Voorburgwal或Oudezijds Achterburgwal運河河畔，或站在橋上，拍攝運河兩岸的紅燈街景，是安全又恰當的位置。

**貼心提醒** 夜訪紅燈區不要落單，請注意扒手，貴重物品別隨身攜帶。如遇商販在街邊搭訕兜售毒品或單車，務必拒絕。

**請尊重性工作者切勿拍照**

阿姆斯特丹的紅燈區雖然是官方認可的景點，但基於對性工作者的尊重與保護，以及確保遊客自身安全，當地政府嚴格規定，請遊客勿對著櫥窗指指點點，不可敲打櫥窗，也不可以對著性工作者拍照和錄影。

**2020年起紅燈區要向旅行團Say NO!**

由於湧入紅燈區的各國旅行團越來越多，經調查有80%的性工作者覺得，這些指指點點的遊客使她們倍感不受尊重且嚴重影響她們做生意，為避免遊客將性工作者視為熱門景點而造成二次剝削，當地政府已宣告從2020年1月1日起，全面禁止觀光旅行團進入紅燈區。

# 想親睹巷弄櫥窗春色與古老神聖教堂比鄰而居的景象，就來吧！

MAP P.41 B2

## 紅燈區的秘密 Museum of Prostitution—Red Light Secrets

博物館不大，幾間房間供遊客隨意穿梭，包括紅燈區女郎的工作房間與工具，館內會播放性工作者的紀錄片，還有紅燈區女郎吐露心聲的留言牆。

從中央車站沿Damrak往南，左轉Oudebrugsteeg走到底，左轉Warmoesstraat直行，左轉Wijde Kerksteeg，往右沿Oudekerksplein，經過Oudekennissteeg，右轉Oudezijds Achterburgwal可達。 Oudezijds Achterburgwal 60 +31 20-8467020 週日至週四11:00~22:00，週五和週六11:00~23:00。 成人€14.5，未滿16歲不可入館。 www.redlightsecrets.com

博物館位於17世紀老建築中，將曾為娼館的房子重新改造，讓遊客一覽櫥窗內世界。

### 巷弄女郎與運河女郎各擁地盤

紅燈區女郎依據工作地點分為「巷弄女郎」與「運河女郎」，顧名思義，當地人偏好光顧隱密的巷弄場所，價格與生意都遠超越運河區。當地政府近年來致力紅燈區改革計畫，計畫縮減這區的範圍與近1/3戶數，收購此區的高價房產並轉賣或租賃給不同商家進駐，可惜成效不彰。

MAP P.41 B2

## 舊教堂 Oude Kerk

舊教堂建於13世紀，位在紅燈區心臟地帶，屬於重量級古蹟，但四周的街巷裡盡是紅燈戶。不少名人如林布蘭之妻、將軍Jacob van Heemskerck都選擇在此長眠。

教堂的彩繪玻璃由奎貝斯兄弟（Dirck en Wouter Crabeth）繪於1550年。

從中央車站沿Damrak步行至De Bijenkorf百貨公司，往左側走Bijenkorf停車場旁的小巷，到底後左轉Warmoesstraat，右轉Wijde Kerksteeg至Oudekerksplein，順時針繞著教堂走可達入口。 Oudekerksplein 23 +31 20-6258284 週一至週六10:00~18:00，週日13:00~17:30。 成人€14，13~18歲€7，5歲以下免費。 www.oudekerk.nl

教堂旁佇立一尊裸女雕像，是全球首座對性工作者致敬的紀念碑。旁邊還設有妓運資訊中心(Prostitution Information Centre)。

# 聽說教堂躲起來了，畫家林布蘭窮困潦倒，跳蚤市場洋溢異國風，還能驚見鑽石誕生…

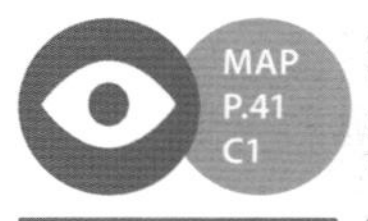


## 淚之塔
### Schreierstoren/ Weepingtower

如何前往

從中央車站沿Stationsplein走，步行約5分鐘可達。

info

Prins Hendrikkade 94 +31 20-4288291 09:00~19:00（週四至週六延至20:00） www.schreierstoren.nl

這裡原是阿姆斯特丹城牆的角塔，建於1482年。昔日每逢水手出航或戰士出征，他們的妻子就會在塔樓上含淚相送，因而名為淚之塔。當時受雇於荷蘭東印度公司的航海家Henry Hudson就從這裡起航，最後抵達北美洲的哈德遜河河口，即為今日的紐約。

淚之塔內部已改成餐廳，提供早午餐、咖啡與荷式煎餅，餐廳頂樓是觀望港口最佳地點。

荷蘭文Schreierstoren即是「角度」，取其以近乎垂直的角度建造之意。

**在加拿大和美東處處留名的哈德遜！**

**1608年英國航海家亨利·哈德遜（Henry Hudson）奉命出海探尋航路，他穿過大西洋及美洲直接到東印度群島，航經今日的加拿大及紐約，所以現在加拿大北部的哈德遜海峽（Hudson Strait）、東岸的哈德遜灣(Hudson Bay)及紐約的哈德遜河 (Hudson River)皆以他命名。**

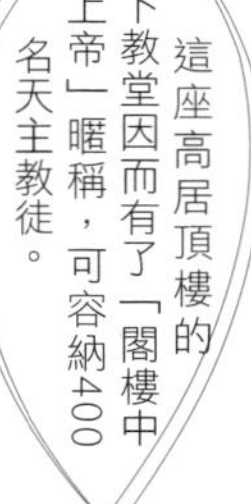

這座高居頂樓的地下教堂因而有了「閣樓中的上帝」暱稱，可容納400名天主教徒。

館中收藏許多宗教藝術品，值得觀賞。

## 閣樓教堂博物館
### Museum Ons' Lieve Heer op Solder

如何前往

從中央車站沿Damrak走，左轉Oudebrugsteeg到底，左轉進入Warmoesstraat，右轉走Heintje Hoekssteeg，再左轉可達。

info

Oudezijds Voorburgwal 38 +31 20-6246604 10:00~18:00（週日13:00~18:00）

成人€16.5，5~17歲€7.5，4歲以下免費。

www.opsolder.nl

這是市區最小的博物館，也是隱藏式天主教教堂。17世紀中葉只有喀爾文派新教徒能公開舉行活動，當時的天主教商人Jan Hartman便將3棟山形牆屋宅的頂樓打通，祕密改建成禮拜堂。

## 林布蘭故居博物館 Museum Het Rembrandthuis

MAP P.31 B3

如何前往

搭乘Tram 14至Waterlooplein站，沿Waterlooplein往東北走，左轉續走，右轉Zwanenburgwal，再右轉Jodenbreestraat可達。

info

Jodenbreestraat 4　+31 20-5200400　10:00~18:00　成人€17.5，6~17歲€6，6歲以下免費。　www.rembrandthuis.nl

林布蘭於1639買下這棟房子，在此創作出無數名畫，享受顛峰時光，但隨著妻兒相繼離世、社會喜好轉變，導致委託量減少，加上他常不計代價購買繪畫材料，欠下龐大債務，1658年被迫遷出此屋，流落貧民窟。

林布蘭破產時，將屋內物品拍賣一空，所幸當時公證人詳列的清單並未遺失，讓後人得以依照原貌重現當年擺設。

## DO YOU KNOW

### 啥米？市政廳裡藏有水位定標管

市場旁的市政廳內設有阿姆斯特丹的水位定標管（N.A.P.），以1684年的水位為基準，可以觀察現在的海平面比那時高還是低，另有一根水柱展示著1953年洪水時的水位高度。同時，牆壁上也以浮雕標示出市內建築、運河、地下鐵和海平面的對比，相當有趣。

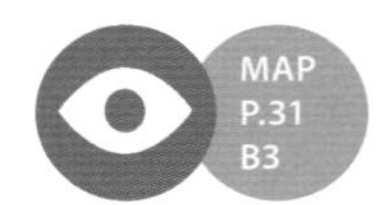

## 滑鐵盧廣場 Waterlooplein

MAP P.31 B3

如何前往

搭乘Tram 14或地鐵51、53、54，至Waterlooplein站下車即達。

info

09:30~17:30　週日　waterlooplein.amsterdam

17世紀的滑鐵盧廣場是猶太人的交易市集，也是當時猶太人聚居區，所以猶太歷史博物館和猶太教會都在附近，目前則是荷蘭最大露天跳蚤市場。

## 林布蘭廣場 Rembrandtplein

MAP P.31 B3

如何前往

搭乘Tram 4、14至Rembrandtplein站即達。

info

索貝克廣場藝術市集：週日10:00~18:00

19世紀前這裡被稱為「奶油廣場」，直到1867年此處豎立一尊林布蘭銅像而改名。白天的廣場幾乎全是露天咖啡座，晚上是酒吧、夜總會的天下，脱衣舞孃婀娜登場，氣氛不輸紅燈區。

林布蘭畫作「夜巡」中的人物被製成銅雕擺在廣場上，很適合拍照打卡。

相鄰的索貝克廣場（Thorbeckeplein）每週日設有藝術市集，不妨逛逛。

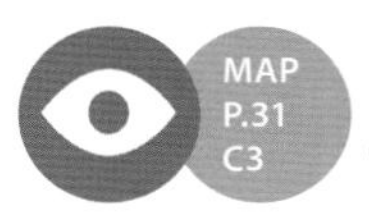

MAP P.31 C3

## 迦山鑽石工廠 Gassan Diamonds

如何前往

搭乘Tram 14至Mr. Visserplein站，往西走Mr. Visserplein，接 Jodenbreestraat，右轉Nieuwe Uilenburgerstraat，過運河即達。

info

Nieuwe Uilenburgerstraat 173-175

+31 20-6225333 09:00~17:00

參觀免費 www.gassan.com

迦山鑽石創業於1879年，提供遊客免費導覽，可參觀鑽石打磨工具展示，專人解說鑽石從切割、整形到打磨的製造過程，親睹打磨師傅現場工作，認識鑽石鑑定技巧。還可在名牌精品店選購珠寶手錶。

一般鑽石的基本切割面只有57個，迦山在2006年開發出121個切割面技術，大大提升鑽石的折射光。

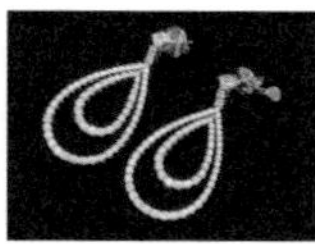

工廠裡設有鑽石展示間，提供有意購買鑽石的遊客挑選。

**提前預約中文導覽行程**

想參加免費導覽行程又怕語言不通嗎？別擔心，只要事先到工廠的官網點選Tours，並在下方的預約單中選擇「Chinese」，就能加入中文導覽行程。

**不產鑽石的阿姆斯特丹為啥稱為「鑽石之都」？**

阿姆斯特丹雖不生產鑽石，卻是世界頂尖的鑽石切割鑲造中心。16世紀時，鑽石在南非開採後交由當地猶太人初步琢磨，再帶往西班牙加工，但因利潤龐大，西班牙國王為保護自身利益便下令只有西班牙人能從事這行業，迫使猶太裔師傅外流到阿姆斯特丹並引進優良加工技術，阿姆斯特丹因此被譽為「City of Diamond」。

MAP P.31 C3

## 國家海事博物館 Het Scheepvaartmuseum

如何前往

從中央車站朝左邊沿Stationsplein步行，往右沿Prins Hendrikkade直走，接Kattenburgerplein可達。

info

Kattenburgerplein 1

+31 20-5232222

10:00~17:00，週一休館。

成人€17.5，4~17歲€8.5，3歲以下免費。

www.hetscheepvaartmuseum.nl

博物館對岸停靠整排私人木造仿古帆船，每艘船前面都有立牌說明船隻名稱、建造特點等，若船主人剛好在船上維護，也許有機會上船參觀！

建築落成於1655年，原是海軍倉庫，1973年改成博物館。館中展出500艘船艦模型、航海技術、舊航海地圖，訴說17世紀荷蘭海上霸權航海史。館外停靠的三桅古帆船是阿姆斯特丹號複製品，這艘船於1749年首航開往印尼途中遇上暴風，不幸發生船難。

## 遊完古蹟博物館，再逛逛荷蘭當代設計師創意商品，就是充滿文青風格小旅行。

@droog充滿藝術氛圍，除了聚餐聊天，還提供空間租借，尤其餐廳旁設有露天花園，洋溢童話氣息。

### MAP P.41 B3 @droog

Droog曾是品牌商店、展場和旅館，生產販售許多設計者的創意作品。現在已轉為一家宛如藝廊般的餐廳@droog，提供早午餐、咖啡、甜點、飲料，但Droog的設計精神依然存在餐廳各角落，可上官網購買商品。

**搭乘Tram 4、14至Rembrandtplein站下車，往北走Halvemaansbrug，過橋後直行，右轉Staalstraat東行即達。 Staalstraat 7B +31 20-2170100 09:00~19:00(週六和週日11:00起) www.droog.com**

### MAP P.41 B2 Condomerie

1987年當AIDS成為荷蘭熱門話題，兩名前衛女子MarijkeVilijn和Ricky Janssen決定開一家保險套專門店，提供人們選購與諮詢。店內的保險套備有各種尺寸顏色，還有動物、糖果造型及不同香味、口味的趣味款。

**搭乘Tram 4、14至Dam站，沿Damrak北行，右轉Beursplein，直走至Warmoesstraat即達。 Warmoesstraat 141 +31 20-6274174 週一至週六11:00~18:00，週日13:00~17:00。 www.condomerie.com**

這家保險套店鋪位於紅燈區，號稱自己是全球首家主題專賣店。

在荷比盧境內擁有40多家分店，位於阿姆斯特丹中央車站的購物街裡就有一家。

### MAP P.41 C1 Sissy Boy

荷蘭設計品牌Sissy Boy以中價位的時尚與生活用品聞名，產品從復古銅色餐具、餐桌擺設裝飾、人體解剖圖海報、設計師首飾到男女童裝都有，讓設計走進日常生活。

**從中央車站步行至站內的購物街可達 Stationsplein 39B +31 20-2156900 週一至週五08:00~20:00，週六和週日10:00~19:00。 www.sissy-boy.com**

## Thinking of Holland

MAP P.31 C2

店內商品出自荷蘭當代設計師，包括Droog、Moooi等知名品牌，以及毛遂自薦的明日之星，例如因應荷蘭天候的防風傘、融入荷蘭元素的餐具及花瓶、大型Miffy造型燈等，吸引不少當地人前來！

搭乘Tram 26至Muziekgeb. Bimhuis站即達（位於客運碼頭大樓地面層） Piet Heinkade 23 +31 20-4191229 10:00~18:00，週三和週日休館。 www.thinkingofholland.com

## DO YOU KNOW

### Coffee Shop不賣咖啡只賣大麻

在荷蘭吸食大麻是合法的，只要在適當的地方且不過量即可（每人每天限飲5克）。所謂適當地方就是Coffee Shop，一種架有大麻葉霓虹招牌或飄散甜甜氣味的特種咖啡館，必須持有有效許可證。許多研究指出，大麻對人體和社會的危害遠遠小於威士忌等烈酒，吸了大麻的人通常只會沉醉在自己世界，不具傷害力，只有缺錢買毒品時才會做出反社會行為。荷蘭政府乾脆將大麻等軟性毒品與海洛英等硬性毒品區隔開來，限定合法使用軟性毒品的範圍，並平抑價格，所以在荷蘭施打硬性毒品的人口比例反而偏低。

### 結伴同行見識就好

抽大麻絕非必要體驗的觀光項目，如果真想進去Coffee Shop見識見識，最好結伴同行，別亂點東西吃，同時必須年滿18歲（請攜帶護照證明年齡）。提醒你，Coffee Shop會賣一種大麻蛋糕（Space Cake），雖美味可口，但後勁超強，千萬千萬不要吃光光！走出店門請奉公守法，切忌在街上開口買大麻，這會使你惹禍上身。

## Little Thai Prince

MAP P.41 C1

餐廳位於中國城，室內空間非常小，經常客滿，泰國主廚在半開放式廚房揮舞著炒鍋，綠咖哩和酸辣雞都很道地，配合西方飲食習慣及旅客的點菜方便，採用簡餐方式，每道主菜都能選擇搭配米飯、炒麵或炒河粉，經濟實惠。

從中央車站沿Damrak，往紅燈區方向走，左轉Zeedijk可達。 Zeedijk 33A +31 20-4279645 17:00~22:30，週一公休。

## 從市區往北走向港灣，遇見荷蘭當代建築之美，從阿姆斯特丹學派、機能主義、風格派到後現代主義，交織出創意精湛的建築樂章。

所有建築的鑄鐵外觀、裝置藝術或公共造景等各具特色，卻不失整體和諧。

### 阿姆斯特丹新東埠頭區 Het nieuwe Oostelijk Havengebied

MAP P.70 B2

建築師：**多位建築師**

建築年代：**1975年以後**

1970年代阿姆斯特丹碼頭重心逐漸西移，當地政府決議將東碼頭區的4個半島轉變為住宅區，擁有超過8千間房屋、學校、商店、辦公室及各類休閒場所，機能其全。

從中央車站搭公車43號或從Rijksmuseum站搭Tram 7，至C. van Eesterenlaan站下車，步行可達。

### 舊阿姆斯特丹證券交易所 Beurs Van Berlage

MAP P.70 B2

建築師：**Hendrik Petrus Berlage**

建築年代：**1903年**

這是貝拉格最著名作品，是荷蘭建築從浪漫主義跨入理性主義的里程碑。整棟建築以幾何圖形為基礎，正立面使用「埃及三角形」（Egyptian Triangle，即5:8）的比例，每部份皆經過精密計算。

從中央車站沿Damrak大道走，約6~8分鐘可達。

Damrak 243

建築包含辦公室、證券交易中心和三間大倉庫，各自的入口依序並列在建築正面，這裡是全球最古老的證券交易所。

阿姆斯特丹當代建築分布圖

船舶博物館 Museum Het Schip
北區 Noord
EYE電影博物館 EYE Filmmuseum
Buiksloterwegveer
IJpleinveer
中央車站 Amsterdam Centraal
Centraal Station
IJ音樂廳 Muziekgebouw aan 't IJ
KNSM島
River IJ
東埠頭區 Oostelijk Havengebied
Conservatorium Amsterdam
舊阿姆斯特丹證券交易所 Beurs Van Berlage
NEMO科學博物館 NEMO Science Museum
集合住宅—鯨魚 The Whale
巨蛇橋 Python
新式運河屋 Patio Dwelling
約旦區 Jordaan
西運河環帶區 Westelijke Grachtengordel
中央區 Centrum
Waterlooplein
阿姆斯特丹建築中心 Arcam
海堡 Zeeburg
往ING集團總部

景點 博物館 碼頭 火車站 地鐵站 建築

## 集合住宅─鯨魚 The Whale

MAP P.70 C2

建築師：**Frits van Dongen（De Architekten Cie）**

建築年代：**2000年**

集合住宅─鯨魚落成於2000年，擁有200多戶住家和寬廣的辦公室面積，其傾斜歪曲的屋頂並非純為取巧，是依照太陽在天空的角度及照射方向而設計，讓此建築無論何時都能得到充份光線。

從中央車站搭公車43號或從Rijksmuseum站搭Tram 7，至C. van Eesterenlaan站下車，步行可達。

## 巨蛇橋 Pythonbrug

MAP P.70 C2

建築師：**Adriaan Geuze, Daniel Jauslin, Rudolph Eilander（West 8, Rotterdam）**

建築年代：**1999年**

橋上的路燈造型很像辦公桌上的Memo夾

連接新東埠頭區Borneo和Sporeburg半島的兩座鮮豔紅橋，是海上最吸睛的建築。東邊的曲橋是人行橋，高低起伏的線條格外耀眼；西邊的平坦直橋提供腳踏車通行，同樣火辣簡潔。

從中央車站搭公車43號或從Rijksmuseum站搭Tram 7，至C. van Eesterenlaan站下車，步行可達。

以T型交錯的鋼架織出曲線外觀，再以硬木鋪出通行階梯，宛如雕刻藝術品。

**Borneo之名取自世界第三大島婆羅洲島**

**17世紀荷蘭佔領印尼作為東印度公司在亞洲的經貿據點，所以荷蘭境內的印尼移民為數眾多，許多就住在Borneo與Sporenburg兩座半島上，Borneo之名即取自印尼婆羅洲島，可見兩國關係之密切。**

## 新式運河屋 Patio Dwelling

MAP P.70 C2

建築師：**West 8設計公司** 建築年代：**1997年**

新式運河屋分布於Borneo及Sporenburg兩個半島，每棟房子平均30.25坪，採背對背整齊排列，每棟都有獨立大門面對馬路，並將院子和陽台設於頂樓，節省用地空間。

從中央車站搭公車43號或從Rijksmuseum站搭Tram 7，至C. van Eesterenlaan站下車，步行可達。

新式運河屋1樓皆挑高3.5公尺，提供屋內充足光線，臥房則在2、3樓擁有更多隱私權；外觀爭奇鬥豔，各有特色。

## IJ音樂廳
**Muziekgebouw aan 't IJ**

建築師：**3XN** 建築年代：**2005年**

**這裡與維也納金色大廳、波士頓音樂廳並稱全球音響效果最好的三大音樂廳，也是荷蘭皇家交響樂團的表演舞台。大片玻璃帷幕白天反射港口的天光雲影，夜裡變身為發光體，建築物右側從演奏廳拖曳出一個四方盒，連接通往道路的行人陸橋。**

從中央車站後方沿De Ruijterkade往東走，接Piet Heinkade，左轉行人陸橋可達。 Piet Heinkade 1 +31 20-7882000 www.muziekgebouw.nl

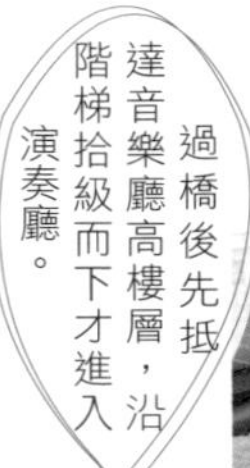

過橋後先抵達音樂廳高樓層，沿階梯拾級而下才進入演奏廳。

**IJ音樂廳也有著名的新年音樂會**

**比起維也納的高知名度，IJ音樂廳的新年音樂會也獨具特色，每年都由荷蘭歷史最悠久管樂團之一的荷蘭木管合奏團（Nederlands Blazers Ensemble，原名Nederlands Wind Ensemble）擔綱演出，並由荷蘭廣播公司與國家電視台現場直播。**

運用流線造型帶出弧角、斜度與凹面，整面透明玻璃和一體成形的斜紋上銀漆鋁板外牆，讓建築充滿雕塑感。

目前1、2樓設有展覽室，有專人導覽解說周邊建築。

不同傾斜度的屋頂、任意凸出的弧形窗和高壯尖塔，給人童話般美感。

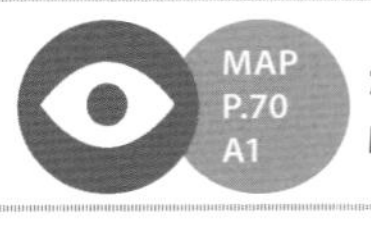


## 船舶博物館
**Museum Het Schip**

建築師：**Michel de Klerk** 建築年代：**1917~1920年**

**在機能主義盛行前，以表現主義為首的阿姆斯特丹學派曾紅極一時，代表作即為集合住宅—船。原本是為勞工居住而興建，外觀以大量紅磚表現浪漫造型，其曲線外牆、細部裝飾及高懸的小窗，是阿姆斯特丹學派典型特色。**

從中央車站後方的公車站，搭22或48號至Spaarndammerstraat站下車，沿Hembrugstraat走，左轉Oostzaanstraat可達。 Oostzaanstraat 45 +31 20-6868595 展覽：週二至週日11:00~17:00 成人€15，學生€7.5，5~12歲€5。 www.hetschip.nl

## 阿姆斯特丹建築中心
**Arcam**

建築師：**René van Zuuk** 建築年代：**2003年**

**Arcam是阿姆斯特丹建築資料的大本營，定期策劃建築學與都市發展的展覽或活動，資訊中心藏有大量書籍、雜誌、地圖，並以年表方式指出阿姆斯特丹指標性建築的演變與特色。**

從中央車站朝左邊沿Stationsplein步行，往右銜接Prins Hendrikkade，直走可達。 Prins Hendrikkade 600 +31 20-6204879 週二至週日13:00~17:00 成人€4，18歲以下免費。 www.arcam.nl

## NEMO科學博物館
### NEMO Science Museum

建築師：**Renzo Piano** 建築年代：**1997年**

科學中心就像停靠在港邊的巨大青銅船隻，走進館內，就被各類互動式科學玩具吸引，可以在迷你港口一邊指揮輪船一邊學習港口運作方式，了解如何建造堅固的橋，或自己蓋一座水壩，學會水力發電方式。

從中央車站朝左邊沿Stationsplein步行，往左接Oosterdokskade，約15分鐘可達。Oosterdok 2 531-3233 週二至週日10:00~17:30（5~8月每日開放） 休週一 每人€17.5，4歲以下免費 www.e-nemo.nl

入口處的水時鐘讓人忍不住駐足研究許久

MAP
P.70
B1

## EYE電影博物館
### EYE Filmmuseum

建築師：**Delugan Meissl Associated Architects**

建築年代：**2012年**

此館完整地介紹了電影史，從盧米耶催生第一部影片開始、跑馬燈、西洋鏡，到大型的35mm膠卷放映機，以及現在電影使用的科技綠屏（Green Screen）影像合成技術等都有。

從中央車站後門的碼頭，搭乘前往Buiksloterwegveer的渡輪可達。IJ promenade 1 +31 20-5891400 展覽：10:00~19:00，電影：根據電影放映時間表 常設展免費，特展成人€12.5，電影成人€11.5。 www.eyefilm.nl

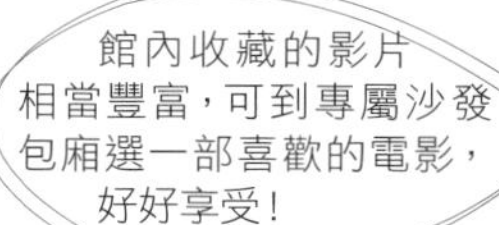

館內收藏的影片相當豐富，可到專屬沙發包廂選一部喜歡的電影，好好享受！

2樓設有特展空間和電影院，以影展電影、歐洲獨立製作、紀錄片及經典老片為主。

1樓的餐廳景觀開闊，階梯式設計宛如電影院觀眾席，最棒的影片就是玻璃帷幕外270度的水岸景色！

王牌景點 4

# 此生必訪的全球十大博物館之一，荷蘭大師名畫近在眼前！

**造訪阿姆斯特丹國家博物館理由**

1. 荷蘭國寶級大師名畫都收藏在此
2. 被評選為全球十大博物館之一
3. 館藏最豐、規模之大榮登荷蘭榜首

博物館和阿姆斯特丹中央車站，都出自Pierre Cuypers之手，是哥德式風格的紅磚建築。

Museumstraat 1
+31 20-9000745
09:00~17:00（全年無休）
成人€22.5，18歲以下免費。
www.rijksmuseum.nl

搭乘Tram 1、7、19至Rijksmuseum站下車，步行可達。

至少預留時間
鎖定2樓親睹大師名作：約1.5~2小時
仔細觀賞全館：約3小時~半天

MAP P.30 B4

## 阿姆斯特丹國家博物館
Rijksmuseum Amsterdam

荷蘭黃金時代（De Gouden Eeuw）的重要作品大半都收藏在博物館2樓，數位舉世聞名的荷蘭大師名作，包括哈爾斯（Frans Hals）、維梅爾（Johannes Vermeer）、史汀（Jan Steen）、羅斯達爾（Jacob van Ruisdael）、海達（Willem Claesz Heda）等人。尤其林布蘭（Rembrandt van Rijn）也有20餘幅真跡在此展出，吸引無數畫迷前來朝聖。

博物館前身為國家畫廊，1800年設立在海牙，1808年遷至阿姆斯特丹。1885年在現址設立國家博物館。

館內收藏涵蓋15至20世紀荷蘭畫作、國外藝術家作品、歷史文物和雕塑、裝飾、攝影等，總共80個展廳，超過8000件展品。

## 怎麼玩阿姆斯特丹國家博物館才聰明？

**線上購票** 目前一律採取線上購買門票，請提前到官網訂購，必須點選參觀日期和時間（Start Time），並準時到場（請提前10~15分鐘抵達），入場後則無參觀時間限制。線上購票無需去櫃檯兌換，只要在館內入口出示列印門票或手機下載票證即可進入。

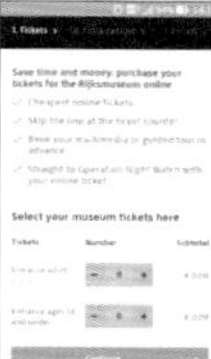

**鎖定2樓展覽大廳**

若時間真的有限，就將參觀焦點集中在2樓榮譽展廳，將黃金時代的大師級名畫一網打盡。

**到咖啡廳小憩片刻** 逛累了，到館內咖啡廳坐坐，喝杯咖啡或品嚐糕點，享受充滿藝術氣息的午茶時光。

**多加利用官網**

博物館的官方網站做得精緻、親民又極具創意，參觀後如果回味無窮，還能到官網下載大師們的畫作，畫素高檔清晰，解說詳細，彷彿親臨現場。

### 荷蘭黃金時代庶民風格繪畫興起

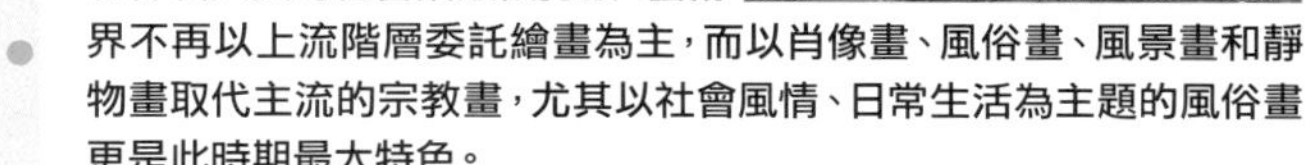

17世紀荷蘭爆發獨立戰爭，當西班牙攻陷安特衛普，促使許多菁英份子及商人逃往阿姆斯特丹，形成荷蘭黃金時代的驅動力。彼時荷蘭商業及行會興盛，個人意識崛起，崇尚貴族和神職人員的社會階級被打破，藝術界不再以上流階層委託繪畫為主，而以肖像畫、風俗畫、風景畫和靜物畫取代主流的宗教畫，尤其以社會風情、日常生活為主題的風俗畫更是此時期最大特色。

## 追尋大師名畫，一起走進荷蘭黃金時代。

**林布蘭**
**Rembrandt van Rijn, 1606-1669**

林布蘭出生於萊頓的中產家庭，父親是磨坊主人，15歲決定走繪畫道路，18歲在著名畫家Pieter Lastman旗下當學徒，到了30年代已是阿姆斯特丹主要肖像畫家，他喜歡使用左上偏後方的柔和光源，表現人物五官的立體感，明暗對比讓畫面充滿戲劇性，這種採光方式被稱為「林布蘭光」。

**從巔峰走向破產的傳奇人生**

《夜巡》將林布蘭的藝術成就推向巔峰，卻也促使他走向窮途潦倒。當時流行的肖像畫喜歡優雅鮮明風格，市警隊並不滿意畫中人物比例不同及明暗過於強烈，甚至為了是否重畫訴諸法庭，林布蘭因而遭受攻擊，客戶減少，又逢愛妻去世和晚年破產，直到死前作品都無法再受到重視。

### 《夜巡》Night Watch, 1642

《夜巡》描繪的其實是白天場景，原名為《班寧柯克隊長和羅登伯赫副官的警衛隊》，當時市民警衛隊總部落成，林布蘭受託為隊員們畫出合照，為長久保存而漆上厚重油漆，使畫面變得陰暗，後人誤以為畫中描述晚上，才有了新名稱。這幅畫掛在2樓榮譽畫廊正中央，不僅是荷蘭國寶，在世界藝術史上更具有非凡意義。

林布蘭把自己也藏在畫中，就像簽名一樣，在隊長帽子上方露出半張臉。

畫家將光線加強打在隊長、副官及象徵天使光明的女孩身上，其他人物由餘光漸至陰暗，呈現舞台戲劇震撼效果。

畫面中心隊長正交代副官隊伍準備出發，向前舉起的左手似乎正伸向觀賞者，產生突破畫面的動態感，而圍繞旁邊的每個隊員動作、角色和表情都不同。

《猶太新娘》

**The Jewish Bride, 1665**

畫中人物的手和臉部特別平滑，所穿衣服卻十分厚重，他不僅創造出顏色的變化，也是一種精神層面的解脫。畫中的男士富有愛意的靦腆表情，與兩夫妻象徵性的手勢，是此幅畫的焦點。

**這是林布蘭晚期作品，以不尋常的自由畫法創作。**

《年輕時的林布蘭自畫像》

**Self-Portrait at an Early Age, 1628**

這幅自畫像完成於林布蘭22歲，它並非為了創造肖像畫而作，因為整張臉只有耳朵、脖子、部份臉頰和鼻子有接觸到光線，其他部分都隱藏在陰影裡，被視為他實驗其著名「林布蘭光線」畫法的早期練習之作。

《約拿畫像》

**Portrait of Johannes, 1633**

這是尼德蘭當時最重要的宗教領袖Johannes Wtenbogaert的畫像，這位傳道者當時76歲，林布蘭年僅26歲，可視為年輕畫家初次嶄露頭角的作品。

《紡織工會的理事們》

**The Wardens of the Amsterdam Drapers' Guil, 1662**

為避免畫面過於平靜嚴肅，他讓畫中人物似乎被觀者打斷工作，不約而同向觀者注視，並讓左起第二位男士彷彿正要起身，使五頂帽子並不是位於同一線上。

**這是林布蘭晚年最重要的委託作品，委託人是阿姆斯特丹紡織公會的理事。由於畫作預定高掛牆上，林布蘭將桌子角度略加調整，讓觀賞者有種仰望效果。**

維梅爾擅用透視點技巧和藍、黃色調，前景較深是為了讓焦點擺在主角身上，右下角的暖腳爐和牆面釘痕可看出細節與空間感。

**《倒牛奶的女僕》The Milkmaid, 1660**

在充滿靜物的畫面裡，唯一動作來自正在倒牛奶的婢女，觀賞者幾乎可聽到牛奶緩緩倒進碗裡的聲音，運用有顆粒感的珍珠光表現安祥恬淡的場景是維梅爾典型畫風。

**《小街》**
**The Little Street, 1658**

維梅爾對畫中的建築物並不感興趣，反而在房子的細部特別刻畫出重點，如牆壁、門道中的一景、辛苦工作的婦女和一旁遊玩的孩童。這條街道看似真實，但有可能僅是維梅爾在畫室中的想像。

## 維梅爾
**Johannes Vermeer, 1632-1675**

維梅爾是荷蘭市民畫的代表，擅長室內畫，畫中的房子、窗邊工作或閱讀的女子看似平凡無奇，但隱藏的藝術性和光影安排都讓人拍案叫好。他有一系列作品皆以斜陽透進窗內灑落房間為情境，專注做著某件事的女子為主題，描繪生活裡的平凡時刻。

## 史汀
**Jan Havickszoon Steen, 1626-1679**

Jan Havickszoon Steen出生於萊頓的釀酒家族，以風俗畫聞名，擅長描摹日常生活中輕鬆愉快、生氣勃勃的人群，畫風幽默，經常以荷蘭諺語和文學為創作靈感。

**《快樂的家庭》The Merry Family, 1668**

當畫中的父母與祖父母正拿著酒杯大聲唱歌時，沒人注意到他們的小孩也有樣學樣地抽煙喝酒。這是典型的風俗畫，既警示世人又不失詼諧。

這幅畫以荷蘭諺語「As the old sing, so pipe the young.」作為故事出發點，意為上樑不正下樑歪。

## 羅斯達爾
**Jacob van Ruisdael, 1628-1682**

羅斯達爾是17世紀知名的風景畫家，誕生於哈勒姆小有名氣的藝術家族，受其叔父影響，作品多描繪農村、平原及海洋。

**《威克的風車》**
**The Windmill at Wijk bij Duurstede, 1670**

畫中的風車從低處向上仰望的角度下筆，與背後陰暗的雲層形成強烈對比；陽光自風車的一端透射下來，反映在水中與陸地。他成功地將一條河流畫出張力與氣氛，成為一幅傑作。

### 哈爾斯
**Frans Hals, 1580-1666**

哈爾斯出生於安特衛普，定居在哈勒姆，以流暢奔放的筆觸顛覆傳統，生動捕捉社會不同層級的人民生活與臉部表情。同時也以貴族肖像畫聞名，筆下人物多為哈勒姆當地有錢人家。

**《快樂酒徒》**
**The Merry Drinker, 1630**

畫中的酒徒滿臉通紅，正拿著酒杯向觀畫者侃侃而談，彷彿是連串動作中的一瞬間，可以想像酒徒前一秒及後一秒的片刻，耳邊幾乎響起酒徒興奮的話語，表現手法相當生動。

**17世紀的肖像畫通常表現嚴肅的一面，哈爾斯卻打破慣例，畫得輕鬆愉悅。**

**《婚禮即景》**
**Wedding Portrait of Isaac Abrahamsz Massa and Beatrix van der Laen, 1622**

這是一幅婚禮的人像畫，丈夫身體微微向後傾斜，口中喃喃自語，他的妻子則在旁微笑。右邊的花園代表愛情與婚姻，男士左邊的植物刺薊，在荷蘭有忠誠的意義。

### 海達
**Willem Claesz Heda, 1594-1680**

海達是17世紀的首席靜物畫家，出生於哈勒姆，父親是位建築師。海達善於利用反射光線，以創新手法描繪餐點靜物而聞名。

**《鍍金酒杯靜物》Still Life with Gilt Goblet,1635**

此畫描述宴會後的杯盤狼藉，整體以深淺不同的銀灰色調表現銀盤、玻璃、緞面桌巾和珍珠光澤，點綴少許黃色和青銅綠，彷彿單色照片呈現簡單不失雜亂的風格。

### 艾提生
**Pieter Aertsen, 1508-1575**

艾提生是文藝復興時期、北尼德蘭首位以描述農民生活為主的藝術家。他主要在阿姆斯特丹和安特衛普繪製大型作品，多數內容為靜物畫和風俗畫。

**《蛋舞》The Egg Dance, 1552**

蛋舞是當時很熱門的娛樂活動，玩者用腳將放在地上木杯內的蛋有技巧的推出，再將木杯翻過來蓋住地上的蛋。艾提生將一位正在喝酒的人擺在畫中最明顯之處，其實是在嘲笑這群愚蠢沒禮貌的農民。

### 施可樂
**Jan van Scorel, 1495-1562**

施可樂是16世紀北尼德蘭首位遠赴義大利學藝的畫家，從1518年至1524年旅居義國，吸收當地繪畫風格。回國後大半住在荷蘭北部，1530年永久定居在烏特勒支，設立義式大型工作室。

**《抹大拿的瑪麗亞》Mary Magdalene, 1530**

畫中的主角是聖經故事中抹大拿的瑪麗亞，畫家用許多暗示來象徵她從良後的新生，並在她的臉部表情下了很大功夫，顯現矯飾主義畫風，可看出畫家多少受了拉斐爾影響。

## 換個心情，逛逛露天市集、淺酌海尼根啤酒，到吊橋打卡拍照吧！

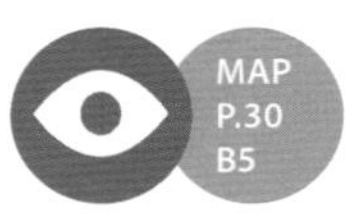

### 亞伯特蓋普市場 Albert Cuyp Market

MAP P.30 B5

如何前往

搭乘Tram 4至Stadhouderskade站，或搭地鐵52至De Pijp站下車，皆步行即達。

info

Albert Cuypstraat整條街

09:00~17:00 休週日

www.albertcuypmarkt.nl

亞伯特蓋普市場擁有260多個攤位，包括販賣荷蘭典型紀念品、在地人日常所需、各種T恤服飾、知名街頭小吃，如生鯡魚、小鬆餅等，包羅萬象。

亞伯特蓋普緣起於1905年，曾是荷蘭最大露天市集，如今其他新市場雖已凌駕超越，仍無損其地位。

二次大戰後，大量外國勞工湧入運河南邊的德派普區形成「拉丁區」，市場位於區內，來自世界各地的布料雜貨、香料食材全聚集在此。

### Do You Know

**馬格勒姊妹花的傳說**

據說有一對名為馬格勒(Mager)的姊妹分別住在阿姆斯特河的兩岸，每次相聚時必須長途跋涉繞到對岸，十分辛苦，為了方便拜訪對方於是搭建了這座橋，橋的寬度原本僅容單人步行，是名副其實的「瘦橋」，後來幾經加寬才變成現在模樣。

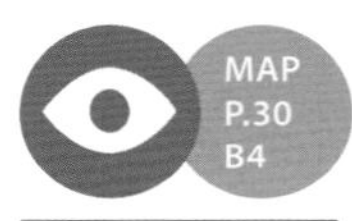

### 馬格勒吊橋（瘦橋） Magerebrug

MAP P.30 B4

如何前往

搭乘Tram 14或Metro 51、53、54至Waterlooplein站下車，沿大路西行左轉Amstel可達。

Magere的荷文是「瘦小」之意，頗符合這座橋初建時的形象。雖然經過1772年的擴建，馬格勒吊橋已擺脱瘦狹舊貌，但仍不改原名，依舊不時升起橋面方便行船也娛樂眾人。

這是阿姆斯特河（Amstel）唯一的木製吊橋，300多年來名氣始終居高不墜。

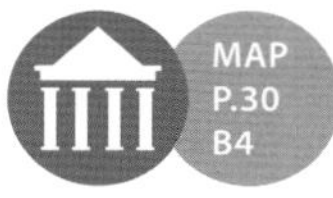

MAP
P.30
B4

## 海尼根啤酒體驗館
## Heineken Experience

如何前往

搭乘Tram24至Marie Heinekenplein站，或搭Tram 1、7、19在Vijzelgracht站下車，皆步行即達。

info

Stadhouderskade 78

+31 20-7215300

週一至週四和週日10:30~19:30，最後入場17:15；週五和週六10:30~21:00，最後入場18:45。

Heineken Tour成人€21（含2杯啤酒），線上購票可享有€1.5的折扣，未滿18歲不可入場，提供英文導覽。另推出Heineken Tour + Rooftop、VIP Tour、Live Your Music等套裝行程，請上官網查詢。

www.heinekenexperience.com

### Do You Know

#### 好酷炫～
#### 海尼根酒瓶竟能印上自己名字！

海尼根博物館最受歡迎的莫過於「Bottle Your Own」專區！遊客從螢幕選擇要印在瓶身上的文字(僅限英文)，就能打造一瓶專屬於你、獨一無二的海尼根。螢幕介面提供各國語言(包括中文)，操作完後帶著收據去結帳，就可以在紀念品區領到刻上文字的海尼根瓶。

參觀體驗館內最基本的Heineken Tour，將帶你進入海尼根第一座啤酒廠，從海尼根家族1864年的創業史開始導覽，聆聽海尼根如何從小啤酒廠成為享譽全球的品牌故事，認識啤酒原料、攪拌與發酵過程、麥汁試喝、裝瓶運送及品酒等流程，以及贊助和明星背後的故事。如想更深入探索海尼根，還可選擇Heineken Tour + Rooftop或VIP Tour；前者帶你登上頂樓，一探麥芽閣樓（Moutzolder）昔日功能，後者跟著私人導遊經由幕後通道，拜訪獨有的隱密酒吧。

行程最後來到Best 'Dam酒吧，可以在吧台換兩杯免費啤酒，與好友暢飲或認識新朋友。

王牌景點 5

# 梵谷 朝聖首選地，館藏量全球No.1。

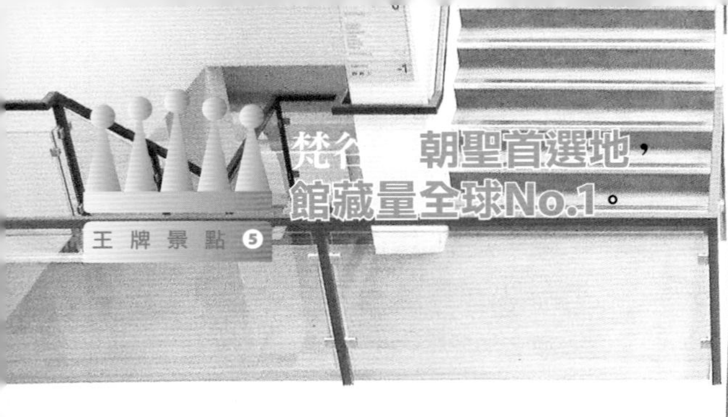

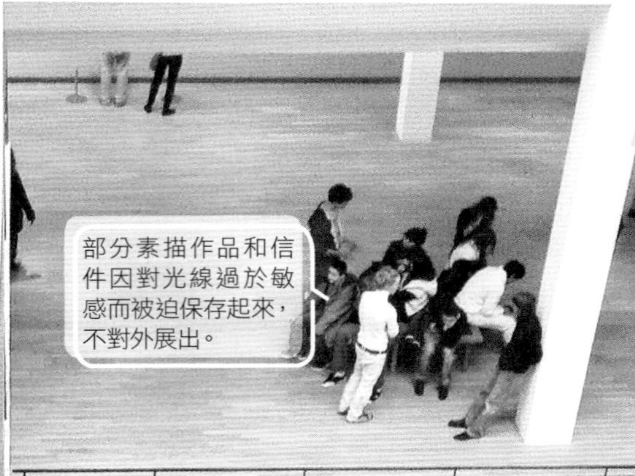

部分素描作品和信件因對光線過於敏感而被迫保存起來，不對外展出。

館內依梵谷作畫年代和畫風的發展，從地面樓層開始按順序展示。

**造訪梵谷美術館理由**

1. 梵谷作品收藏量居世界之冠
2. 梵谷迷朝聖的首選地
3. 阿姆斯特丹必訪景點

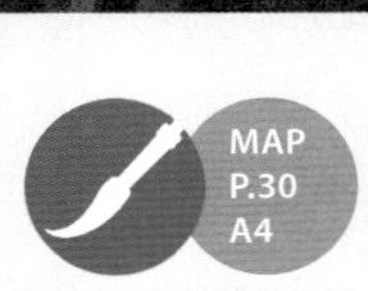

MAP P.30 A4

## 梵谷美術館
Van Gogh Museum

梵谷美術館成立於1973年，收藏超過200幅梵谷的油畫、580幅素描和750封私人信件，是梵谷作品最多最聚集的地方，同時也展出他的朋友如高更(Paul Gaugain)、西涅克、勞特雷克(Henri de Toulouse-Lautrec)以及秀拉(Georges-Pierre Seurat)、莫內等畫家作品，讓觀者更了解梵谷畫風的轉變受到哪些影響。

**美術館內請勿拍照！**
**美術館僅開放入口大廳和自拍牆給遊客拍照(請勿使用閃光燈或三腳架)，除此之外，所有展廳與作品皆不可照相攝影。如果想收集梵谷作品圖像，請至官網免費下載。**

Museumplein 6
+31 20-5705200
9:00~18:00
成人€20，18歲以下免費，語音導覽(包含中文)€3.5。
www.vangoghmuseum.com

搭乘Tram 2、5、12至Museumplein站下車，沿Paulus Potterstraat走即達。

至少預留時間
近距離和梵谷對談
約2~3小時
觀賞全館+遊逛周邊景點
約半天~1天

## 速寫梵谷悲劇性的一生

**1853**

3月30日出生於桑德（Groot-Zundert）。父親是荷蘭喀爾文教派牧師，在母親影響下，梵谷自幼就喜歡繪畫。

**1869-1880**

休學後進入交易藝品的Goupil & Cie海牙分公司任職，之後曾擔任短暫教職、書店店員，1878年轉任神職人員至法國邊境的礦場服務，以礦工為主題作畫讓他重拾對繪畫的熱情。

**1880-1882**

在弟弟西奧的經濟援助下開始練畫。曾至海牙跟著Anton Mauve學習油畫。

**1883-1884**

來到努能（Nuenen）與父母同住，以當地紡織工及農民為題作畫，奠定繪畫基礎。與鄰居瑪格（Margot Begemann）相戀卻不被祝福，瑪格自殺未遂事件影響梵谷一家在小鎮的聲譽。

**1885**

梵谷父親病逝，加上一件模特兒懷孕疑案，使梵谷大受打擊，於同年11月前往比利時安特衛普（Antwerp），自此未曾再回到荷蘭。

**1886-1887**

在安特衛普曾短暫進入藝術學院，但無法適應學院教育方式，於是跟隨弟弟前往巴黎，認識高更（Paul Gaugain）、塞尚（Paul Cezanne）、秀拉（Georges-Pierre Seurat）等畫家，西奧為梵谷安排和畢沙羅（Pissarro）、竇加（Degas）、莫內（Monet）等大師級人物見面，梵谷雖未與之深交，但他當時的作品顯然深受這些大師影響。

**1888**

搬到法國南部亞爾（Arles）居住，並邀請好友高更前來同居，但兩人個性極端，對藝術的看法見解不同，在一次激烈爭吵後，高更奪門而出，梵谷精神瀕臨崩潰，割下自己的左耳而被送進醫院。

**1889-1890**

精神狀態時好時壞，住進聖雷米Saint Paul-de-Mausole療養院。出院後病情反覆，1890年前往巴黎拜訪西奧，發現弟弟正陷於嬰兒病重及經濟困難雙重壓力，或許自覺為西奧的負擔，梵谷的精神狀態再度不穩定，最終舉槍自盡。

## DO YOU KnoW

### 是誰催生了梵谷美術館？

梵谷將多數作品交給住在巴黎的胞弟西奧（Theo van Gogh）保管，除了推廣梵谷畫作，西奧也提供他財務支援。西奧死後，其遺孀瓊安娜（Johanna）返回荷蘭居住並大力推廣梵谷畫作，自此梵谷作品才在20世紀初展露光芒。瓊安娜去世後，其子文森・威廉（Vincent Willem）繼承遺產，他決定打造這座美術館來紀念梵谷。

## 怎麼玩梵谷美術館才聰明？

**提前買票並指定入場時段**

目前參觀美術館所有的展覽，必須提前至官網購買門票，並預訂入場時段（Start Time），再按照票上標示的時間入場，在入口處只需出示你手機上的電子門票即可。

**最佳拜訪時間**

每天11:00~15:00參觀人潮最多，不妨避開這些時段，選擇9:00~11:00或15:00之後造訪，以免壞了觀賞興致。

**到咖啡廳小憩片刻**

看完名畫，別忘了到館內咖啡廳坐坐或遊逛紀念品店。

**善用官網活動資訊**

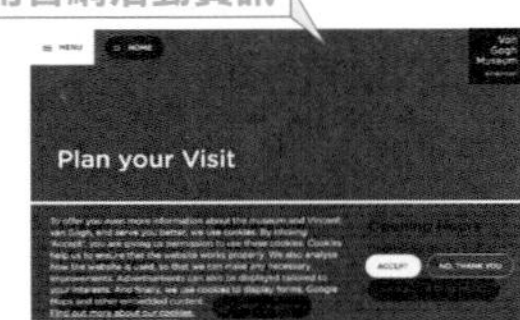


美術館官網的內容設計相當豐富，不僅可下載梵谷名畫的圖檔，還能事先從網上閱讀大師多幅畫作的創作背景故事，不妨善加利用。

## 直搗館藏亮點，讓梵谷的狂野點燃你的生命熱情！

### 美術館主樓
**Main Building**

美術館由「風格派」建築師李特維德（Gerrit Rietveld）所設計，為三層樓建築物。1999年加蓋側翼展館（Exhibition Wing）由日本建築師黑川紀章設計，是一棟19世紀風格的半圓形建築，兩座建築之間以玻璃入口大廳相連。梵谷的永久館藏品以及同時代的大師們作品都陳列在主樓；側翼展館則定期舉辦各種展覽。

這是梵谷在努能（Neunen）時期重要的油畫作品，表現他對社會邊緣人的關懷。為了表現最好的構圖，梵谷共畫過三幅食薯者，另一幅收藏在庫勒慕勒美術館。

**《食薯者》**
**The Potato Eaters, 1885**

梵谷利用強烈明暗對比描繪農人在一天辛勞工作後，享用晚餐的情景。圖中有5個人圍坐在木桌前，婦人分配的食物只有馬鈴薯和黑咖啡，以土地般的綠色和咖啡色構成畫面，天花板的油燈散發昏暗光線，臉上歷經風霜的皺痕，顯現這戶農民的貧困以及不被生活打倒的堅毅。

畫中最左處有個粉紅和綠色屋簷相間的屋子，是梵谷每天前往用餐的餐廳。

**《黃色屋子》**
**The Yellow House, 1888**

1888年，梵谷在南法亞爾鎮的拉馬丁廣場（Place Lamartine）轉角處，租了這間「黃色小屋」當作畫室，後來他因繼承叔叔的遺產而成為該屋主人，並以該屋為主題留下精彩畫作。

**《亞爾的臥房》Bedroom in Arles, 1888**

這幅畫的正是梵谷在亞爾居住的臥房，不僅題材特殊，構圖也很微妙，沒使用透視畫法，物體的比例顯得有點奇怪。色彩上採用三對互補色，分別是紅和綠、黃和紫、藍和橘，同時省略了陰影，充分傳達「簡單」與「休息」的意念。

1889年9月梵谷重新畫了兩幅相同的畫，一幅存放在芝加哥藝術協會，另一幅在巴黎奧賽美術館。

**《向日葵》Sunflowers, 1889**

1888年梵谷邀請高更來黃色小屋同住，他覺得高更的房間需要以「向日葵」為主題的靜物畫裝飾，並以橘色原木細框裱畫，於是滿懷激情完成一系列畫作。高更對「向日葵」非常滿意，從此成為人們對梵谷的印象之一。

**《鳶尾花》Irises, 1890**

這幅畫創作於1890年梵谷在聖雷米療養院休養期間，由於不太能外出，多半從自然中找靈感或描繪花卉靜物。畫中花朵枝葉充滿生命力，花朵甚至自瓶中滿溢，一層層厚顏料提高了色彩飽和度，襯著明亮黃色牆面，對比的藍紫色更加顯眼。

**梵谷對亞爾地區亮麗的紫色鳶尾花相當著迷，居住時畫下許多不同姿態的鳶尾花。**

**《杏花》Almond Blossom, 1890**

1890年1月，梵谷在聖雷米療養院收到弟弟西奧寄來的信，告訴他弟媳已懷孕，並決定以梵谷的名字為新生兒命名。梵谷得知消息後欣喜若狂，以陽光藍天為背景畫了這幅白色杏花送給西奧夫妻，象徵新生與春天到來。

**這幅畫長時間被當作家族情感的聯繫核心，掛在西奧家的起居室。**

**探索梵谷狂熱燃燒的藝術生命力**

**想要多了解梵谷，就要對他各時期的畫風有所認識。**

**努能時期Nuenen 1883.12-1885.11**

**受米勒和狄更斯影響，此時梵谷偏愛以勞動者為畫作主角，畫面陰暗，描繪勞動者挖掘泥土的手、坐在織布機前專注神情，他認為農民畫裡要有燻肉和蒸馬鈴薯的味道，田野畫中要有小麥和鳥糞的氣味。這些在《食薯者》畫作中完全展現。**

**巴黎時期1886.2-1888.2**

**與巴黎的印象派畫家們交流，畫風轉為明亮多彩，個人風格逐漸成形。喜歡上日本浮世繪畫風，不但收藏畫作，也臨摹許多日本畫師作品，對日本版畫相當著迷。在定居亞爾時期，嘗試將日本畫的精神運用在法國風景中，《花開的亞爾田野》就是代表作。由於沒錢請模特兒，梵谷畫了許多自畫像作為色彩練習的作品。**

**亞爾時期1888**

**在陽光充足的法國南部，以自然風景和生活即景創作出許多知名畫作，如《亞爾的臥室》、《星空下的咖啡館》，向日葵系列則是為了歡迎高更到來而畫的作品。這時期梵谷對自然與生命的歌詠和靈魂的焦慮，透過使用高飽和度的對比色，特別是黃與藍的組合，筆觸強勁明確。**

**聖雷米時期Saint-Rémy 1889-1890**

**在療養院時不太能外出，作品多半從自然中找靈感或描繪花卉靜物。彷彿預知自己生命已走到盡頭，梵谷大量以田野和人物為題作畫，在短短兩個月裡，他畫了80多幅作品。受精神疾病所苦，開始出現漩渦狀筆觸，畫面中強烈的節奏感讓觀看者感受到他強烈的躁鬱與不安。《星空》、《鳶尾花》、《麥田群鴉》都是這時期作品。**

**《麥田群鴉》Wheatfield with Crows, 1890**

這是梵谷去世前幾週的畫作，不久後他以自殺結束了生命。明亮的麥田搖曳著不安線條，小路盡頭通往深沉黑夜，天空漩渦狀的筆觸顯示心中焦躁，彷彿要把觀賞者吸入畫家內心的陰鬱，成群烏鴉往右上角飛出畫面，有人懷疑這暗示著畫家死亡的心境。

# 看完狂熱梵谷，喝杯琴酒或公園散步，轉換心情。

## 博斯琴酒之家 House of Bols

如何前往

搭乘Tram 2、5、12至Museumplein站下車，步行即達。

info

Paulus Potterstraat 14 +31 20-5708575 13:00~18:30（週五和週六至21:00） 琴酒之家參觀：成人€16（含1杯雞尾酒和語音導覽），參觀＋雞尾酒工作坊：成人€32.5。未滿18歲皆不可入場。 www.houseofbols.com

走進琴酒之家可以認識琴酒歷史、可觸摸的原料、古老典籍配方、調酒器材等，最特別的是數十只裝有不同口味琴酒的彩色瓶子，你可壓下幫浦，藉由噴出的氣息猜猜是何種口味。

琴酒之家推出雞尾酒工作坊，讓遊客在Do it Yourself酒吧，經由專業調酒師指導，30分鐘內自行調製並創造出2種雞尾酒。

### 有此一說～

**連林布蘭都為之瘋狂**

琴酒（genever）源自16世紀，最初作為醫療用途，1575年盧卡斯·博斯（Lucas Bols）在琴酒配方中加入香料，並在阿姆斯特丹設立酒廠，成為琴酒流傳世界的濫觴。據説林布蘭因為沉迷於博斯的琴酒無法自拔，積欠過多酒錢，竟拿他得意門生的畫作充當抵押，這幅畫至今仍珍藏在琴酒之家中。

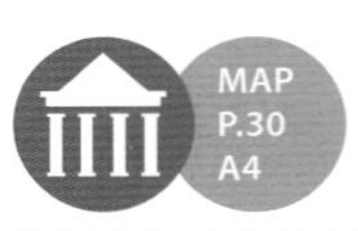


## 市立美術館 Stedelijk Museum

如何前往

搭乘Tram 2、5、12至Museumplein站下車，步行即達。

歷經數年翻新工程，由Benthem Crouwel建築事務所為展館加上未來主義的純白構造，深具科技感。

info

Museumplein 10 +31 20-5732911 10:00~18:00 成人€22.5，18歲以下免費。 www.stedelijk.nl

館內收藏19世紀以後的作品，包括李特維德（Gerrit Rietveld）的紅藍椅（Red & Blue Chair）、包浩斯學派（Bauhaus）的設計草圖與模型，以及安迪·沃荷（Andy Warhol）、布魯斯·諾曼（Bruce Nauman）、傑夫·昆斯（Jeff Koons）等當代大師作品。

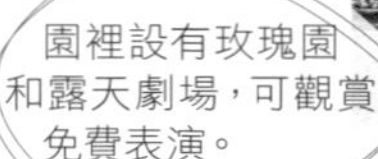


## 翁岱爾公園 Vondelpark

如何前往

搭乘Tram 2、5、12至Museumplein站下車，沿Paulus Potterstraat，右轉Van Baerlestraat直走，左側可進入公園。

佔地45公頃，由庫肯霍夫花園的建築師Zocher父子設計，屬於英式庭園風格。園內有池塘、蜿蜒步道、單車道、大片草地及小動物，是郊遊野餐最佳去處。

園裡設有玫瑰園和露天劇場，可觀賞免費表演。

**風車村贊斯堡、起司原鄉艾登與哈克馬、傳統漁村馬肯與福倫丹、昔日港口重鎮霍恩與恩克赫伊森，都是美麗純樸的北海小鎮，距離阿姆斯特丹不遠，適合輕裝一日遊。**

## 馬肯 Marken

馬肯原是南海（Zuiderzee）海灣中的小島，如今南海已被長堤Afslutidijk圍成湖泊，馬肯則靠著一條堤防與陸地相連。因長期處於半隔絕環境，馬肯依舊保持純樸風情。在馬肯人博物館（Marker Museum）有圖文影片介紹小鎮歷史以及傳統服裝展示。

從阿姆斯特丹中央車站後方搭乘EBS公車315號至Marken Centrum站下車即達，全程約40分鐘，車班參考www.ebs-ov.nl。從福倫丹碼頭可搭乘觀光渡輪至馬肯，單程船票約€8.75，船程30分鐘。 遊客中心：Havenbuurt 19c, Marken +31 299602184 遊客中心12:00~18:00，週二公休。 www.laagholland.com

今日居民不論老少仍擁有自己的傳統服飾，每年4月30日女王節或婚喪喜慶時會穿上。

馬肯以典型木屋、荷蘭傳統服飾與新鮮漁獲聞名。

### Do You Know

**哪裡是綠村、白村、紅村？**

馬肯被稱為「綠村」，因為這裡的高腳木屋大多漆成墨綠色，整排看去綠成一片，十分有趣。在荷蘭還有因整區全是白屋而被稱為白村的Thorn，以及窗門都漆成紅白斜橫條的紅村Haaruilens，這些暱稱乍聽讓人困惑，但仔細一瞧還真貼切！

## 福倫丹 Volendam

福倫丹以傳統服飾、音樂和魚類聞名，港邊聚集了海鮮餐廳、小吃攤販、紀念品店與溫馨旅館，宛如歐洲版的淡水老街，尤其老城區的街巷彷彿迷宮，值得造訪。位於西郊的Alida Hoeve農場，以起司和木鞋為號召，有10餘種起司口味可試吃，在木鞋商店可試穿這種因應溼地而生的荷蘭國粹。

從阿姆斯特丹中央車站後方搭乘EBS公車316號至Julianaweg-Centrum站下車即達，全程約35分鐘。從馬肯碼頭可搭乘觀光渡輪至福倫丹，約40分鐘。 遊客中心：Zeestraat 37, Volendam +31 29-9363747 遊客中心週一至週六11:00~16:00，1月的週日和週一公休。 www.vvv-volendam.nl、農場henriwillig.com

身穿黑色洋裝搭配花朵圖案刺繡，戴上蕾絲尖頭帽，在當地照相館中為自己留下紀念照。

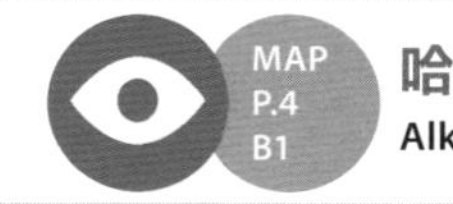


## 哈克馬 Alkmaar

哈克馬於西元939年建立聚落，擁有美麗的運河及山形牆屋宇。數百年過去了，小鎮風味始終沒變，就像堆積在廣場中的起司，從不理會朝代更迭，依然堅持自我風格。今天的哈克馬儘管有迷人的戲水沙灘，但人們千里而來為的都是那固守傳統的「起司市場」。

從阿姆斯特丹中央車站搭乘火車至Alkmaar站即達，車程約36分鐘。 遊客中心：Waagplein 2, Alkmaar +31 72-5114284 遊客中心週一至週五12:00~17:00(週六09:30起)，週日11:30~14:30。 www.vvvalkmaar.nl

## 1 起司市場 Alkmaarse Kaasmarkt

哈克馬的起司買賣源於1593年，當時就在Waagplein進行交易，如今的廣場雖然人聲鼎沸，但昔日吆喝喊價的盛況漸淡，觀光味越來越濃。買賣活動在批發商進場後揭幕，買家們以嗅聞、品嚐、搓揉的方式判別起司品質，再以獨特的擊掌方式和賣方議價，最後由出價最高的批發商「得標」。

P.88B2　Waagplein廣場上　4月至9月每週五10:00~13:00，7、8月增加每週二19:00~21:00。　www.kaasmarkt.nl/en

搬運伕的帽子有綠、藍、紅、黃等顏色，代表隸屬不同公司。

### 一起來讚嘆搬運伕的默契身手

買賣成交後，就輪到搬運伕進場。每當一批起司成交搬上弧形抬架，搬運伕即奔向過磅房（Waag）秤重，再奔向推車，等到小車堆滿起司便推往卡車裝載。搬運工作很吃重，一個高達（Gouda）起司重達20公斤，8個上架達160公斤，全賴默契十足的身手搭配，值得掌聲鼓勵。

## 2 荷蘭起司博物館 Het Hollands Kaasmuseum

博物館位於遊客中心樓上，陳列從古至今各種製作奶油及起司的工具，並介紹操作方式及原理，從1576年使用至今的過磅房也位在此建築中。館內服務人員都是熱心的爺爺奶奶，他們會主動上前説明或幫忙播放影片。

P.88B2　Waagplein 2, Alkmaar　+31 72-5155516　4月~10月週一至週六10:00~16:00（起司市場交易日09:00起），每週日和其他月份13:00~16:00。　成人€ 6，4~12歲€2.5。線上購票可享€0.5折扣。　www.kaasmuseum.nl

館裡展示許多當地居民昔日生活用品，如銀質高腳杯、19世紀玩具等。

## 3 哈克馬市立博物館 Stedelijk Museum Alkmaar

博物館位於聖勞倫斯大教堂附近，收藏作品從荷蘭黃金時代的畫作到當代前衛藝術都有，其中不乏出生於哈克馬的大師，如Caesar van Everdingen、Maarten van Heemskerck等人的名作，而描寫戰爭的寫實畫也佔有相當份量，讓人一睹當年戰場上的烽火煙硝。

P.88A1　Canadaplein 1, Alkmaar　+31 72-5489789　11:00~17:00　休週一　成人€ 13.5，18歲以下免費。　stedelijkmuseumalkmaar.nl

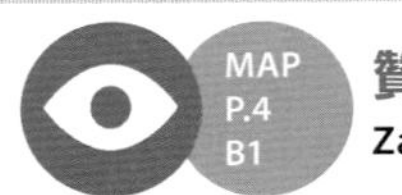


## 贊斯堡
## Zaanse Schans

河渠遍佈，風車轉動，詩歌般田園景象讓贊斯堡吸引無數遊客前來。這塊環抱贊河（Zaan River）的區域，以伐木業和造船業起家，風車自16世紀就擔負供應動力的重任，居民們靠風力維生，建立歐洲首座工業區。造船業不僅吸引沙皇彼得大帝蒞臨觀摩，也帶動麵粉、油漆、芥末等商業發展，在短短兩個世紀內，興建一千多座風車。

1850年之後蒸汽機逐漸取代風車，目前僅20座風車被保留下來，見證工業區輝煌過往。

從阿姆斯特丹中央車站搭乘往Alkmaar的火車，在Zaandijk – Zaanse Schans站下車，車程約17分鐘，出站後循Zaanse Schans指標，東行過Julianabrug即達。或到阿姆斯特丹中央車站對面的Prins Hendrikkade街邊公車站，搭乘391號公車，在Zaanse Schans站下車即達，車程約45分鐘。 遊客中心Schansend 7, Zaandam +31 75-6810000 遊客中心10:00~17:00。12~3月許多風車不開放，出發前請先至官網查詢。 在遊客中心購買Zaanse Schans Card，可免費參觀Zaans Museum&Verkade Pavilion、風車村（鋸木風車、染料風車）、Weaver's House和Cooperage等景點，成人卡€29.5，4-~7歲€20。亦可各自單獨買票參觀。 www.zaanseschans.nl

### 染料風車De Kat

**贊河沿岸昔時曾有55座顏料磨坊，如今獨留全球最後一座由風力驅動的顏料磨坊，De Kat風車始建於1646年，原為榨油使用，歷經幾次火災後於1782重建。製作染料要先將木材切成碎木屑，磨坊內巨大木製齒輪利用風力轉動5噸的磨石，將木屑磨成粉狀，粉末過篩後就能裝在木桶內銷售。**

P.90B1 Kalverringdijk 29, Zaanse +31 75-6210477 09:00~16:30 成人€5.5，4~17歲€2.5。 www.verfmolendekat.com

磨坊在1700年開始磨製礦物原料、彩色粉筆料和磨光料。這裡銷售的仿古顏料獨一無二，別處找不到。

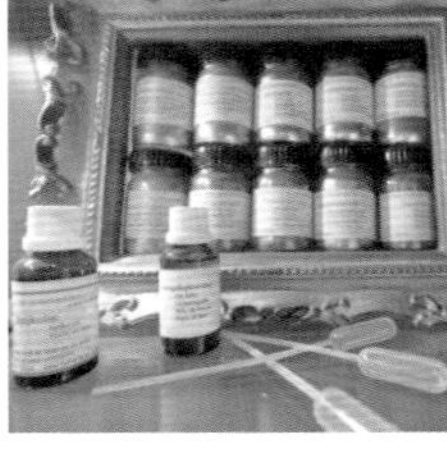

風車磨坊是利用風力推動葉扇，再帶動水平承軸轉動齒輪，產生垂直動能，磨坊工人負責將葉扇調整到迎風面。

A B C
N
贊斯堡
1
榨油風車 De Bonte Hen
鋸木風車 Het Jonge Schaap
榨油風車 De Zoeker
染料風車 De Kat
鋸木風車 Het Jonge Schaap
乳酪工坊 De Catharina Hoeve
贊斯博物館&維可展覽館 Zaans Museum & Verkade Pavilion
Weaver's House
辛香料風車De Huisman
往火車站
De Hoop Op D'swarte Walvis
木鞋工坊De Zaanse Schans
De Kraai
2
食品雜貨博物館 Albert Heijn
木桶工坊 Tiemstra's Kuiperij
荷蘭古董鐘錶博物館 Zaandam Time Museum
景點 博物館 遊客中心 餐廳 巴士站
A B C

## 2 木鞋工坊 De Zaanse Schans

木鞋工坊每個整點都有現場職人秀，只見師傅俐落的這邊挖幾刀、那邊削兩下，再透過機具輔助，不到幾分鐘就完成一雙鞋。工坊也展示各種荷蘭木鞋，有手工彩繪、鏤空精緻木雕、時尚設計師的設計款、加上冰刀的溜冰木鞋等。

P.90B2 Kraaienest 4, Zaandam +31 75-6177121 09:00~17:00 免費 www.woodenshoes.nl

17世紀的贊斯堡是西歐重要工業區，從造船業、捕鯨業、伐木業到食品工業，都讓它的地位維持到20世紀初。

維可設有模擬的巧克力和餅乾工廠，可參觀製作過程，或透過互動電腦遊戲挑戰自己的包裝功力。

## 3 贊斯博物館&維可展覽館 Zaans Museum & Verkade Pavilion

贊斯博物館陳列的餐具、罐頭上獨特的商標設計、打字機和縫紉機等生活用品、牆上無數的畫作及生產食品的加工器具等，都由當地居民搜集或本地公司提供，訴說19、20世紀的生活史。維可展覽館與贊斯博物館相連。維可（Verkade）是荷蘭知名食品製造商之一，主要生產巧克力、太妃糖、夾心糖、小餅乾，館內展示9,000幅維可家族和工廠照片、眾多生產工具、上千幅廣告、商品標籤和包裝。

P.90C2 Schansend 7, Zaanse +31 75-6810000 10:00~17:00 成人€14.5，4~17歲€7.5。 zaansmuseum.nl

### DO YOU KNOW

**法國印象派大師莫內也曾在此取景！**

贊斯堡美麗的風景吸引莫內來此創作許多作品，除了市內保有莫內住過的小屋，贊斯博物館也收藏一幅名為《De Voorzaan en de Westerhem》的莫內油畫，該畫主題正是1871年6月4日至10月8日莫內在贊斯堡創作的作品呢！

## 4 風車村 & 鋸木風車Wereld van Windmolens & Het Jonge Schaap

這座六角形的鋸木風車Het Jonge Schaap建於1680年，1942年遭毀壞，2007年仿照17世紀建築工法重建，屬於罩式風車（cap winder sawmill），風車頂部連接著方便工人轉動葉片的方向盤，讓葉扇保持迎風。當船隻運來巨木，大型鋸木機在風力驅動下將樹幹鋸成片狀木板，鋸木刀片的距離可決定木板厚薄。

P.90B1 Kalverringdijk 31A, Zaanse +31 75-6401377 09:30~16:30 成人€5.5，4~17歲€2.5。 www.zaanschemolen.nl

贊斯堡將境內13座風車和磨坊博物館（Mill Museum）組成風車村，開放參觀，可購買套票或選擇1~2座風車單獨購票。

## 5 木桶工坊 Tiemstra's Kuiperij(Cooperage)

工坊所有製桶器具來自木桶製造商S.R. Tiemstra & Sons，主要製作耐濕木桶，用來存放鯡魚或酒。1999年最後一代繼承者Jaap Tiemstra過世後將所有物品捐出，內部沒有經過整修，也沒有亮麗的陳列櫥窗，只保留原本模樣，讓你走進老工匠的生活中。

P.90B2 De Kwakels 2, Zaandam +31 75-6810000 週六和週日11:00~16:00 成人€3，4~17歲€1.5。

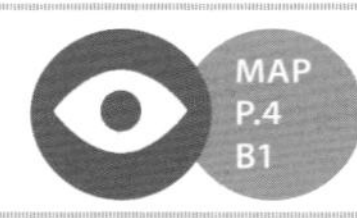


## 霍恩 Hoorn

18世紀的霍恩由於港口淤積，貿易因此中斷，從繁榮雲端剎時墜落，變成一座死城。當荷蘭的經濟命脈早已轉移他處，如今的霍恩也找到新定位，成為北荷蘭的觀光小鎮，吸引遊客前來傾聽昔時輝煌歲月。

從阿姆斯特丹中央車站搭乘火車直達霍恩，車程約33分鐘，每小時約2班。www.vvvhoorn.nl

### 1 紅岩廣場Rode Steen

紅岩廣場的名字源於此地曾是血腥的行刑場，如今絞刑台已移去。

Grote Noord大街是城鎮的新動脈，昔日的海上交易全都移轉到這兒做買賣。大街盡頭是紅岩廣場，廣場設有一座本地人科恩（Jan Pieterszoon Coen）的雕像。科恩曾兩度擔任荷蘭東印度公司總督，在Batavia（今日的雅加達）為海外霸權闢建據點，他在殖民地被視為帝國主義的壓迫象徵，但在家鄉卻是大英雄。

P.92A2

**細說名利雙收的黃金年代**

17世紀的霍恩港埠，曾左擁東印度公司向外拓張的勢力，右摟文學家的文字吹捧，前途不可限量。加上幾位航海探險家的傑出表現，如塔斯曼（Abel Janszoon Tasman）發現了澳洲塔斯馬尼亞島及紐西蘭；斯豪騰（Willem Schouten）以故鄉來為美洲最南端的地岬命名「合恩角」（Cape Horn）等事蹟，都讓霍恩不可一世。

## 2 Grote Oost老街

沿著Grote Oost老街走往港口，是懷舊味最濃厚的一段路。從繁複的洛可可建築雕飾到炫耀海權時代的浮雕觸目皆是，如位在轉角的Bossuhuizen牆頂壁緣，就浮雕著一條刻畫與西班牙海戰場景的橫飾帶，教人不敢小覷。

P.92A1,A2

街上有不少販售舊物骨董的個性商店，還可找到從船上卸除的各種器材用具。

## 2 過磅房Waag

過磅房建於1609年，沿襲荷蘭古典建築風格，牢實的外型、木造廳堂和粗重的磅秤被刻意保存，如今成為美麗溫馨的餐廳，昔日工人揮汗出賣勞力的場所變身為時髦男女附庸風雅的場合。

P.92B2

### 有此一說～

**霍恩的房子上為什麼寫著LONDON？**

走在霍恩街上，常可看到房子外標示著「GOUDA」或「LONDON」等地名，讓人摸不著頭緒，這裡明明是霍恩啊？原來在港口繁榮時期這裡皆是堆放貨物的倉庫，於是在建築物外直接標示「貨從哪裡來」及「貨要運去哪」，如今看來很有趣，不是嗎？

博物館屬於巴洛克式建築，在1632年曾是西菲仕蘭聯邦學院。如今仍位於屋簷上的7隻白獅，代表昔日組織聯邦的7個城鎮。

醒目門面、鮮麗盾徽、堂皇大廳、舒適房室，將霍恩巔峰時期的光輝全鎖進博物館內。

## 4 西菲仕蘭博物館 Westfries Museum

在館內27個展廳裡，可見到大量油畫、版畫、壁掛，訴說霍恩過往的故事，另有17世紀的傢俱、服飾、工藝品、船艦模型，帶領你瞭解西菲仕蘭地區各時期的不同面貌。

P.92A2 Roode Steen 1 +31 22-9280022 週二至週日10:00~16:00 週一 成人€10，65歲以上€8.5，18歲以下免費。 www.wfm.nl 博物館目前整修中，預計2025年開放。整修期間另設有臨時博物館，詳情請見臨時網站：westfriesmuseum.nl。

## 5 二十世紀博物館 Museum van de Twintigste Eeuw

位於港口邊的博物館展示百年來各個生活層面的變遷，從20世紀初的廚房爐灶、黑膠唱盤老唱機、古早黑白電視、油墨打字機、轉盤式電話，到戰爭時期的口糧罐頭、當時的服裝、懷舊玩具等，重現了昔日家庭與商店的佈置模樣。

P.92B2 Krententuin 24, Hoorn +31 22-9214001 10:00~17:00（週六和週日12:00起） 成人€10，4~16歲€5。 www.museumhoorn.nl

一位英國旅人曾描述霍恩：「懷抱著夢幻般高塔，從海中躍升的魔幻之城。」如今這座夢中塔樓仍聳立港口，塔樓邊的老式店招迎風擺盪。

## 艾登 Edam

MAP P.4 B1

艾登的美就像它的招牌起司，以紅蠟封存濃醇香氣和甘美滋味，外表平庸，實則風采驚人。這裡雖具備起司產製重鎮的身份，但也展現了水鄉柔媚風貌。水壩廣場（Damplein）位於小鎮中心，起司店鋪幾乎全集中在此，遊客中心設在附近的老宅內。

從阿姆斯特丹中央車站後方出口，搭乘公車312、316號至Edam的De Meermin站下車，或搭公車314號至Busstation站下車即達，車程約30~40分鐘。 遊客中心Damplein 1, Edam +31 29-9315125 週二至週日11:00~16:00 週一 www.vvvedamvolendam.nl

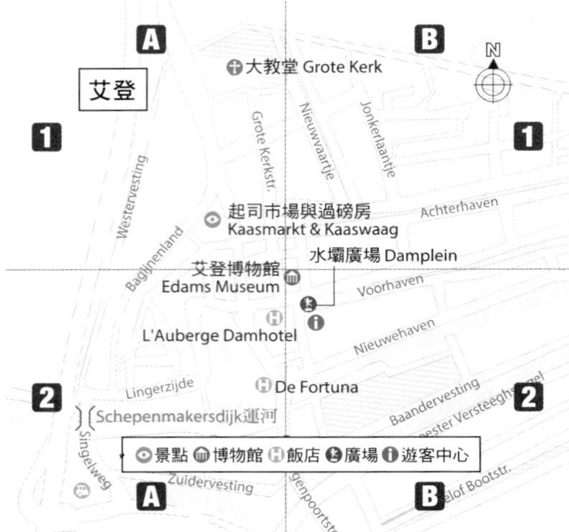

### 起司市場與過磅房 Kaasmarkt & Kaaswaag

艾登的起司市場和哈克馬一樣都遵循古制，上演百年傳統的交易戲碼，過程幾近相同，但艾登人在運輸起司時捨棄了大卡車，改以小船與馬車接駁，展現老牌起司原鄉的風範。如果沒能趕上買賣盛況，不妨到過磅房走走，品嚐口味多樣的起司，或買把專用小刀當裝飾品也很酷。

P.94A1 Jan van Nieuwenhuizenplein 起司市場7~8月每週三10:30~12:30，過磅房4~10月每日10:00~17:00；8月其中一個週六20:30~22:00有夜間起司市場與跳蚤市集。 www.kaasmarktedam.nl

### Do You Know

**艾登起司的紅蠟怎麼不見了？**

觀看起司市場的表演，你可能會疑惑，印象中艾登起司的外表不是應該有經典的紅蠟，怎麼現場都沒看到？其實紅蠟的作用在於保存起司新鮮度，因此僅有出口的艾登起司才看得到這層紅蠟保護，本地販售的由於不必追求那麼長的保存期，也就不需那層紅蠟封存！

艾登從12世紀就由農夫漁民進駐開墾，百年歲月在此留下豐富的痕跡。

### 2 Schepenmakersdijk運河

艾登的Busstation巴士站設在鎮外的Schepenmakersdijk運河邊，讓遊客抵達時便為這座起司小鎮的水岸美景驚讚不已。傍著河畔起屋的，有前庭綠茵的豪宅也有掛著木鞋鮮花的樸實民家。跨過小橋，循著Lingerzijde街前行，百年老屋櫛比鱗次的羅列在石板道旁。

P.94A2

### 艾登博物館 Edams Museum

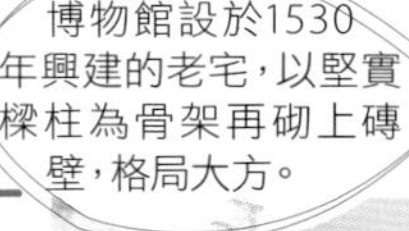
博物館設於1530年興建的老宅，以堅實樑柱為骨架再砌上磚壁，格局大方。

館內2、3樓陳列老畫作和古器具，曾經作為交際應酬的大廳如今猶維持原貌。牆上掛著幾幅奇人畫像：一個重達445磅的胖子、高9尺3吋的女人和鬍子編成長辮的男子，這是當時金氏記錄的人物，如今看來還是饒富趣味。

P.94B2 Damplein 8, Edam +31 29-9372644 4~10月10:00~16:30（週日13:00起），11~4月週六和週日10:00~16:30。 成人€6，13~17歲€3，12歲以下免費。 www.edamsmuseum.nl

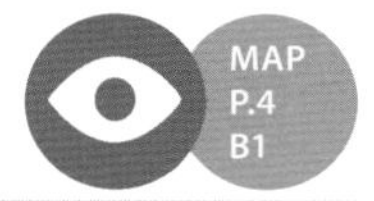

# 恩克赫伊森 Enkhuizen

MAP P.4 B1

走出火車站，迎面是兩大港口Buitenhaven和Oude Haven，停泊其中的不是奢豪遊艇，而是一艘艘17、18世紀古式帆船，1540年起建的塔樓Drommedaris挺立在最前哨，原是古城牆的部分建築，至今威風依然不減。現在的恩克赫伊森充滿繁華落盡的安寧，走了市儈商人，迎來尋求沈靜美感的遊客。

從阿姆斯特丹中央車站搭乘火車直達恩克赫伊森，車程約57分鐘，每小時2班。 遊客中心Tussen Twee Havens 1, Enkhuizen +31 22-8313164 遊客中心4～10月週一至週五09:00～17:00、週六10:00~16:00，11~3月週一至週六10:00~14:00。 休週日 www.visitenkhuizen.nl

17世紀黃金年代，此鎮是荷蘭頂尖的鯡魚港，市徽因此以3條鯡魚為象徵。後來因港口淤積阻斷了魚獲貿易。

### 聆聽荷蘭人向海爭地的故事

「南海」這名詞已在1930年代走入歷史，當時荷蘭人有計畫地向海洋「爭討失地」，一道長達30公里的Afsluitdijk長堤將南海一分而為Waddenzee和Ijsselmeer兩大水域。封閉海域是為了汲水造地，荷蘭人很爭氣地向大海討回三大片新生地，前後費時20多年，也讓無數漁港不可思議地蛻變成內陸城鎮。

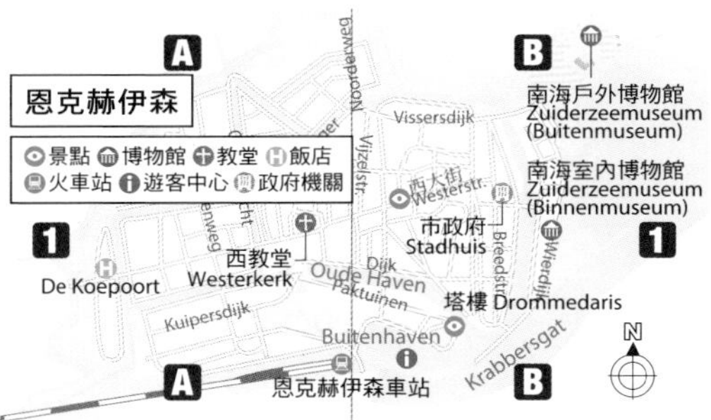

西大街以北河道縱橫，輕巧木橋、安逸小船、樸實房舍，值得花時間沿著河道漫步。

## 1 西大街 Westerstraat

商店和餐廳都集中在橫貫全鎮的西大街，雜貨俱全的市集也盤據在此，背景襯著威風的西教堂（Westerkerk），透露恩克赫伊森人緬懷過去，也開心地活在當下。

P.95B1

## 2 南海博物館 Zuiderzeemuseum

博物館規畫為室內與室外兩大區，室內館收納來自南海各城鎮的漁船，可近距離細賞船隻各部位，特別是來自Urk的破冰船。家具和傳統服飾也是館展重點，其中包括絕版的Hindeloopen手繪家具。室外博物館則嚴選130多幢南海地區的民宅、倉庫、商店、工廠，按照村落安置，但遷移工程浩大，許多房子甚至原封不動搬上平底駁船，循著河道緩緩運抵恩克赫伊森。

P.95B1 Wierdijk 12-22, Enkhuizen +31 22-8351111 室內博物館10:00~17:00，露天博物館4~10月10:00~17:00 室內博物館成人€9.5，4~12歲€6。 www.zuiderzeemuseum.nl

拜訪室外博物館，盡覽1880年至1932年生活面貌，包括肉鋪、藥房、麵包店、理髮廳、電影院、鐵匠鋪等。

### DO YOU KNOW

### 在室外博物館過足COSPLAY的癮！

室外博物館保留了往昔漁村鄉鎮風貌，區內各商店有扮演鐵匠、製繩師傅、糖果店老闆、烤魚商人等的演員，也可以實際購買東西或做DIY體驗，如果想入境隨俗，不妨來COSPLAY一下！這裡可以租借傳統服飾讓遊客打扮成漁村的一員，當你身穿傳統服飾遊走時，這些演員也會很入戲的跟你交談！

同場加映

# 離開阿姆斯特丹的周邊小旅行

許多造訪荷蘭的人，經常對鄉間城鎮風光戀戀不忘，尤其庫肯霍夫花園、羊角村，甚至位於中部的森林國家公園和烏特勒支，其魅力宛如強力磁鐵般將遊客從大都會中吸引出來。這些景點距離阿姆斯特丹並不遠，不妨安排當天來回遊程，或在當地住上一晚，都會是美好的體驗。

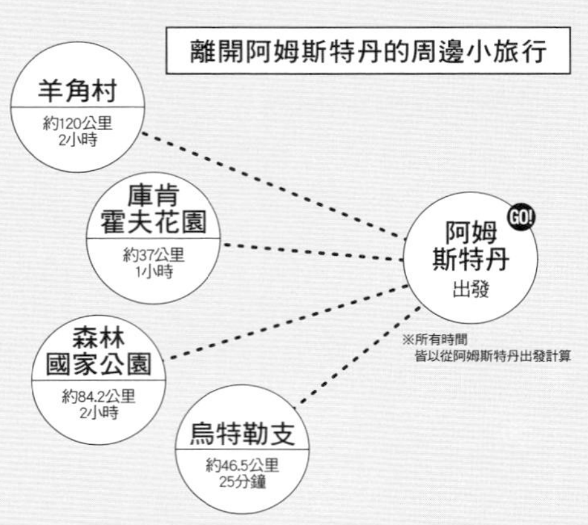

## 當天來回的行程

**去一趟車程只要1小時，**
**全天走在花海中。**

**花園名稱和花展是怎麼誕生的？**

庫肯霍夫的Keuken是指廚房，hof有圍住的空間之意，這個名稱源自這片土地在1401至1436年為Jacoba女伯爵所擁有時，園內種植許多供廚房烹調使用的香料及蔬果。庫肯霍夫花園的雛形直到1830年才確立，德國造景家Zocher父子將它妝點成英式花園。1949年一群本地球莖栽植業者在此推動戶外花展，以利花商挑選購買，從此成為每年固定舉辦的花展。

### 庫肯霍夫花園
Het Keukenhof

如何前往

**◎公車+賞花專車**

從阿姆斯特丹中央車站可搭乘火車或公車397號、N97號至Schiphol機場，再轉乘858號賞花專車直達花園；或從中央車站搭地鐵52至Amsterdam RAI站，轉乘852號賞花專車直達；

# 去一趟車程只要1小時，全天走在花海中。

或從中央車站搭火車至萊頓（Leiden），轉乘854號賞花專車直達。每年賞花專車乘坐處不盡相同，請事先上官網確認。在專車上可向司機購買巴士加門票的二合一花展聯票，省略在花園排隊購票時間。聯票價格請上官網查詢。

Stationsweg 166A, Lisse　+31 252-465565　3月下旬至5月下旬08:00~19:30（每年詳細日期請見官網），售票時間至18:00。花卉遊行約在4月中。　線上購買門票可享優惠價成人€19(原價€21.5)，4~17歲€9，建議提前上官網訂購，可避開現場排隊人潮。　www.keukenhof.nl

春日賞花的重頭戲，首推世界最大的球莖花卉公園「庫肯霍夫」。花園隸屬90多個花卉公司所共有，園內植物多達700多萬株，包括8千種以上的鬱金香和水仙、風信子、鳶尾花等。當春天來臨，各類花種依時序綻放，搭配每年變換不同主題與造景，加上室內花展、風車、遊船、兒童遊戲區、小型動物區等規畫，多彩繽紛。

**遊園前的貼心小叮嚀**

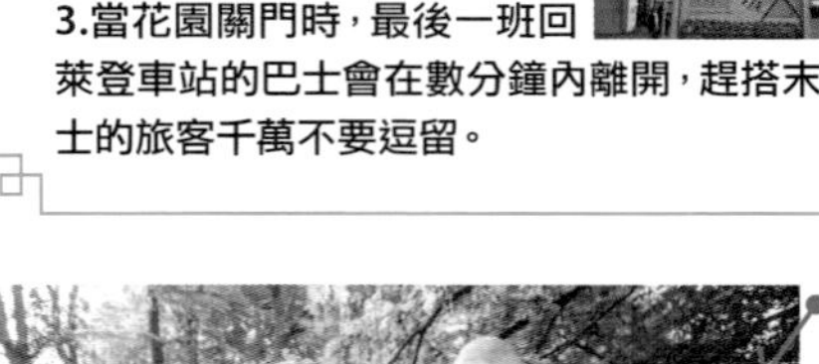

1.如果不想浪費時間走回頭路，建議在花園入口處購買一本花園指南。
2.園區在早上10:30之前和下午4點之後的光線最佳，是園方建議最適合拍照的時刻！
3.當花園關門時，最後一班回萊登車站的巴士會在數分鐘內離開，趕搭末班巴士的旅客千萬不要逗留。

每年9月中起，花農們種下球莖，耗時3個月才能完成，靜待隔年春天盛開。

**Highlights：在庫肯霍夫花園，你可以去～**

### 1 戶外主題花圃和造景

在園內蜿蜒10英里的小路上，數條運河盤踞著室內及戶外展場，戶外展場闢有數十個主題花圃，這些特殊花圃造景全由荷蘭各地花農所設計，基於較勁心理，每個花圃都精心製作，小橋流水、噴泉、風車、米菲兔小屋、庭園設計、現代雕塑與河中戲水的天鵝、雁鴨，將整座花園營造成美好天堂。

**登風車眺賞花海&搭船遊園**

若想欣賞一大片壯闊花海風景，不妨先登上風車，從高處遠眺色彩層疊錯落的各式花圃，也可順便觀察花開狀況來決定是否要付費搭乘遊船，繞行整個園區花田，約需45分鐘。

$大人€10，4~11歲€5。

**室內花展**

園內有三大溫室展館依照玫瑰、百合、杜鵑等不同花卉主題分別陳列，隨時保持良好的花況可供欣賞，其中以現任國王命名的Willem-Alexander溫室栽種了數萬朵鬱金香，十分壯觀。

## Do YOU Know

### 史上首次經濟泡沫的罪魁禍首竟是鬱金香！

鬱金香在17世紀經由商人從土耳其傳入歐洲，不僅適合荷蘭貧瘠的土質，更在園藝愛好者改良培育下誕生不少特殊品種，頓時歐洲上流社會不惜砸下重金只為求得一朵罕見的鬱金香，當時的售價甚至足以買下阿姆斯特丹運河邊的豪宅，荷蘭全民瘋狂投入鬱金香買賣市場，國外投機份子隨之湧入，鬱金香被炒作成天價，一夜致富的傳奇四起。到了1637年，鬱金香身價一夕崩盤，讓許多人瞬間破產。

### 2 騎單車遊花田

若體力允許不妨選擇騎單車遊花田，可在園區入口處租借單車，按圖索驥繞行附近花田，別有一番樂趣。園內有幾種路線供遊客選擇，最短距離為5公里，費時約1小時，目的地為花園附近的花田區，其次為10與15公里路線，可造訪南區或北區花田，費時1~2小時，最遠的路線為25公里路線，可造訪海邊沙丘地區花田，費時2~3小時。為避免撲空，請事先上花田雷達（Bloemenradar）網站查詢，再決定路線。

花田雷達：www.bloemenradar.nl

# 早上出發晚上回來，與梵谷約會一整天！

騎上單車穿越森林、湖泊和沼澤，將驚喜發現，在荷蘭竟能遇見非洲荒原和沙地景象。

## 森林國家公園 Het Nationale Park De HogeVeluwe

如何前往

◎火車+公車

森林公園共有3處入口：

**1.西入口Otterlo**

距離遊客中心3公里，搭乘火車至Ede-Wageningen站，轉乘開往Apeldoorn方向的108號公車至Otterlo小鎮的Rotonde站；或搭乘火車至Arnhem站，轉乘往Barneveld方向的105號公車至Rotonde站，再換乘106號或400號公車進入公園。

**2.東入口Hoenderloo**

距離遊客中心4公里，搭乘火車至Apeldoorn站，轉乘開往Ede-Wageningen方向的108號公車至Hoenderloo小鎮的Centrum公車站，換搭106號公車進入公園。週末可搭乘從Apeldoorn出發的400號直達車（僅夏季行駛）。

**3.南入口Schaarsbergen**

距離遊客中心10公里，搭乘大眾交通工具比較少由此進入，多使用東、西出入口，公車約每小時一班，雖然需要轉車，但轉乘順暢，108號和105號公車抵達Rotonde的時間差不多，司機也會等遊客上車再離開。公車會在Otterlo和Hoenderloo入口停車，讓遊客下車購票，可選擇由此開始騎腳踏車或繼續搭乘公車進入公園。遊客中心和庫勒慕勒美術館均設有站牌。

Otterlo入口：Houtkampweg 9、Hoenderloo入口：Houtkampweg 13、Schaarsbergen入口：Koningsweg 17

+31 558330833

入園時間依月份而變動，夏季（5~8月)約08:00~21:00，冬季（11~3月）約09:00~18:00，4月、9月08:00~20:00，10月

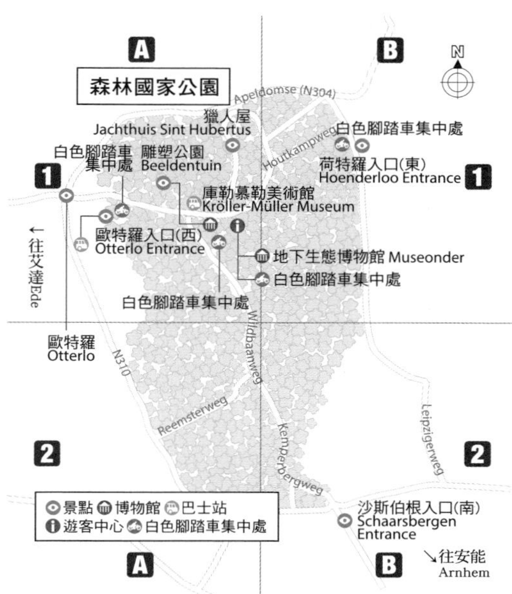


09:00~19:00，關園前1小時停止入園。遊客中心每日09:30~18:00（11~3月至17:00）。

$ 公園門票成人€12.3，6~13歲€6.15。最好提前上官網購票，可節省時間；也可在公園任何一個入口處現場購票，建議同時購買庫勒慕勒美術館門票，並預約獵人屋參觀時間。

www.hogeveluwe.nl

**◎住宿資訊**

喜歡大自然的旅客可嘗試野營的樂趣，Hoenderloo入口附近有露營場地，4~11月開放，除了公園門票以外，成人每人每晚€7（含稅），無法事先預約，當天直接至Hoenderloo入口處登記即可，需自備營帳和睡袋，有公用廁所及淋浴間，若要使用電或熱水淋浴需另外付費。不習慣野外生活的話，Arnhem及Apeldoorn鎮上有許多旅館可選擇。

這是荷蘭唯一的國家級森林公園，佔地5,400公頃，擁有豐富的自然地形及生態環境，40公里長的自行車道讓人盡情奔馳探索，幸運的話還能看見紅鹿、摩弗倫羊和野山豬，或與獾、歐夜鷹、松樹貂等保育類動物打招呼。園內珍貴的庫勒慕勒美術館收藏大量梵谷真跡，「梵谷森林公園」之美名由此而生。在美術館後方的雕塑公園，散落著以各種材質創作的近代雕塑作品，與自然景觀融為一體。

**暢遊公園的建議玩法和小提醒**

**公園內各景點距離較遠，3個出入口來往的巴士幾乎1小時一班，建議早早出發，預留一整天的時間遊玩。**

**1.時間充裕的玩法：如果時間充裕，不妨在出入口就下車購買森林公園及美術館門票，並預約獵人屋參觀時間，才開始騎腳踏車前往各景點。**

**2.時間有限的玩法：直接搭公車至美術館門口，參觀完美術館，順著雕塑公園散步至遊客中心，再從遊客中心搭乘回程公車。**

**3.腳踏車是遊園最佳伙伴：森林公園的路標很清楚，不用擔心迷路，腳踏車是最好的移動工具，可免費使用，在公園入口、庫勒慕勒美術館、遊客中心及獵人屋皆有停車場可取用及停放，並提供打氣筒。腳踏車的煞車系統並非由把手控制，而是靠著反踩踏板來減速，最好練習一下再出發。**

**4.午餐飲食：美術館和遊客中心旁設有餐廳供應輕食，獵人屋湖畔有販售零食和咖啡的小亭子，皆可享用午餐。**

**5.回程提醒：離開時若要返回阿姆斯特丹或烏特勒支，選擇Otterlo出口較方便，若要前往羊角村，可能需要在Apeldoorn過夜，必須搭乘往Hoenderloo方向的公車。**

## Highlights：在森林國家公園，你可以去～

### 1 庫勒慕勒美術館 Kröller-Müller Museum

森林公園和美術館在20世紀初原為庫勒慕勒夫婦（Anton Kröller & Helene Kröller-Müller）所擁有，1935年迫於經濟危機而將這片私人產業轉型為基金會，以向銀行獲得貸款；庫勒慕勒太太更將她的驚人收藏，包括為數眾多的梵谷、蒙德里安、畢卡索、莫內、塞拉等人作品捐給國家，由荷蘭政府在公園內設立美術館，館藏真跡近11,500件。其中的梵谷藝廊展出近90幅油畫和180多幅素描，收藏量位居全球第二。

P.101A1 Houtkampweg 6, Otterlo +31 318-591241 10:00~17:00 休週一 成人€19.9，6~13歲€10。 www.krollermuller.nl

**當時荷蘭最有錢的貴婦來頭不小！**

海倫．庫勒慕勒夫人是出生於德國企業家族的千金小姐，海倫．慕勒(Helene Müller)的父親是採礦與鋼鐵原料供應商，她在1888年與荷蘭礦業及航運大亨安東‧克魯勒（AntonKröller）結婚，按照傳統使用了兩個姓氏成為海倫．庫勒慕勒（Helene Kröeller-Müeller），也成為當時荷蘭最富有的女性之一。她的油畫老師鼓勵她收藏畫作，貴婦一出手就相中梵谷的才華，造就了名畫數量驚人的庫勒慕勒美術館。

《食薯者》
The Potato Eaters, 1885

梵谷一生總共畫過三幅《食薯者》，在梵谷美術館的那一幅最亮，庫勒慕勒收藏的是第二幅，整體畫面更昏暗，不重視學院派繪畫技法而是強調情感表現，彷彿聞得到培根、煙和馬鈴薯的味道。

《星空下的咖啡館》
Terrace of a Café at Night, 1888

這是梵谷住在南法亞爾（Arles）小鎮時的作品，咖啡館外牆閃爍溫暖黃光，將紫羅蘭色夜空襯得乾淨透明，鵝卵石地板也染上淡黃光暈，他用客觀角度描繪遠處稀疏的人、凌亂的桌椅，其濃烈色彩和景物結構讓人隨畫家一同抽離喧囂，感受到強烈孤寂。

《星空下的絲柏樹》
Road with Cypress and Star,1890

在聖雷米療養院時期，絲柏樹是梵谷最愛的主題，在新月與星星柔和光輝下，綠色火焰燃燒般的大樹向天際伸展，旁邊的夜行者顯得更渺小，以漩渦狀線條將觀賞者捲入畫家內心交戰，但又對生命與藝術充滿熱情的世界。

## 2 雕塑公園 Sculpture Garden

25公頃的雕塑公園是歐洲最大的戶外雕塑展場，羅丹(Auguste Rodin)、亨利摩爾(Henry Moore)、杜布菲(Jean Dubuffet)等19世紀末期著名雕塑家的作品，散落在水池、草地、花叢、樹蔭中。純白色渾厚球體在噴水池裡旋轉；彷彿螳螂人的鋼塑替草皮帶來科幻味道；而女舞者雕像和母子雕像散發陽光般溫暖。

P.101A1 10:00~16:30 休週一 $持博物館門票即可進入

### 《琺瑯園》Jardin D'emai

一大片凹凸不平、高1.5到1.8公尺的雕塑上，伸出一根狀似飛舞的蘑菇，遊客可以從小洞中走上階梯，從蘑菇莖部爬上這座巨型雕塑，在黑色線條與不平坦的白色物體上尋找前進路線。

法國大師杜布菲強調從本心出發，提出原生藝術(Art Brut)概念，嘗試各種前衛風格及非主流材料，被譽為二戰後最富創意又最不妥協的藝術家。

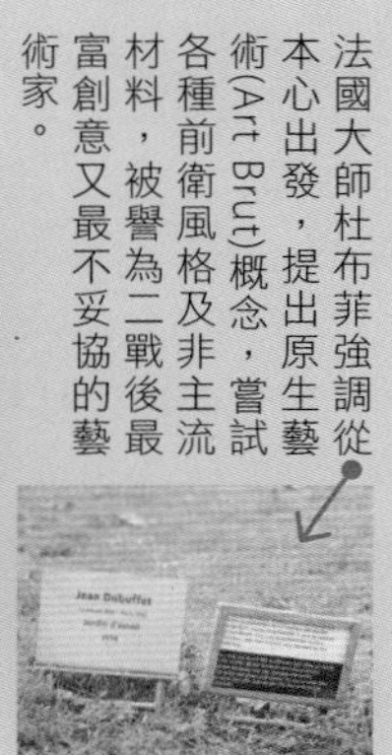


## 3 地下生態博物館 Museonder

走進遊客中心的地下生態博物館，可透過水平視野觀察地底的一切事物，諸如各種生物、礦物樣本、土壤以及地心是什麼模樣等等。所有的展示皆為互動式，摸一塊岩石，它會告訴你它的形成過程；聞一聞箱子，各種氣味背後又有什麼地底故事；水是如何聚集、如何流出地表？可惜解說大多是荷蘭文，聽不懂的人就看圖說故事吧！

P.101A1 09:30~17:00(4~10月至18:00) $持公園門票即可進入

## 4 獵人屋 JachthuisSint Hubertus

這棟建築原是庫勒慕勒夫婦的森林居所，他們特別聘請阿姆斯特丹學派的建築大師貝拉格(Hendrik Petrus Berlage)，以基督教中獵人守護神St. Hubert的故事為概念而打造。不僅外觀優美，室內還設有中央空調、中央暖氣系統、中央時鐘系統及電梯，庫勒慕勒太太收藏的畫作、物品、亞洲佛像與瓷器隨處可見，宛若小型博物館。

P.101A1 從遊客中心出發，沿路標向北，騎單車約30分鐘可達。 每日導覽時間請詳見官網 休11~3月的週一 $成人€5，6~13歲€2.5。 預約導覽：reserveringen@hogeveluwe.nl

**提前登記導覽團才能參觀喔！**

**獵人屋必須需參加導覽團才能進入，由於每日參觀名額有限，因而採預約制。提前預約方式如下：1.上官網預訂，2.打電話或寫email預約，3.到公園入口處或遊客中心登記付費。導覽解說為荷蘭文，可借用英文或中文的語音導覽設備。**

# 恬靜的童話村落，
# 住一晚才能真正感受！

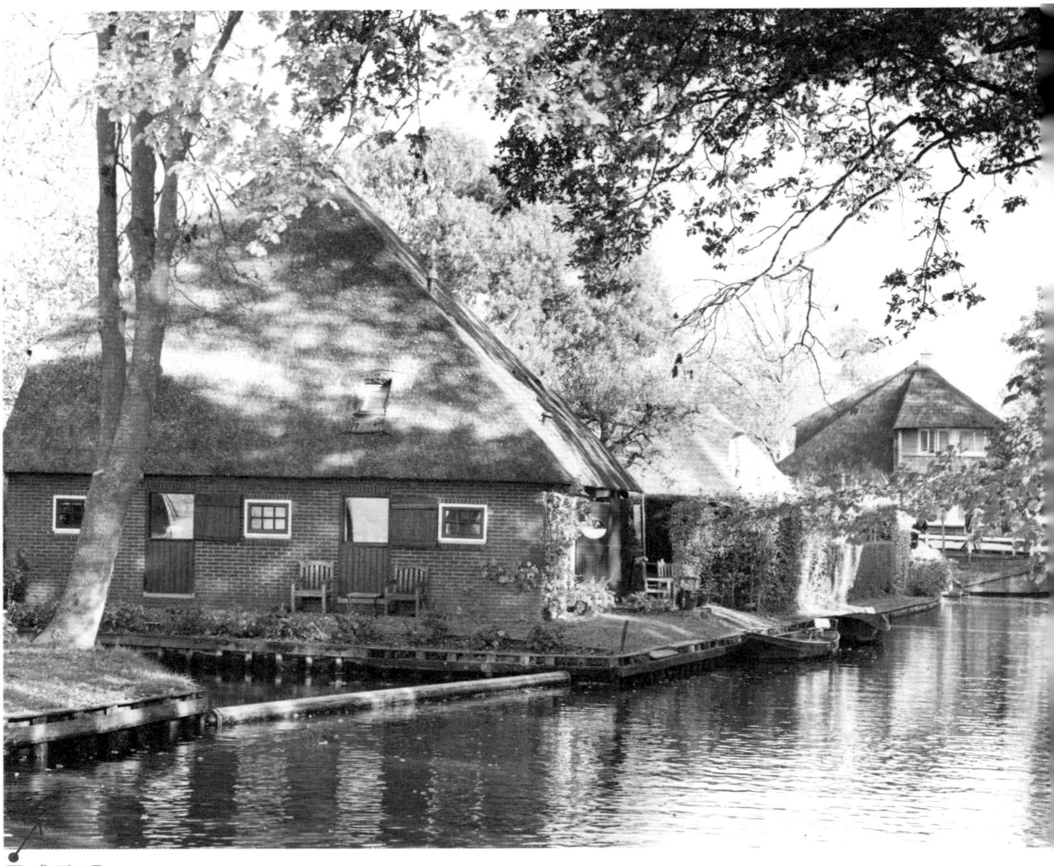

現今村民不再以挖煤為業，轉而務農放牧或經營餐廳民宿，這裡成為許多醫師、律師退休後的定居首選。

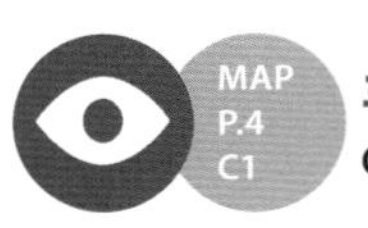


## 羊角村
## Giethoorn

如何前往

**◎火車+公車**

從阿姆斯特丹搭火車到Steenwijk站（中途需在Almere Centrum或Zwolle換車），車程約1小時40分鐘，再換乘往Zwolle/Genne方向的 70號公車至Dominee Hylkemaweg站下車（約16分鐘），對面直走可通往羊角村。公車1小時僅一班，建議事先查好回程車班。 夏季加開270號公

小船滑過水道，穿越綠蔭隧道和一座座可愛木橋，碧綠水波倒映著兩岸房舍。

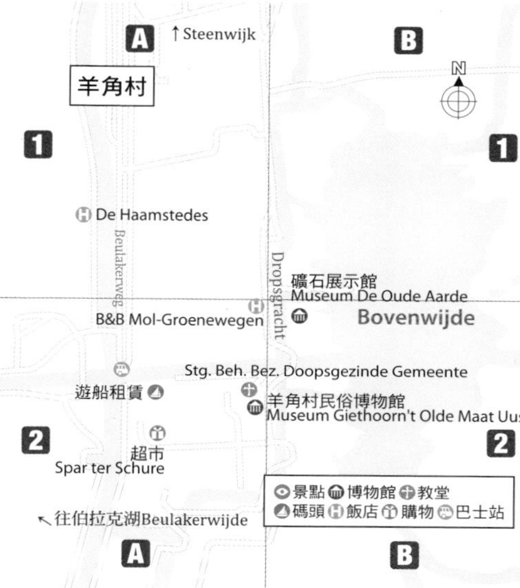


### 有此一說～

**咦！羊角村根本沒有羊啊？**

走進村落的遊客都不免感到好奇，既然稱為「羊角村」，但為何在這裡卻看不到幾隻羊呢？原來早期居民在挖掘煤炭時，曾經挖出大量山羊角，那是中世紀時繁衍於此的野生動物遺骸，從此村民們便稱呼此地為羊角村。

車從Steenwijk站前往羊角村，半小時一班，不妨利用。

+31 521-360099

www.giethoorn.com

河渠遍佈的羊角村雖是全長7公里的狹長村落，卻是荷蘭北方極富盛名的小鎮，純樸的水鄉魅力吸引無數遊客前來。在這裡最好能找個農舍或運河邊的蘆葦房住一、兩天，租一艘船從水面欣賞村落，或租腳踏車沿著河邊小徑穿梭林間，感受農村的悠閒自在。

### DO YOU KNOW

**出門開船，河道比馬路還多！**

羊角村位於De Wiedin自然保護區，在冰河時期遍佈泥炭沼澤，除了蘆葦和蔓屬植物，草木不生，只有貧苦人家和流亡之徒願意在此定居，直到19世紀初，居民仍以挖採泥煤塊維生，挖掘的結果造成現在大大小小的湖泊，為了運送泥煤和物資而開鑿一道道溝渠，後來更把溝渠拓寬為可以行船的河道，形成今日樣貌。這裡的河道比馬路還多，車子只能停在村落外圍，小船是當地居民主要的交通工具，門前就是運河、小橋和船舶處，因此被稱為「荷蘭的威尼斯」。

## Highlights：在羊角村，你可以去～

### 1 羊角村民俗博物館 Museum Giethoorn 't Olde Maat Uus

博物館於1988年整修恢復紅磚蘆葦屋頂的傳統外貌，館內展示20世紀初居民的服飾、男人捕漁、挖採泥煤、鋪蓋蘆葦屋頂和製作木鞋的工具。冬日裡為了保暖並節省生火用的木材，會在餐廳的壁櫥裡鋪床作為臥室，貼滿藍瓷的起居室僅在特殊日子才使用，地下室裡擺滿醃製酸菜和其他糧食。

P.105A2 Binnenpad 52, Giethoorn +31 521-362244 4~10月每天11:00~17:00，11~3月週五至週一11:00~16:00。 成人€7.5，4~12歲€2.5，包含語音導覽。 www.museumgiethoorn.nl

黑色農舍外表的博物館裡別有洞天，展示著羊角村百年來的居民生活史。

Dominee T.O. Hylkemaweg道路沿途有許多船公司，一艘電動船最多可搭乘6人，價格根據船隻種類而不同，建議多問幾家再決定。

## 2 航向夢境的水上旅程

來這裡一定要租艘平底電動小船（Fluisterboten／Whisperboats），體驗當船長的威風和樂趣！電動船操作很簡單，租船時店家會附上一張河渠地圖，地圖上會建議1~3小時的航行路線，根據河岸標有號碼的旗竿，再對照地圖上的水道標號就能輕易定位，找到前往大湖Bovewijde的出口，無需擔心迷失於水道中。如果不想自己開船，也可搭乘導覽船，乘著微風聽船長訴說羊角村歷史。

P.105A2 船舵電動船（Consoleboten）每小時€35，標準電動船（Fluisterboten）每小時€30、2小時€55。Canal Cruise導覽船1小時每人€10起。 大約10:00~18:00 booking.giethoorn.net（當地25家船公司聯合預約網站）

找家河岸咖啡屋小憩片刻

航行於村落的小河道，從水面上欣賞兩岸蘆葦屋，如果看見喜歡的餐廳或咖啡館，可以直接靠岸，記得將繩索綁在木樁上，否則喝杯咖啡出來時，船已不知漂往何方。

## 3 De Haamstede

Haamstede位於距離村落不遠的運河旁，是擁有蘆葦屋頂的紅磚農舍。一進門出來迎接你的，可能是農舍野放的小雞們，室內是溫馨鄉村風格，廚房設備齊全。若想以星辰為幕、大地為枕，主屋旁也有停放露營車的營地，感受在鄉下住一晚的野趣。

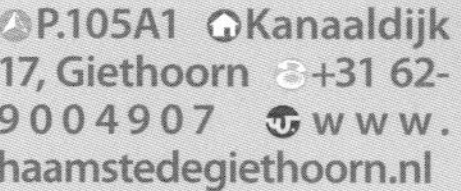

P.105A1 Kanaaldijk 17, Giethoorn +31 62-9004907 www.haamstedegiethoorn.nl

### 認識童話繪本中的蘆葦小屋

在童話繪本中才有的蘆葦小屋住一晚，是造訪羊角村必體驗的事。蘆葦編成的屋頂是此地獨特的民居特色，冬暖夏涼、防雨耐曬，每隔40年才需更換一次。過去使用蘆葦當屋頂是因為窮人買不起磚瓦，但蘆葦現在的價格比磚瓦還貴，成了有錢人才負擔得起的建材。

# 當天來回實在太可惜，安排2天細賞慢玩！

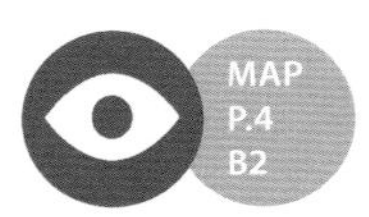


## 烏特勒支
Utrecht

如何前往

◎火車

大烏特勒支地區共有8個火車站，位於市中心的為中央火車站（Utrecht Centraal），在查詢班次或買票時千萬要確認站名。從阿姆斯特丹搭乘火車可直達烏特勒支，班次頻繁，車程約25分鐘。

觀光行程

◎遊船

**Rederij Schuttevaer**

Oudegracht 85（登船地點）

+31 30-2720111

11:00~17:00，每小時出發，7~8月每半小時出發。

City Boat Trip成人€15.5，4~12歲€10.95，全程1小時。另有其他遊船航程提供選擇。

www.schuttevaer.com

旅遊諮詢

◎遊客中心

P.109B1 Domplein 9

+30 30-2360004 10:00~17:00

www.visit-utrecht.com

烏特勒支是荷蘭第四大城，興起於羅馬時代，是帝國在萊茵河畔的前哨站，中世紀時發展為低地國最有權力的城市之一。1713年，結束西班牙王位爭奪戰的《烏特勒支條約》即在此簽訂。現今的烏特勒支是充滿活力的大學城，由運河、教堂、石板路構成的街景在特色商店進駐後，散發復古又時尚的氛圍。

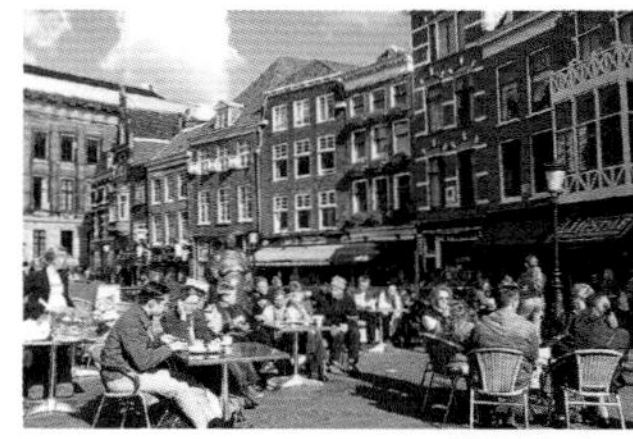

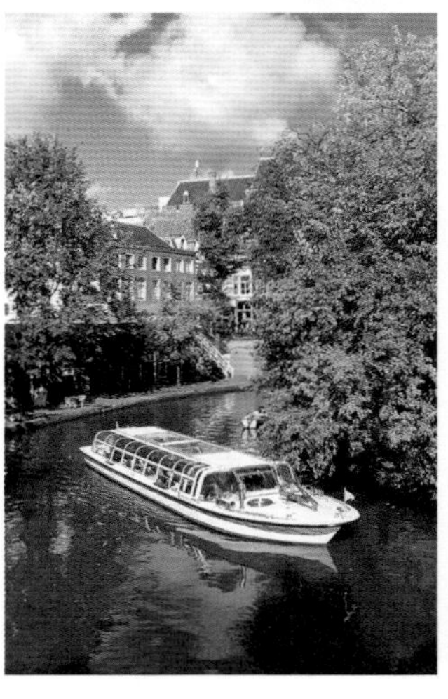

**暢遊烏特勒支的4種方法**

1.步行：**烏特勒支老城區範圍非常小，步行即可抵達多數景點。**

2.公車：**若要搭乘公車，可上車購買單程票，或在售票機購買OV卡（OV-chipkaart）來使用。**

3.單車：**可至遊客中心付費租借，或市區其他出租店。**

**Rental & Repair Laag Catharijne**

Catharijnesingel 28　+31 30-2316780　週一至週五9:00~18:30，週六10:00~18:00。　週日　www.laagcatharijne.nl

4.計程車：**從火車站循指標可找到計程車招呼站，或請旅館櫃檯協助叫車。非尖峰時段或路況許可時也可在路邊招車，可尋找持有許可證Taxikeur Utrecht商標的計程車。每輛計程車收費不一，起錶價約為€8起，2公里後每公里跳錶€2.2起，車資表張貼於車窗外。**

**Taxi Utrecht**

+31 30-3200600　www.taxiutrecht.nl

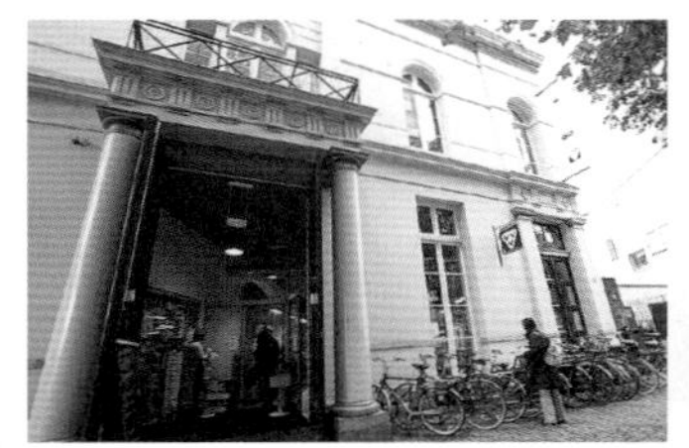

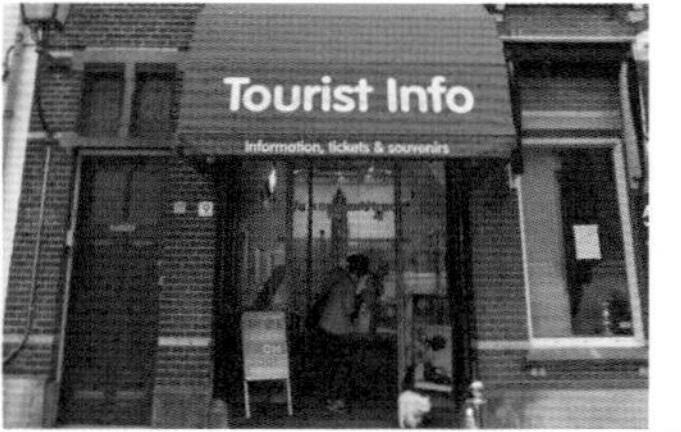

Tourist Info
Information, tickets & souvenirs

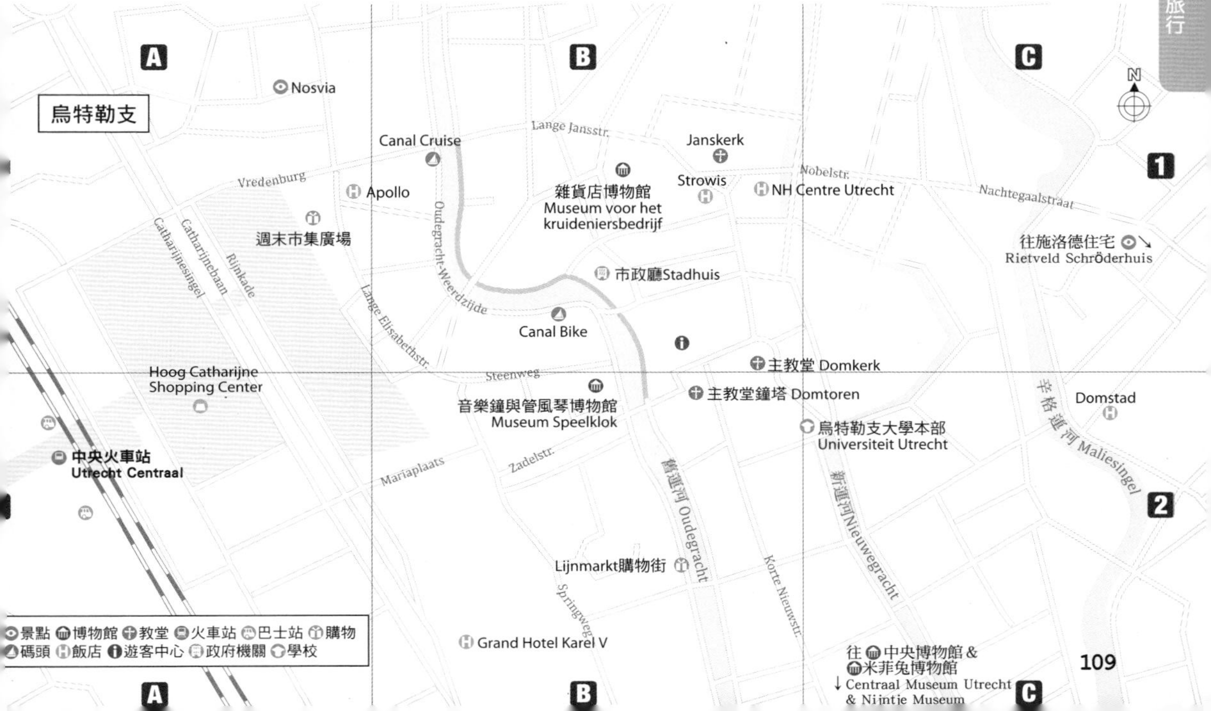
烏特勒支
A
B
C
1
2
N
Nosvia
Canal Cruise
Lange Jansstr.
Janskerk
Vredenburg
Apollo
雜貨店博物館
Museum voor het kruideniersbedrijf
Strowis
NH Centre Utrecht
Nobelstr.
Nachtegaalstraat
週末市集廣場
Oudegracht-Weerdzijde
Catharijnesingel
Catharijnebaan
Rijnkade
往施洛德住宅
Rietveld Schröderhuis
市政廳Stadhuis
Lange Elisabethstr.
Canal Bike
主教堂 Domkerk
Hoog Catharijne Shopping Center
Steenweg
音樂鐘與管風琴博物館
Museum Speelklok
主教堂鐘塔 Domtoren
辛格運河 Maliesingel
Domstad
烏特勒支大學本部
Universiteit Utrecht
中央火車站
Utrecht Centraal
Mariaplaats
Zadelstr.
舊運河 Oudegracht
新運河Nieuwegracht
Korte Nieuwstr.
Lijnmarkt購物街
Springweg
Grand Hotel Karel V
往中央博物館&米菲兔博物館
Centraal Museum Utrecht & Nijntje Museum
景點 博物館 教堂 火車站 巴士站 購物
碼頭 飯店 遊客中心 政府機關 學校

## Highlights：在烏特勒支，你可以去～

### 1 主教堂 Domkerk Utrecht

現存的哥德式主教堂建於1254年，當時人們耗資想蓋一座舉世無雙大教堂，沒想到工程太浩大，蓋了200多年仍無法完工。在歷經1572年破除偶像運動與1672年法軍佔領，外加一場暴風雨來襲，教堂屋頂被掀翻，還壓垮教堂中心部分，導致鐘塔與教堂主體結構分離，直到20世紀初才修復尚存部份。

P.109B1　從中央車站沿Steenweg往舊運河Oudegracht方向步行，穿越運河即達；或搭乘2號公車於Domplein站下車，步行可達。　Achter de Dom 1　+31 30-2310403　5~9月週一至週五10:00~17:00，10~4月週一至週五11:00~16:00；每週六11:00~15:15、週日12:30~16:00。　自由捐獻　www.domkerk.nl

走進教堂高挑的內部空間，明亮的廊翼留有許多墓地，每座石刻都纖細精美。

在後方小花園可以見到教堂原有的扶壁、線條細緻的拱門迴廊和花草。

主教堂附近的舊運河是老城最熱鬧的地方，興建在路面下方的碼頭昔日是為了方便送貨，現在改建成一座座露天咖啡廳，形成獨特運河風景。

**欲登鐘塔請事先預約導覽團**

提醒你，想登上鐘塔參觀必須參加官方導覽團，請先至遊客中心預約導覽團的梯次並購買門票，也可以上鐘塔官網直接購票和預約。

最大的金屬鐘有8,227公斤，數量驚人的排鐘若要全部敲到，共需20人才能合奏一首曲子。

### 2 鐘塔 Domtoren

這座荷蘭境內最高的教堂鐘塔建於1321至1382年，高達112公尺，只要爬上456級階梯便能俯瞰烏特勒支市容。導覽員多是烏特勒支的大學生，會介紹塔內的陳列品及大大小小金屬鐘。

P.109B2　Domplein 9-10　+31 30-2360010　週10:00~17:00　成人€12.5，4~12歲€7.5　www.domtoren.nl

### 3 Hoog Catharijne Shopping Center

這是荷蘭最大的購物中心，擁有150多間零售店，舉凡服飾鞋帽、書店、超市、玩具店、藥妝店、麵包店等，應有盡有。從平價的可樂餅販賣機到高級有機食品店，從國際精品到平民百貨，一次滿足所有消費群。

P.109A2　位於中央車站內　+31 30-2346178　週二至週六10:00~20:00（週一12:00起），週日12:00~18:00。　hoog-catharijne.klepierre.nl

## 4 施洛德住宅 Rietveld Schröderhuis

施洛德住宅最大特點在於2樓，結合了餐廳、起居室、臥室、書房等區域，卻不以固定的牆壁切割空間，採用可滑動或旋轉的牆板來做區隔，打開牆板時是一片完整活動空間，當牆板拉起後，固定的洗手盆、衣櫥、床鋪等立即轉化成個別機能空間。

P.109C1 從中央車站搭乘往Wilhelminapark方向的8號公車，於De Hoogstraat站下車，沿Jan van Scorelstraat走到Prins Hendriklaan左轉，步行約5分鐘。 Prins Hendriklaan 50 +31 30-2362310 11:00~16:00 休週一 成人€19，13~17歲€10.5 www.rietveldschroderhuis.nl/en

由施洛德太太（Truus Schröder-Schrader）委託設計師李特維德完整設計的新房子，建於1924年，是典型的客製化宅邸。

運用大片玻璃窗、彩色支架和陽臺板，穿插在純白建築上，讓室內和戶外有水平的延伸連結，影響後來的當代建築技法。

施洛德住宅在形式、功能和概念上都打破傳統建築框架，為後代建築家開創新路，2000年被聯合國教科文組織列為世界文化遺產。

**事先買票報名導覽行程才能參觀喔！**

前往施洛德住宅必須購買門票，並事先上官網預約或以電話報名參加語音導覽行程（約1小時），才能進入參觀。導覽行程從11:00至15:20，提供大約10個時段可選擇，導覽語音包含英文和中文。

**紅藍椅顛覆你對家具的傳統印象**

李特維德（Gerrit Thomas Rietveld）是荷蘭風格派運動（De Stijl）的代表人物之一，他在1918年設計的紅藍椅（Red & Blue Chair）已成為荷蘭設計界的象徵。此椅以13根木條垂直交錯構成，再以螺絲固定，純幾何的型態完全擺脫傳統家具風格，影響了後來許多建築設計師的創作。

## 5 雜貨店博物館 Museum voor het kruideniersbedrijf（Betje Boerhave's Shop & Museum）

博物館在1873年由Betje Boerhave女士經營，現今則由多位志工共同管理。1樓為50年代雜貨店翻版，販賣古早味糖果、餅乾和蛋糕；2樓陳列古老牌子的香皂、茶杯、火柴、茶、酒、巧克力、餅乾模具、廣告海報等。

P.109B1 從主教堂前沿Domstraat走，左轉Minrebroederstraat，右轉Telingstraat，再右轉Hoogt可達。 Hoogt 10 +31 30-2006955 週二至週六12:30~16:30 休週日和週一 免費 www.kruideniersmuseum.nl

Polkabrokken的口感介於硬糖和軟糖之間，奶油味十分濃厚。

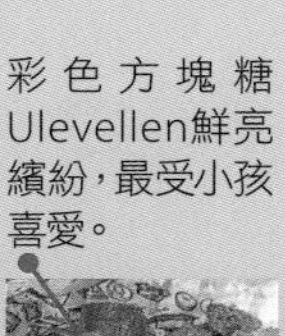

彩色方塊糖Ulevellen鮮亮繽紛，最受小孩喜愛。

Highlights：在烏特勒支，你可以去～

互動遊戲區佈置成米菲兔的家，最適合小朋友聽故事、看卡通或幫米菲兔著色穿衣。

## 6 米菲兔博物館Nijntje Museum

博物館收集7000多幅各種造型的米菲兔家族小繪本、海報、印刷物及玩偶，從畫家作畫和訪談影片中，可以了解看似樸拙的線條，隱藏畫家對細節的堅持和配色的嚴謹態度。

P.109C2 從中央車站搭乘2號循環公車至Centraal Museum站下車，步行可達；或從主教堂沿Korte Nieuwatraat往南走約15分鐘可達。 Agnietenstraat 2 +31 30-2362399 週二至週日10:00~17:00 休週一 成人€7.5，7~17歲€7.5，2~6歲以下€11。 www.nijntjemuseum.nl

## DO YOU KNOW

### 原來Miffy的故鄉在荷蘭烏特勒支

很多人誤以為Miffy和Kitty是好姐妹，一樣來自日本，殊不知米菲兔是誕生在年近50歲的荷蘭大叔Dick Bruna手中，當時畫家在海邊度假，看到兒子手上的兔子玩偶，想到自己小時候養的兔子，他想對孩子訴說關於兔子的故事，這就是米菲兔的源起，直到1963才被定型，荷蘭人暱稱Miffy為Nijntje（從荷蘭文小兔子Konijntje簡化而來）。

### 別錯過世上唯一的Miffy紅綠燈

在烏特勒支處處可見這隻可愛小兔的身影，但連紅綠燈圖案也換成Miffy未免太瘋狂了！這座Miffy紅綠燈位於Lange Viestraat和Stint Jacobsstraat十字路口，除了小紅兔與小綠兔，燈前地面的斑馬線也從黑白換成彩虹色，如此歡樂的紅綠燈讓人根本不想過馬路啊！

### 街頭管風琴營造荷式歡樂回憶

1910年至1930年期間，荷蘭出現許多街頭管風琴，一群人圍著發出巨大樂聲的管風琴機器，或聆聽或手舞足蹈，或和親友約聚閒聊、買小吃解饞，襯著管風琴華麗熱鬧的音樂，為街頭製造無限歡樂，是許多老一輩人的兒時回憶。

## 7 音樂鐘與管風琴博物館Museum Speelklok

當全球第一首自動鳴放的樂曲在荷蘭教堂響起，荷蘭人就迷上這種會自動演奏的機械音樂鐘；1885年英國人以旋轉有凸點的鐵盤來控制樂器發聲，發明了音樂盒；1900年代利用打洞的紙來牽動鍵盤，自動演奏的鋼琴流行起來。

P.109B2 從中央車站往主教堂方向沿Steenweg步行，約5分鐘可達。 Steenweg 6 +31 30-2312789 週二至週日10:00~17:00 休週一 成人€14，4~12歲€7.5；與鐘塔聯票成人€20，4~12歲€11.5。 www.museumspeelklok.nl

館內每小時有專人免費導覽，透過解說，播放各式音樂盒、自動演奏鋼琴和街頭管風琴，享受1小時音樂饗宴！

# 鹿特丹

## Rotterdam

**歐洲最大港口，當代經典建築之城。**

西元1940年，德軍為了迫使荷蘭投降，派出轟炸部隊將鹿特丹炸得體無完膚。戰後，荷蘭政府努力進行重建，終於讓鹿特丹浴火重生，成為當今歐洲第一大港。它是個時時在變化、活著的城市，也是建築師炫技的最佳舞台，市區裡有眾多令人眼睛發亮的建築，舉凡方塊屋、天鵝橋、市集大廳、紅蘋果、鹿特丹大樓等應運而生，就連許多不知名住宅樓房也蓋得耐人尋味。每次造訪都能發現創新，絕對值得花時間來一場視覺震撼。

# 航向鹿特丹的偉大航道

## 如何前往

### 飛機

從台灣沒有飛機直飛鹿特丹，若從歐洲其他城市起飛，會在鹿特丹西北5.6公里處的Rotterdam The Hague Airport降落。

**Rotterdam The Hague Airport**

www.rotterdamthehagueairport.nl

### 火車

大鹿特丹地區共有6個火車站，位於市中心的是中央車站（Rotterdam Centraal）與布萊克車站（Rotterdam Blaak），在查詢班次或購買車票時請注意確切站名。從荷蘭各大主要城市出發前往鹿特丹，皆有班次頻繁的直達車：阿姆斯特丹到鹿特丹車程約1小時；從海牙前往約30分鐘；從烏特勒支前往約38分鐘；從台夫特約14分鐘。從馬斯垂克出發每小時約有2班車，需在恩哈芬（Eindhoven）轉車，全程約2小時15分鐘；從布魯塞爾每小時有1班直達車，車程約2小時。

**Rotterdam Centraal**

P.115A1

**Rotterdam Blaak**

P.115C1

### 地鐵

如果從海牙中央車站出發，可搭乘地鐵E線至鹿特丹中央車站，每10分鐘1班，車程約32分鐘。

## 機場至市區交通

### 公車

在機場航站大樓外搭乘33號公車，可直達鹿特丹中央火車站，每15~20分鐘會有1班車，車程約30分鐘。

www.ret.nl

中央車站 Rotterdam Centraal
Centraal
ING大樓
火車迷你世界
Railz Miniworld
荷蘭賭場 Holland Casino
Manhattan
Hilton
Stadhuis
市政廳 Stadhuis
Dudok Café Brasserie
世貿中心
World Trade Center
聖羅倫斯教堂
Grote St. Laurenskerk
教育博物館
Onderwijsmuseum
中央圖書館
Bibliotheek Rotterdam
鹿特丹市集大廳
Markthal Rotterdam
方塊屋
Kijk-Kubus
劇院廣場 Schouwburgplein
鹿特丹劇院 Schouwburg
林班街Lijnbaan
Bijenkorf
席蘭德之屋歷史博物館
Historisch Museum Het Schielandshuis
Blaak
Stayokay
Tapasboot
Het Witte H
布萊克車站
Rotterdam Blaak
布斯特維斯購物中心
Beurstraverse
Beurs
鹿特丹海事博物館
Maritiem MuseumRotterdam
紅蘋果
Red Apple
巴弗艦 Buffel
H2otel
海員博物館
Mariniersmuseum
Eendrachtsplein
The Guard
索能凡德住宅
Huis Sonneveld
Bilderberg Parkhotel
夏波博物館 Chabot Museum
當代藝術中心Witte de With
港灣博物館 Havenmuseum
星光大道 Walk of Fame
創新學會
Het Nieuwe
Instituut
博曼斯・凡貝寧根博物館
Museum Boijmans van Beuningen
博物館公園 Museumpark
Leuvehaven
Inntel
Rebus Varende Evenementen
Dijkzigt
鹿特丹展覽中心 Kunsthal Rotterdam
自然歷史博物館
Natuurhistorisch Museum
Rotterdam
Spido遊港船
天鵝橋 Erasmusbrug
Tulip Inn
Maastoren
河濱公園 Het Park
海關博物館
Belasting & Douane Museum
Veerhaven
世界博物館 Wereldmuseum
KPN皇家電信總部大樓
Wilhelminaplein
鹿特丹大樓
De Rotterdam
郵輪客運大樓
Cruise Terminal Rotterdam
新路克索劇院
Nieuwe Luxor Theater
尼德蘭攝影博物館
Nederlands Fotomuseum
歐洲之桅 Euromast
Pannenkoekenboot
Parkhaven
New York Hotel
Rijnhaven
新馬斯河 Nieuwe Maas
鹿特丹航運學院
鹿特丹號
De Rotterdam Cruise Hotel
鹿特丹市中心
景點 博物館 教堂 廣場 碼頭 公園 飯店 百貨 劇院 購物
火車站 地鐵站 建築 遊客中心 政府機關 咖啡廳 圖書館 電車站
A
B
C
1
2
3

# 鹿特丹行前教育懶人包

## INFO
### 基本資訊
人口

619,879人

面積

325.79平方公里

區域號碼

(0)10

時區

冬季比台灣慢7小時，夏令時間(3月最後一個週日~10月最後一個週日)比台灣慢6小時。

## 行程建議
### 當代建築巡禮
鹿特丹和其他歐洲古城很不一樣，是個時時在變化的城市，也是建築師炫技的最佳舞台，市區裡有眾多令人眼睛發亮的建築，絕對值得花上一整天，以中央車站為步行起點，來一場建築的視覺震撼。以下為建議散步路線：

❶中央車站→❷劇院廣場→❸世貿中心&Bijenkorf百貨公司→❹鹿特丹市集大廳→❺中央圖書館→❻布萊克車站→❼方塊屋→❽紅蘋果→❾天鵝橋→❿KPN皇家電信總部大樓→⓫鹿特丹大樓 →⓬鹿特丹展覽中心→⓭創新學會

## 觀光行程
### 觀光巴士
Splashtours

Splashtours提供水陸兩棲觀光巴士，從海事博物館出發，先走一段市區路線，過了天鵝橋之後下水，繼續新馬斯河的遊河行程，全程約1小時。車票可在遊客中心購買，或至Splashtours的官網訂購。

**上車地點為Parkhaven 9（在Euromast對面的岸邊可找到兩棲巴士）**

**+31 10-4369491**

**7~8月週二至週日11:00起；3~6月、9~10月週三至週日12:30起（週六11:00起）；11~2月僅週六和週日營運。需於出發前15分鐘報到。**

**成人€28.5，12歲以下€19.5。另推出Splashtours & Euromast、Splashtours & Pancake Boat等多種套裝行程，詳見官網。**

**www.splashtours.nl**

**❶行程不適合使用輪椅的身障人士。**

### 觀光電車
10號懷舊電車創建於1931年，沿途經過中央車站、市集大廳、方塊屋、天鵝橋等知名景點，只要買一張Dayticket，就能在當天隨上隨下、無限次乘坐，在司機導覽下，探索鹿特丹城市之美。

**起迄站都在Hofplein的Pompenburg**

**+31 10-4148079**

**週四至週日11:00~16:30，每30~45分鐘一班。**

**Dayticket成人€10，4~11歲€5。上車買票，可使用現金或信用卡。Dayticket不適用於RET營運的交通工具。**

www.rovm.nl

## 遊船

### Pannenkoekenboot

最熱門的Cruise Rotterdam，航程75分鐘，除了從水上探索鹿特丹，欣賞美麗壯觀的城市建築天際線，還能無限量享用剛出爐的傳統荷蘭煎餅、培根等點心。

上船地點在歐洲之桅對面的碼頭

+31 10-4367295

Cruise Rotterdam：5~9月週三至週五16:00和17:45（週六和週日加開12:30、14:15班次）；10~4月週三和週五16:00和17:45（週六和週日加開12:30、14:15班次）；7~8月與學校假期週二至週日12:30起，約開5個班次。請於出航前15分鐘登船。

Cruise Rotterdam成人€24.5，3~11歲€19.5，3歲以下免費。上官網訂購可享€2折扣。另推出Cruise & Euromast、Cruise & Splashtours等多項套裝組合，詳見官網。

www.pannenkoekenboot.nl

建議事先預約

### Nehalennia-Classic Harbourcruise

搭乘經典遊船「Nehalennia號」，在懷舊氣息中啟航，由船長引領著穿梭於馬斯河以及河畔的各式港口，坐看河上橋樑與岸上建築，全程1.5小時，提供英文語音導覽。

Boompjeskade 123，上船碼頭在天鵝橋與紅橋之間。

+31 10-3020288

4月初~10月初的週二至週日出發，班次時段依不同月份而做調整。

成人€15，3~11歲€10。

www.rivercruiserotterdam.nl

### RIB-Experience Rotterdam

Rotterdam Roots是刺激的橡皮快艇遊河行程，沿途經過鹿特丹著名天際線，全程15分鐘。

上船碼頭在Leuvehavan 73

+31 10-2613338

週六和週日發船，從10:45起，大約3個班次。週7~8月和學校假期則增開週二至週五的班次，依不同月份而做調整，請以官網為準。

30分鐘Fun Tour€33~37，45分鐘City Tour€41。請事先上官網預訂時段和購票。

www.rib-experience.nl

## 優惠票券

### 鹿特丹歡迎卡
### Rotterdam Welcome Card

此卡內容包括RET的Chip Card、卡片手冊和城市地圖。其中的Chip Card可在效期內無限次搭乘地鐵、路面電車及公車等由RET營運的大眾運輸工具。卡片手冊裡包含了50多張折價券，可使用於手冊中指定的景點、博物館、餐廳、劇院及俱樂部，享有25~50%折扣優惠。可在遊客中心、各大旅館及網站購買，價錢如下表：

| 1日卡 | €15.5 |
|---|---|
| 2日卡 | €21 |
| 3日卡 | €25.5 |

www.rotterdamwelcomecard.com

## 旅遊諮詢

### 鹿特丹遊客中心

P.115B1

Coolsingel 114（地鐵Beurs站附近）

+31 10-7900185

09:30~18:00

www.rotterdam.info

### 中央車站遊客中心

P.115A1

Stationsplein 21（中央車站內）

09:30~18:00

# 鹿特丹市區交通

## 大眾交通票券

鹿特丹市中心的範圍其實不大，用步行搭配短程的電車或地鐵，可遊遍市區各景點。大眾運輸系統由RET營運，包括路面電車（Tram）、公車（Bus）、地鐵（Metro）、渡輪（Ferry）。

地鐵和路面電車是觀光客最常使用的交通工具，搭乘所有RET營運的交通工具均可使用OV-chipkaart。OV-chipkaart分成記名式（Personal OV-chipkaart）與匿名式（Anonymous OV-chipkaart）兩種，一般短期逗留的遊客多使用匿名儲值式OV卡。想要在期間內無限次數搭乘RET營運的交通工具（電車、地鐵、公車），可選擇RET一日交通卡、1小時卡、2小時卡，或通行範圍更大涵蓋海牙、台夫特、高達地區的遊客一日卡，除了上述交通工具，還可搭乘水上巴士（waterbus）。在網站上訂購時需持有OV卡才能啟動，若於RET自動販售機購票則不需OV卡，可購買分開的票券。

| | 成人 | 4~11歲 |
|---|---|---|
| RET一日交通卡 | €9.5 | €5 |
| RET 2小時卡 | €4.5 | N/A |
| 遊客一日卡Tourist Day Card | €15.5 | N/A |

若選用鹿特丹歡迎卡（Rotterdam Welcome Card），根據使用效期可無限次數搭乘，包括多項博物館折扣優惠，且贈送一次市區水上巴士。不管哪一種卡片，使用方式都和台灣的悠遊卡一樣，上下車均需感應票卡。鹿特丹歡迎卡可於中央車站遊客中心購買，OV-chipkaart可在火車站或地鐵站的自動售票機、RET售票口、郵局、Primera shops、Tabac&Gifts shops及遊客中心購買，OV-chipkaart的購買及注意事項請見P.11。

www.ret.nl

## 地鐵

地鐵共有5條路線，其中A、B、C線在市區是重疊的，並與D線交會於Beurs站。E線屬於鐵路RandstadRails的一部分，連接海牙、鹿特丹及Zoetermeer。

**週一至週六05:30~00:15，週日07:30~00:15，每條路線起迄時間稍有異動。**

## 電車

經過市中心的電車為7、8、20、21、23、24和25，這些電車都會行經中央車站。

**週一至週六05:00~00:30，週日07:00~00:30，每條路線起迄時間稍有異動。**

## 夜間巴士

由BOB Bus經營的夜間巴士，行駛於週五和週六的夜晚至凌晨，路線以各火車站為出發點，行經市中心夜店聚集區，並連結市內及市郊。

**使用OV卡為€6.1，若在車上向司機購票為€6.6。**

**www.ret.nl/home/reizen/dienstregeling/bob-bus.html**

## 渡輪

由Watertaxi經營的渡輪提供三條短程航線，分別是：西區的RDM/Heijplaat和Marconistraat/M4H之間、中央區的Charloisse Hoofd和Katendrechtse Hoofd之間、東區的Plantagelaan 和Piekstraat之間。

**平日每15分鐘一班，週六和週日每30分鐘一班。時間表請上官網查詢。 單程票€2**

**www.watertaxirotterdam.nl**

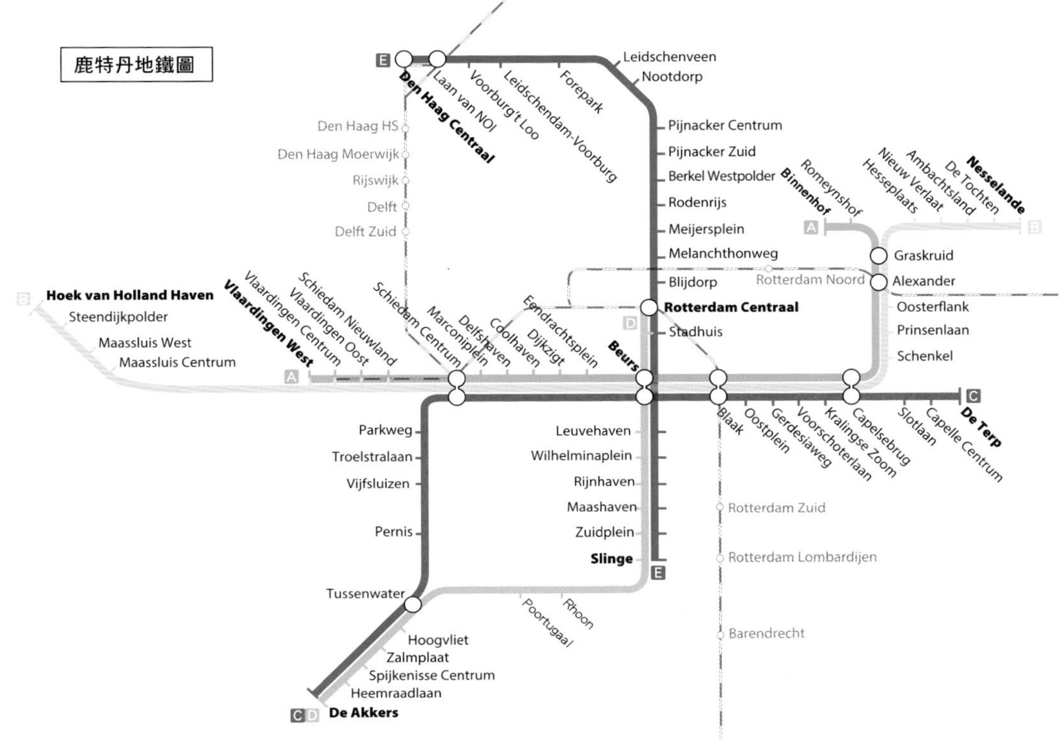


## 水上計程車

### Watertaxi Rotterdam

提供鹿特丹和Schiedam所有的水上公共交通，船隻可停靠新馬斯河沿岸50個站點，對當地人來說，其交通網絡比陸路還省時便利。航線範圍畫分為East、West和Centre三個區域，收費因地區而異，船隻可容納8~12人，可從任一停靠點上船，或直接預約包船。喜歡悠閒慢速的人不妨搭乘Watertaxi HNY 4，航行於Hotel New York、Leuvehaven與Veerhaven之間。

諮詢櫃檯：Koninginnenhoofd 7（位於New York Hotel附近） +31 10-4030303 櫃檯：週一至週四07:00~24:00（週五延至01:00），週六和週日09:00~24:00。Watertaxi HNY 4行程：09:00~24:00，平均每10分鐘一班。不需預約。 依航行區域不同，成人€4.5~10，12歲以下半價。Watertaxi HNY 4單程票€3起，價格根據搭船人數而調整。 www.watertaxirotterdam.nl 可利用Watertaxi APP或官網預約和付款，上船買票付費則需使用信用卡。

## 單車

由於荷蘭單車失竊率非常高，租車時最好租2個大鎖，並加保失竊險。租車行情4小時大約€10，有些大型租車行還提供單車導覽行程。

### Centrum Bikes Rotterdam

Schiedamsedijk 54 +31 6-11794721 週二至週五09:00~18:00，週一和週六10:00~18:00，週日10:00~17:00。 www.rentabikerotterdam.nl

## 計程車

在火車站及熱門景點附近，通常可找到計程車招呼站，或請旅館櫃檯協助叫車。每輛計程車的收費不一，起錶價€7.5起，2公里後每公里跳錶€2.2起，車資表張貼於車窗外。若以電話叫車，卻因遲到而讓司機等待，司機可收取最高每分鐘€0.55的等待費。

### Rotterdamse Taxi Centrale

+31 10-4626060 rtcnv.nl

王牌景點 1

# 想知道絕妙的前衛創意與實用住宅究竟如何融為一體？歡迎走進方塊屋的45度空間。

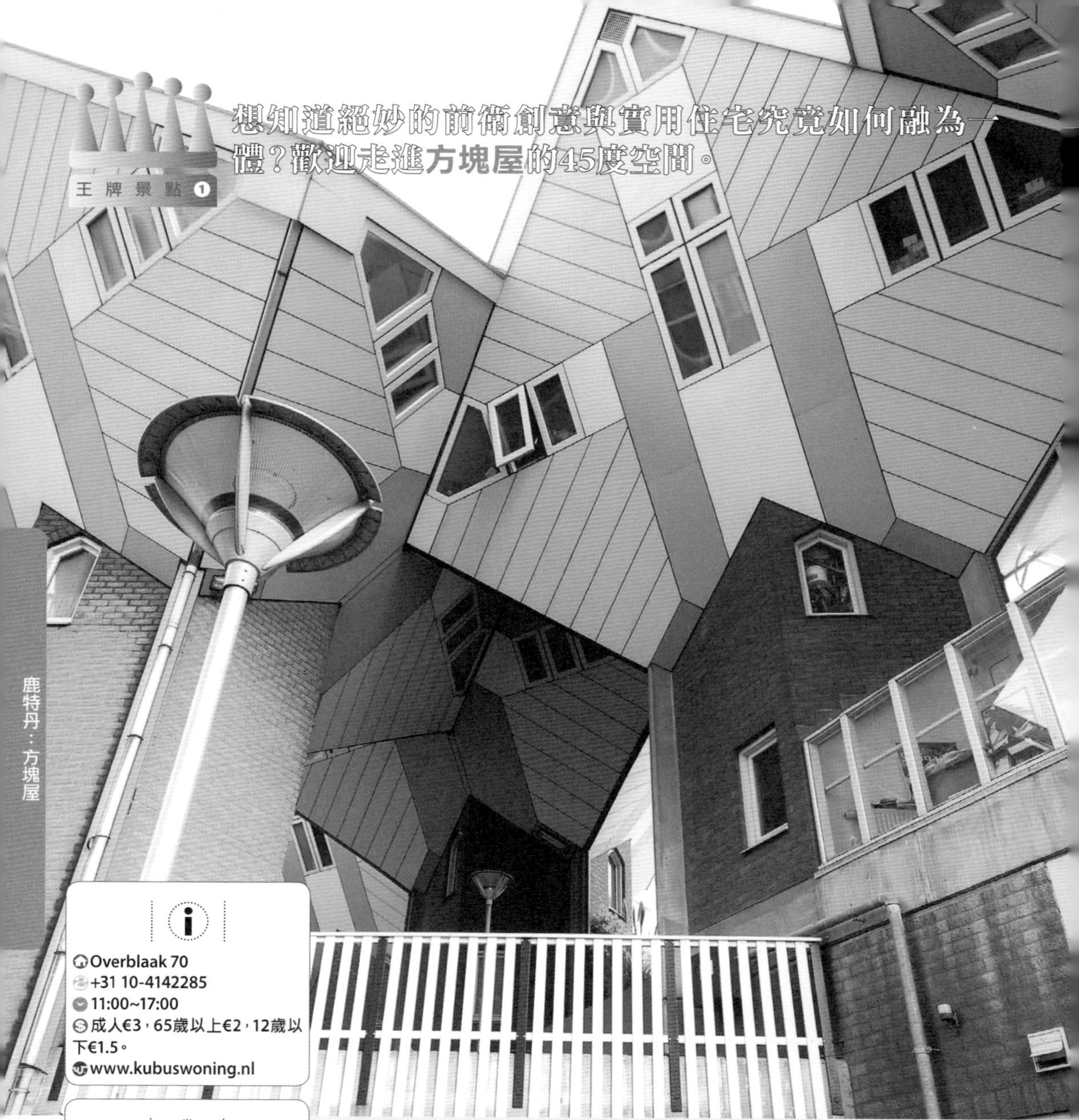



Overblaak 70
+31 10-4142285
11:00~17:00
成人€3，65歲以上€2，12歲以下€1.5。
www.kubuswoning.nl

搭乘Tram 21或地鐵A、B、C線至Blaak站，步行即達。

至少預留時間
內外慢賞看個夠
約1小時
必訪經典建築景點
半天~1天

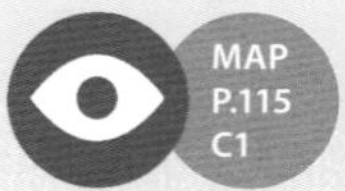

## 方塊屋

MAP P.115 C1

Kijk-Kubus

方塊屋由建築師Piet Blom設計，以 51個方塊單位組成，建於1984年。最大特色是這些傾斜45度並間間相連的正立方體，每塊立方體都是一個居住或辦公單位，而架高方塊的樑柱及牆壁間，被規劃出14個社區性商店及餐廳，機能性齊全。

**造訪方塊屋理由**

1. 荷蘭最知名的現代建築之一
2. 體驗外觀和內部空間的想像差距
3. 拍照打卡酷炫地標

方塊屋旁邊佇立著鉛筆屋，六角尖錐的屋頂相當吸睛，是一棟公寓民宅。

方塊屋建於一片平台上，這平台橫跨Blaak大道，形成一處特殊「隧道」。

早在完工前便銷售一空，為了滿足人們對方塊屋的好奇，因而保留一間作為展示，開放民眾參觀。

**來去方塊屋住一晚**

**如果參觀仍無法獲得滿足，你可以選擇在方塊屋中住上一晚，連鎖青年旅館Stayokay位於85至87號的方塊屋中，只是這間旅館實在太熱門，經常一床難求，建議最好一個月前就事先預訂。**

www.stayokay.com/en/hostel/rotterdam

## DO YOU KNOW

### 走進方塊屋一探究竟

**方塊屋內的佈置和一般房子並無兩樣，只是空間上多了些柔軟巧思。每個方塊內部都有三層樓，一樓是客廳和廚房，二樓是書房及臥室，地板面積最寬敞；頂樓利用尖角規畫成採光良好的起居室。由於傾斜造型所致，地板和天花板是樓層中最狹窄的部分，住戶可以活動的範圍並不寬敞，但在垂直中軸部分卻獲得延伸，增加了儲藏收納及桌櫃面積的縱深。**

## 怎麼玩方塊屋才聰明？

**最奇特的取景角度**

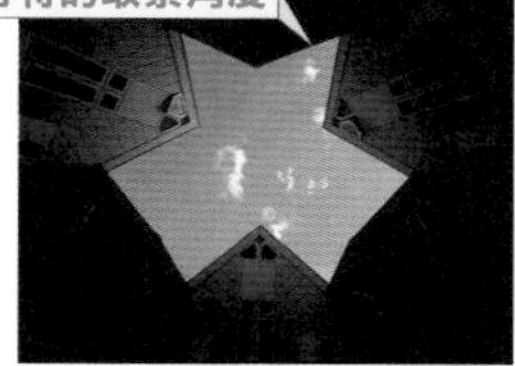

先從方塊屋群的外觀遊賞起，宛如魔術方塊的幾何線條加上傾斜角度，完工至今30多年，但風格依然前衛。別忘了走進方塊屋相連的中庭，抬頭仰望，由方塊邊角切割出的天空線條，是最具創意的攝影角度。

**走進屋內別有洞天**

看完外觀，找到門牌70號的展示屋，走上樓梯入內參觀，感受自己原先對內外的想像究竟有何不同。

**順路造訪隔壁經典建築**

方塊屋不遠處還有鉛筆屋、布萊克車站、中央圖書館和紅蘋果，奇妙造型令人讚嘆，走幾步路就到，不容錯過。

## 和方塊屋一樣瘋狂的，還有飛碟布萊克車站、水管金字塔中央圖書館、垂直水平兼具紅蘋果以及精彩的海事博物館，皆輕鬆步行可及。

### 布萊克車站
**Rotterdam Blaak Station**

布萊克車站被當地人暱稱為「茶壺」，其迷人之處在於那頂巨大透明圓盤，彷彿飛碟即將降落。

如何前往

搭乘Tram 21或地鐵A、B、C線至Blaak站，步行即達。

由於地鐵通道常會竄出強勁氣流，布萊克車站的月台幾乎直通戶外空間，為了有所遮蔽，便以直徑35公尺的玻璃圓盤傾斜覆蓋。此圓盤由兩條圓管架起，看似懸浮空中，而兩條圓管各以三根鐵架支撐，鐵架上再以無數小鐵條增加支撐力，科幻味十足。

### 中央圖書館
**Centrale Bibliotheek Rotterdam**

圖書館由建築師Van den Broek & Bakema設計，興建於1983年。

如何前往

搭乘Tram 21或地鐵A、B、C線至Blaak站，步行即達。

info

Hoogstraat 110

+31 10-2816100

週一13:00~21:00，週二至週五10:00~21:00，週六10:00~17:00，週日13:00~17:00。

www.bibliotheek.rotterdam.nl

這座荷蘭最大的圖書館為半面階梯式外觀，外牆圍繞數條鮮黃色通風管，擁有「金字塔」、「水管寶寶」和「鹿特丹的龐畢度」等暱稱。館內藏書40多萬冊，整棟建築在層層漸縮的幅度上，大量運用45度角的設計。

## 紅蘋果 The Red Apple

如何前往

搭乘Tram 21或地鐵A、B、C線至Blaak站下車，沿Verlengde Willemsbrug步行至港灣即可看見。

info

Wijnbrugstraat 50-352

位於Wijnhaven島上的紅蘋果，是市區地標建築之一，也是鹿特丹第四高的大廈，由KCAP Architects & Planners設計，在2009年落成時即獲得荷蘭建築獎殊榮。紅蘋果分為兩部分，分別是124公尺高的細長高樓和53公尺高的「Kopblok」，集住宅、辦公室、商店、餐廳、停車場於一身，機能齊全。

從南邊望向紅蘋果，會發現Kopblok主建築呈凹字形，中央頂層是以大片玻璃覆蓋的空中花園。

### 善用垂直與水平線條的創意地標

**紅蘋果最大特色就是鮮紅的垂直與水平線條，其顏色來自鋁板電鍍後的氧化結果，未做額外上色處理。高樓的紅樑並非整齊垂直排列，而是愈往高層線條愈細，偶往左右傾斜，營造出樓面加寬的錯覺效果。較矮的Kopblok像是一顆從基座建築長出來的「頭」，以五個角度的樓面與另一側的高樓傾斜對望。**

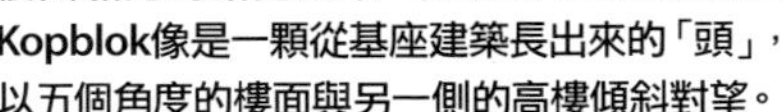

## 鹿特丹海事博物館 Maritiem Museum Rotterdam

如何前往

搭乘Tram 8、21、23、24、25至Beurs站，或搭乘地鐵A、B、C、D線至Beurs站，步行即達。

info

Leuvehaven 1

+31 10-4132680

10:00~17:00（週日11:00起）

週一（除7、8月外） 成人€17.5，4~15歲€12.5，憑票可參觀港邊的Maritiem Museum Harbour與停泊的船隻（巴弗艦）。

www.maritiemmuseum.nl

身為歐洲第一大港的海事博物館，就氣勢與規模而言確實不同凡響，例如一間挑高的展示廳，在三面大螢幕的聲光特效下，碼頭上忙碌的一日正要展開；如對鹿特丹的碼頭運作感到好奇，控制室裡整排宛如電玩介面的模擬電腦，會為你詳細解說。

「Professor Splash」的遊戲室最受孩童喜愛，豐富有趣的互動遊戲設施能讓小朋友動動腦，學習航海及物理知識。

### Do You Know

### 到巴弗艦體驗一日船長生活

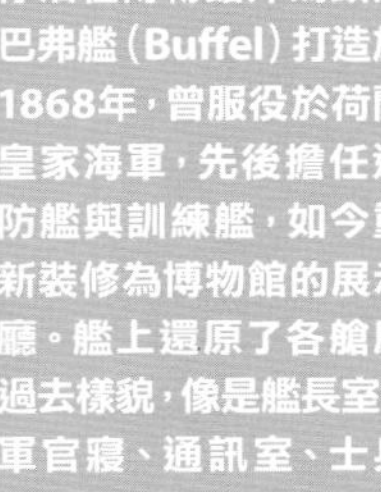

**停泊在博物館外碼頭的巴弗艦（Buffel）打造於1868年，曾服役於荷蘭皇家海軍，先後擔任巡防艦與訓練艦，如今重新裝修為博物館的展示廳。艦上還原了各艙房過去樣貌，像是艦長室、軍官寢、通訊室、士兵吊鋪、餐廳、廚房、浴室等，並設計成互動形態，比如可以打開水手們的置物櫃，看看他們日常都用些什麼，或到輪機室體驗添煤、鼓風的苦力勞動。**

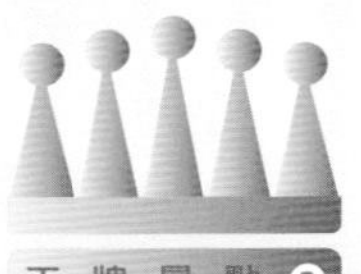


# 住在全球最大型藝術作品裡，樓下就是時尚菜市場，會是什麼感覺？走一趟市集大廳，展開絕妙旅程。

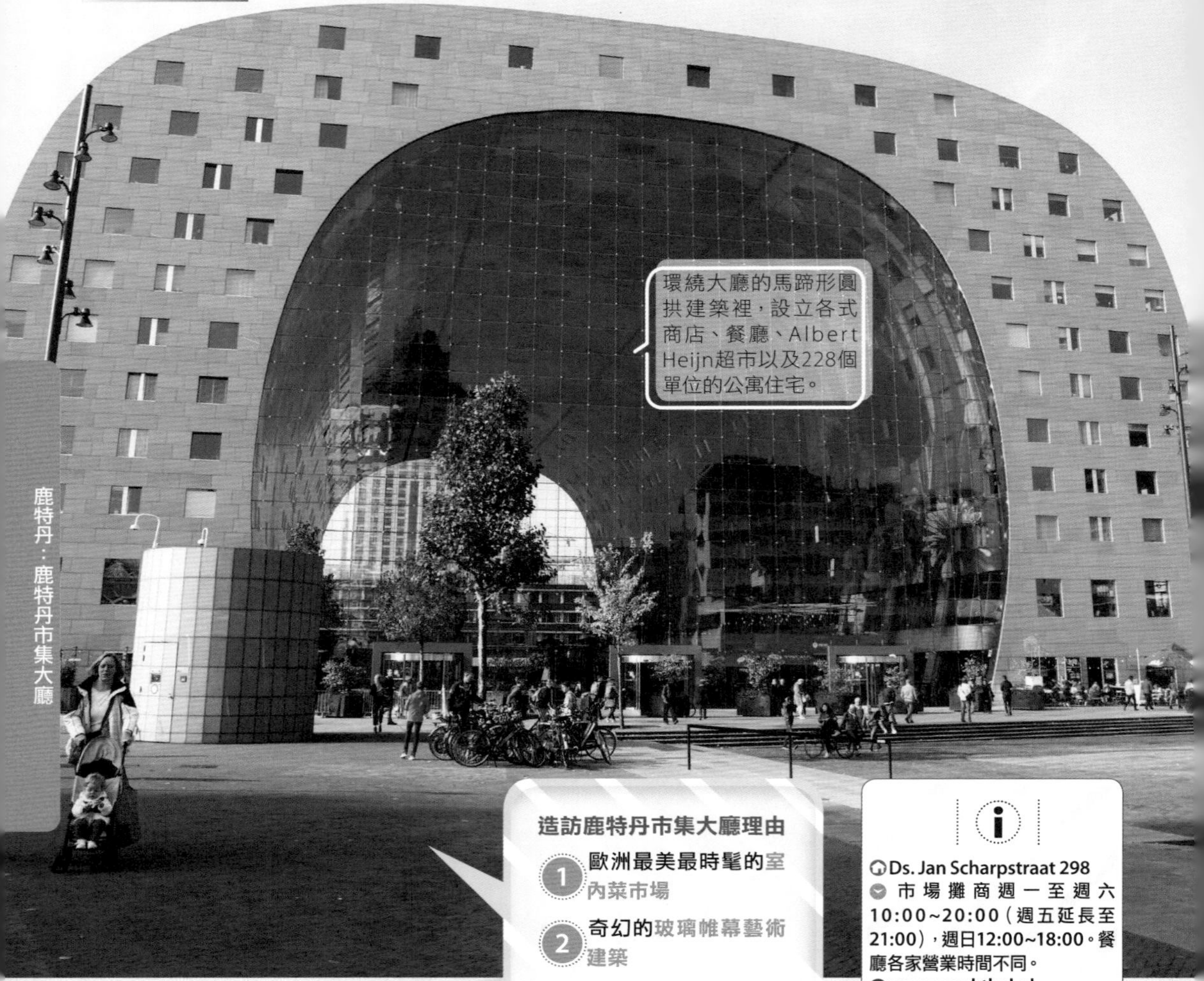

環繞大廳的馬蹄形圓拱建築裡，設立各式商店、餐廳、Albert Heijn超市以及228個單位的公寓住宅。

**造訪鹿特丹市集大廳理由**

1. 歐洲最美最時髦的室內菜市場
2. 奇幻的玻璃帷幕藝術建築
3. 鹿特丹最新地標

Ds. Jan Scharpstraat 298

市場攤商週一至週六10:00~20:00（週五延長至21:00），週日12:00~18:00。餐廳各家營業時間不同。

www.markthal.nl

搭乘Tram 21、24或地鐵A、B、C線至Blaak站，步行即達。

至少預留時間
吃喝玩賞藝術建築：約1~2小時
周邊逛街看景點：半天~1天

## 鹿特丹市集大廳

**Markthal Rotterdam**

市集大廳是建築團隊MVRDV打造於2014年的鉅作，挑高39米的圓拱天花板上有花卉蔬果昆蟲彩繪，這11,000平方公尺的巨型牆畫由藝術家Arno Coenen揮灑創作，兩側玻璃帷幕引入自然天光，穿梭在攤販間，滿眼蔬果、乳酪、煎餅、炸薯條和生鮮魚蝦等，此起彼落的叫賣聲充滿市場生命力。

### 荷蘭現代建築推手—MVRDV建築團隊

1991年，三位年輕的荷蘭建築師韋尼·馬斯（Winy Maas）、雅各布凡·裏斯（Jacob van Rijs）和娜莎莉·德·弗裏斯（Nathalie de Vries）取各自的姓氏為名，創立MVRDV建築設計事務所。早期以VPRO公共廣播公司總部、阿姆斯特丹WoZoCo老年人住宅與集合住宅—鯨魚等一炮而紅，如今專案作品遍佈荷蘭、西班牙、中國，法國、英國各地，近期在台灣參與了台南中國城廣場與海安路景觀規畫方案，以及台南新化果菜市場改建等案子。

## Do You Know

### 最時髦室內市場竟是被法規催生的？

©1497-Ossip-van-Duivenbode

你可能想不到，這座人氣超高的市場竟然是因為歐盟衛生環境法規才誕生的！鹿特丹的Blaak露天假日市集原本人潮眾多，但隨著歐盟食品衛生管理法規漸趨嚴格，開始禁止熟食在開放空間販售，荷蘭政府為了延續 Blaak露天假日市集的熱絡景況，決定建造一座室內市場來容納這些熟食攤販，2014年市集大廳啟用，說起來還要感謝歐盟的嚴格新法規！

### 你敢挑戰荷蘭國民美食Haring嗎？

Haring指的是醃漬生鯡魚，1380年由荷蘭漁夫Willem Beukelszoon發明這種吃法並風靡全國，據說荷蘭人每年會吃掉大約7600萬條鯡魚！Haring是搭配生洋蔥和醃黃瓜，吃的時候用手抓起魚尾仰頭整尾入口，入口後有股特殊腥味。市集裡有不少販賣生鯡魚的攤位，何妨挑戰一下，如果不敢嘗試，也可選擇夾在麵包裡吃。

大廳美食齊聚，比如西班牙餐酒館21 Pinchos Tapasbar、中東料理OBBA's Foodbar，其中Andalus Fish的國民小吃炸魚（Kibbeling）值得推薦。

## 怎麼玩鹿特丹市集大廳才聰明？

### 白天夜晚風景大不同

©HollandMarketing

圓拱天花板上的美麗彩繪，在白天透過自然光所呈現的畫面和夜晚的氛圍截然不同。建議選在不同時刻前來觀賞，為旅程增添驚喜，也可拍下不同時段的美照。

### 大逛菜市場吃國民美食

多數攤商營業到傍晚7、8點，記得抓準時間到1樓逛逛起司、蔬果或生鮮攤位，品嚐荷蘭國民小吃或異國料理。部分酒館營業到午夜12點，不妨淺酌一下。

### 遊賞周邊景點喝咖啡

時尚菜市場周圍還有古老教堂建築、前衛創新的購物中心和中央車站，散步順路遊賞，累了，到Dudok Cafe喝杯咖啡，愜意自在。

# 市集大廳附近也很精彩，中世紀教堂、中央車站、林班街與Dudok咖啡館，適合轉換心情。

在現代摩天大樓環繞下，聖羅倫斯教堂以中世紀哥德風貌展現強烈存在感。

## 聖羅倫斯教堂 Grote St. Laurenskerk

MAP P.115 C1

如何前往

搭乘Tram 21、24或地鐵A、B、C線至Blaak站，沿新市場區北行即達。

info

Grotekerkplein 27 +31 10-4116494

教堂3~10月週二至週六10:00~17:00，11~2月週二至週六11:00~17:00。鐘塔登頂3~10月週三和週六開放三個時段參觀。

週一和週日

教堂成人€3，12歲以下免費；鐘塔成人€7.5，18歲以下€4.5。 www.laurenskerkrotterdam.nl

聖羅倫斯是鹿特丹的守護聖人，以之為名的教堂建於1449至1525年，塔樓則完成於1646年，當時人們可以用捐獻3000塊石材的方式來取得鹿特丹市民身份。在二次大戰中，教堂遭受嚴重損壞，經過多年修復，才於1968年重新開放。

### Do You Know

**遍佈鹿特丹的伊拉斯謨到底是誰？**

在聖羅倫斯教堂廣場矗立一座銅像，他是荷蘭的人文主義思想家和神學家伊拉斯謨(Erasmus)，除了翻譯《聖經‧新約全書》新拉丁文版和希臘文版，也著有《愚人頌》、《基督教騎士手冊》、《論兒童教養》等作品。由於他被認為出身鹿特丹，所以城市裡到處以他為名，比如鹿特丹伊拉斯謨大學(Erasmus Universiteit Rotterdam)」和伊拉斯謨大橋（Erasmus Bridge）。

## 林班街 Lijnbaan

MAP P.115 B1

如何前往

搭乘地鐵D線至Stadhuis站，沿Kruiskade西行可抵達。

林班街是歐洲第一條行人徒步商業區，修築於1953年。綿延800公尺的購物大道，與附近街區共同構成鹿特丹最熱鬧區域。兩旁盡是Pimkie、Diesel、MeXX、Man@Work、Mango、Foot Lucker、Morgan、Laura Ashley、Tommy Hilfiger等名牌專賣店。

街道中央規畫為小吃攤和書報攤等空間，加上雕塑藝品擺設，讓商店街成為公共藝廊。

MAP P.115 B1

## 布斯特維斯購物中心商店街
**Beurstraverse**

如何前往

搭乘Tram 8、21、23、25或地鐵A、B、C、D線至Beurs站，步行即達。

地下購物街以彎曲流線造型的透明半遮幕為特徵，兩旁盡是流行商店，如Zara、H&M、HEMA等連鎖品牌。

info

Beursplein 37

週一至週日12:00~18:00，週二至週六10:00~18:00（週五延長至21:00）。

位於Bijenkorf百貨公司與世貿中心前方，有條如同溝渠般低於地平面的露天商店街，就是鹿特丹人暱稱為Koopgoot的布斯特維斯購物中心。購物中心從地下穿越Cool Singel，將林班街與胡格街（Hoogstraat）連成一氣，讓購物興致綿延不間斷。

MAP P.115 B1

## Dudok咖啡館
**Dudok Cafe Brasserie**

這建築由W. M. Dudok設計，底層兩樓以玻璃帷幕做成交易中心，樓上四層為辦公室，是介於傳統和機能派之間的作品。

如何前往

搭乘Tram 8、21、23、25或地鐵A、B、C、D線至Beurs站，沿Coolsingel北行，右轉Meent，直行至河邊即達。

info

Meent 88

+31 10-4333102 09:00~23:00

蘋果派€5.25、咖啡€3.25起，三明治€6.5起，午餐€9.5起。

dudok.nl/rotterdam

Dudok外觀以雙層長片玻璃一塊塊拼成，室內挑高、採光明亮，最吸引人的就是酥熱可口、餡料新鮮、飽滿多汁的蘋果派，其肉桂香味搭配熱騰騰的大塊蘋果餡料，讓人愛不釋口，再來一杯Espresso，豈止幸福兩字能形容？

MAP P.115 A1

## 中央車站
**Rotterdam Centraal**

info

Stationsplein 1

www.rotterdamcentraal.nl

中央車站落成於2014年，古銅金色外觀的屋頂擁有鋒利稜角，像把利劍直破天際，挑高大廳使用整片玻璃帷幕與星 般吊飾，充滿未來感。走出車站，來到劇院廣場（Schouwburgplein），廣場四周由德倫音樂廳（De Doelen）、鹿特丹劇院（Schouwburg）及7家電影院組成的Pathé cinema圍繞。

劇院廣場上矗立三根可以射出三原色的紅色投射光柱，為藝術表演場所增添無限想像。

## DO YOU KNOW

### 充滿幽默公共藝術的綠色城市

**以大膽創新建築聞名的鹿特丹，其實是積極實行綠化的城市。市內有超過60萬棵樹，部份老樹幸運逃過二次大戰，比如林班街上的老楓樹已將近兩百歲。除了綠化，街頭的公共藝術也充滿幽默，其中一座The Guard雕像由藝術家Hans Van Bentem創作，靈感來自日本動漫鋼蛋，經過當地運動員請願，已將此雕像豎立在Westblaak守衛城市。**

The Guard

P.115B1 Skatepark Westblaak 107

王牌景點 ❸

## 傳奇建築師的蒙太奇風格設計，全在博物館公園和展覽中心展露無遺。

利用不同材質對比構成簡潔外觀，以水平及垂直線條、人造斜道、草地坡度串聯起公園綠地和城市的交通動線，忠實反映庫哈斯的設計哲學。

展覽館屋頂上設置Henk Visch的雕塑「Kameel en Reiziger（駱駝和旅行者）」及Antony Gormley的「Another Time II」。

**造訪鹿特丹展覽中心理由**

1. 世界級建築大師Rem Koolhaas的傑作
2. 展演範圍無極限的藝術殿堂
3. 公園中造型酷炫的博物館群

- Museumpark, Westzeedijk 341
- +31 10-4400301
- 週二至週日10:00~17:00
- 休 週一
- 成人€16.5，17歲以下免費。
- www.kunsthal.nl

搭乘Tram 8至Kievitslaan站，沿Westzeedijk東行，或搭乘Tram 7至Westplein站，沿Westzeedijk西行即達。

至少預留時間
館外賞建築+館內看展覽
約1~1.5小時
參觀其他博物館+公園散步
半天~1天

MAP P.115 A2

# 鹿特丹展覽中心
Kunsthal Rotterdam

Kunsthal由建築師雷姆・庫哈斯（Rem Koolhaas）於1992年設計，2014年整修更新。每年推出20多場臨時性展演，從古典和新潮藝術、各種設計題材、攝影展、多媒體藝術、西方到東方等，透過7個不同展廳及軟硬體設備，和觀者產生互動。

**建築迷和博物館迷必訪的美麗公園**

鄰近鹿特丹港的博物館公園（Museum Park）也是由OMA所設計，不僅是散步的好去處，更以綠地、流水、雕塑和主題博物館群引領遊客探訪此城的豐富內涵。公園內坐擁博曼斯・凡貝寧根博物館、自然歷史博物館和鹿特丹展覽中心，周圍還有創新學會、夏波博物館與歐洲之桅等景點，無論建築外觀或精彩館藏都深具看頭。

## DO YOU KNOW

### 從記者和編劇轉行的傳奇建築師

雷姆・庫哈斯（Rem Koolhaas）1944年出生於鹿特丹，年輕時曾在Haagse郵報擔任記者，也做過電影編劇。24歲時前往倫敦建築協會學院學習建築，隨後至美國深造，1975年與Zenghelis夫婦和Madelon Vriesendorp在倫敦共同成立大都會建築事務所（Office for Metropolitan Architecture 簡稱OMA），從此開創席捲全球的當代建築浪潮，蒙太奇式的表現手法與極具幻想的結構設計，或許跟他早年當過記者和編劇家有關。位於臺北市士林區的臺北表演藝術中心正是由OMA所設計呢！

展覽廳被架高於地面之上，營造漂浮的錯覺。橙色鋼樑從屋頂邊緣伸出一米半，彷彿有人誤把它放在那裡。

## 怎麼玩鹿特丹展覽中心才聰明？

### 從博物館公園的邊緣玩起

展覽中心位於公園東南端，不妨從Westzeedijk的入口一路散步到展覽中心，滿眼綠意中細細觀賞建築大師的創意傑作。

### 到咖啡館喝藝術午茶

©Kunsthal Rotterdam

整個展覽中心就是一件巨大的藝術作品，包括Kunsthal café。無論時尚內景或寬敞露台，都是午餐或喝咖啡的心靈綠洲。

### 跑遍3大博物館或擇一慢慢看

博物館迷可把握時間一次走訪園內所有展館。倘若時間不夠，建議選擇自己最有興趣的一間仔細參觀。

# 鹿特丹的清新內涵集結於城南的公園綠地，以各式主題博物館和太空塔的風貌迎接遊客。

館內擁有不少魯本斯、莫內、高更、畢卡索、蒙德里安的畫作，也展示達利、安迪·沃荷、雷內·馬格利特等人作品。

## 博曼斯·凡貝寧根博物館
**Museum Boijmans van Beuningen**

如何前往

搭乘Tram 7至Museumpark站，過小橋後即達。

info

Museumpark 18-20 +31 10-4419400 11:00~17:00 週一 成人€20，18歲以下免費。請上官網購票並預定入場時段。 www.boijmans.nl

博物館成立於1935年，館藏囊括14到20世紀西歐藝術家作品，例如老布勒哲爾(Pieter Bruegel the Elder)的《巴別塔》(Tower of Babel)、林布蘭為兒子提多描繪的肖像畫(Portrait of Titus)、波希(Hieronymus Bosch)的《加納的婚禮》(The Marriage at Cana)、梵谷的《亞爾曼·羅林肖像》(Portrait of Armand Roulin)等。

**漫步在被藝術品包圍的圓形倉庫**

©Boijmans Van Beuningen

**博曼斯·凡貝寧根博物館從2019年展開長期翻修計畫，在這段過渡期間，博物館與鄰近幾個場所建立合作關係，讓館藏能繼續在其他機構中展出。同時，在博物館大樓旁興建了全球首座提供民眾使用的藝術倉庫(Depot Boijmans Van Beuningen)，於2021年完工，圓形體建築加反光玻璃立面，擁有7層樓空間，存放展示博物館的151,000件藝術品。**

## 自然歷史博物館
**Natuurhistorisch Museum Rotterdam**

如何前往

搭乘Tram 8至Kievitslaan站，沿Westzeedijk東行可達；或搭乘Tram 7至Westplein站，往北走Scheepstimmermanslaan，左轉Westzeedijk可達。

info

Museumpark, Westzeedijk 345 +31 10-4364222 11:00~17:00 週一 成人€10，5~15歲及65歲以上€5。每週三15歲以下可免費入場。可現場買票或上官網訂購。 www.nmr.nl

大門前可愛的胖兔子石雕和各式雕塑，是遊客拍照留影的最愛。

館內擁有2千種來自北海、湖泊、河川裡的化石、500個填充標本加上500座骨架，將遠古至今各品種的大象、鯨魚等生物，以原尺寸比例加以重現。另有上萬種蝴蝶和昆蟲標本及貝殼和海螺化石，讓遊客如同置身動物昆蟲園區。

## 創新學會
MAP P.115 A2

Het Nieuwe Instituut

如何前往

搭乘Tram 7至Museumpark站，過小橋後沿Museumpark西行即達；或搭乘地鐵A、B、C線至Eendrachtsplein站，出站後沿Rochussenstraat西行即達。

info

Museumpark 25 +31 10-4401200 10:00~17:00（週四至21:00閉館），每週四17:00~21:00可免費入場。 週一 成人€16.5，18歲以下免費，門票包含Sonneveld House。 www.hetnieuweinstituut.nl

1993年荷蘭建築學會搬進這棟由Jo Coenen設計的房子，展出眾多設計師的草圖、製圖、模型和書籍。2013年，建築學會、設計與時尚學會（Premsela）及電子文化知識學會（Virtueel Platform）整合成創新學會，每年依據三大主題舉辦展覽、講座、研究等活動，兩個固定主題為景觀與室內設計、物品與材質，第三個主題每年更換。

**藏身學會旁的奇特住宅Sonneveld House**

創新學會旁佇立一座荷蘭機能主義的代表建築，由Brinkman和Van der Vlugt團隊設計於1929年。屋內有許多貼心設計，例如飯廳設有按鈕可開啟大門，方便用餐時能就近替來客開門；書房內的木柴「電梯」可將壁爐所需木柴自地下室提取上來。提醒你，持創新學會門票可同時參觀Sonneveld House喔！

**體驗被透明玻璃環繞的Euroscoop**

不用餐的遊客，可直接前往112公尺的觀景平台，從這裡再登上一層樓，就能搭乘360度旋轉景觀電梯Euroscoop。電梯內設有圍繞中心的舒適沙發，坐下後，四周被透明玻璃環繞，頗有凌空飛翔的感覺，上升與下降的速度都很緩慢，鹿特丹的全景盡收眼底。

## 歐洲之桅
MAP P.115 A3

Euromast

太空塔塔頂設置了高空繩索垂降設施，年滿18歲、有興趣者不妨試試膽量。

如何前往

搭乘Tram 8至Euromast站，往西沿圓環走往Parkhaven，南行即達。

info

Parkhaven 20 +31 10-4364811 10:30~22:00，週一公休。高空繩索垂降5~9月週六10:00起。 觀景平台+Euroscoop：成人€16.5，4~11歲€13，65歲以上€15。高空繩索垂降：每人€62.5（含門票）。 www.euromast.nl

為了1960年荷蘭園藝博覽會而建的地標，當時高度僅有104公尺，10年後人們在塔頂加上一截太空塔，總高度185公尺，是俯瞰鹿特丹市容最佳地點。在96公尺高處設有旋轉餐廳，由荷蘭名家Jan de Bourrie設計，是當地人晚餐約會的熱門去處，記得提前訂位。

从海上，見證歐洲最大港都的建築異想天際線。

王牌景點 4

造訪Spido遊船海港之旅理由

1 見識歐洲第一大港的最佳方式

2 飽覽建築天際線的絕妙狂想

⌂登船碼頭Willemsplein 85
☏+31 10-2759988
◷11~3月週一至週三14:00，週四至週日11:00、12:30、14:00、15：30。4~5月每日09:30~17:00，45分鐘一班次。6~8月每日10:15~17:00，45分鐘一班次。9~10月每日10:15~15:30，45分鐘一班次（17:00加開最後一班）。
$Harbour Tour成人€16.75，4~11歲€9.65。建議提前上官網購票和預定時段。
🌐www.spido.nl

◎搭乘Tram 7至Willemsplein站，步行即達。
◎搭乘Tram 8、23、25至Leuvehaven站，沿大路南行即達。
◎搭乘地鐵D線至Leuvehaven站，沿大路南行即達。

至少預留時間
搭船遊海港或其他航程
約1.5~2.5小時
讚賞建築天際線+博物館
半天~1天

## Spido遊船海港之旅

Rotterdam Harbor Tour

要見識歐洲第一大港，最好的方法就是搭上Spido遊港船。75分鐘航程從天鵝橋下的碼頭出發，沿途飽覽由新潮大樓構築出的獨特天際線，再沿著新馬斯河來到河口三大港區，觀賞繁忙的貨櫃碼頭、壯觀的巨輪船塢。

Spido公司創立於1919年，旗下多艘遊船Abel Tasman、James Cook、Henry Hudson、Marco Polo皆以歐洲著名航海探險家命名。

## 怎麼玩Spido遊船海港之旅才聰明？

**事先確認發船時間**

由於每一季的發船時間不同，最好提前上網查詢船班並訂購行程再出發，而白天和傍晚的海港風光亦各領風騷。

**選擇遊船主題和優惠套票**

Spido結合各景點推出不少主題套裝行程，不妨視個人喜好先選定主題，也許能從套票中撿到便宜喔！

**保留完整時間逛博物館**

建議搭乘早上首班或傍晚末班船遊港，讓全天的時間不致被攔截切碎，能留下一段完整時間去探索鄰近的博物館。

### Spido遊船優惠&套票攻略

**◎Dagtocht Tweede Maasvlakte：乘坐 Nieuwe Maas 啟航，通過 Hartel 運河航行在最大的集裝箱船之間，探索國際港口Maasvlakte，參觀Futureland信息中心，船上提供自助午餐和蘋果派點心。全程7小時。**

登船處：Willemsplein 85（Spido搭船處）

7、8月每週二和週日10:00登船；其他月份僅在指定的日期（週日）出航，指定日期詳見官網。 成人€64.95，兒童€35.95。

**◎各式優惠套票：Spido將遊船行程與各類景點結合，推出多種套票，例如Spido+歐洲之桅、Summer Evening Harbour Tour、High Tea Cruise等，可上官網查詢。**

## 穿過天鵝橋，看天才建築師的奇想在水岸拔地而起，興奮之餘不妨逛逛博物館。

### 天鵝橋 Erasmusbrug

如何前往

**搭乘Tram 7至Willemsplein站即達；或搭Tram 8、20、23或地鐵D線至Leuvehaven站，沿大路南行即達。**

橫跨新馬斯河兩岸，以鹿特丹思想家伊拉斯謨（Desiderius Erasmus）命名，但因造型似優雅的天鵝頸而被暱稱為天鵝橋，落成於1996年，由荷蘭建築師Ben van Berkel設計，長800公尺、高139公尺，以不對稱斜拉橋塔與簡潔造型成為鹿特丹的市標之一。

天鵝橋經過嚴密的配套設計，結合建築架構、都市居民生活方式、基礎設施與公眾功能，廣及周邊的遊船碼頭等，都是整體設計案的一部分。

©Rotterdam Marketing

橋身有2600級階梯、數條大道，可供車輛、電車、腳踏車、行人及溜滑板運動者通行。在夜晚燈光照射下，宛如優美藝術品。

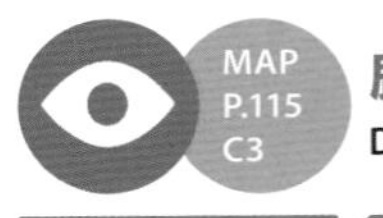


### 鹿特丹大樓 De Rotterdam

如何前往

**搭乘Tram 20、23、25或地鐵D線至Wilhelminaplein站，步行即達。**

info

**Wilhelminakade 177**

**www.derotterdam.nl**

獲獎連連的雷姆·庫哈斯（Rem Koolhaas）回到家鄉鹿特丹，2013年打造以「垂直城市」為概念的荷蘭最大建築物，三棟連在一起高150米、寬超過100米，下方可以互通，上方錯開，像極了積木往上堆疊，結構上增加透光性與活躍感。

從不同角度望向鹿特丹大樓，有時是一面牆，有時變成三棟樓，風貌萬千。

©HollandMarketing

MAP P.115 C2

## KPN皇家電信總部大樓
**KPN Telecom Building**

如何前往

搭乘Tram 20、23、25或地鐵D線至Wilhelminaplein站，步行即達。

從側面看大樓，中間細瘦的紅色部分像夾在三明治中的火腿，將兩旁的結構區分開來。面向天鵝橋的一側築出高聳且傾斜15度的樓面，一根斜柱從地面插入大樓中央，彷彿支撐著即將倒塌的樓面。

大樓的業主正是荷蘭電信公司龍頭KPN，由1998年以大阪關西機場拿下普立茲克獎的義大利建築師Renzo Piano設計，2000年落成。

傾斜樓面由綠色玻璃板構成，上頭密布綠色小燈，在夜色中仿如超大型電子看板。

透過展覽了解荷蘭百年攝影史，影像作品以新聞、紀錄、實驗性質為主。

MAP P.115 C3

## 尼德蘭攝影博物館
**Nederlands Fotomuseum**

如何前往

搭乘Tram 20、23、25或地鐵D線至Wilhelminaplein站，沿Wilhelminakade走可達。

info

Statendam 1 +31 10-2030405

週二至週日11:00~17:00

週一和公共假日

26歲以上€14，18至25歲€7，17歲以下免費。

www.nederlandsfotomuseum.nl/

攝影博物館收藏大量豐富的當代攝影作品，並蒐集上百位荷蘭攝影師的作品檔案，比如20世紀的攝影師Ed Van Der Elsken、Cas Oorthuys，以及世界新聞攝影獎老中青不同年代的得獎作品，也是荷蘭的國家影像檔案館。

MAP P.115 B2

## 世界博物館
**Wereldmuseum**

如何前往

搭乘Tram7至Willemskade站，步行3分鐘即達。

info

Willemskade 25 +31 10-2707172

週二至週五10:00~17:00，週六和週日11:00~17:00。 週一

成人€15，6~18歲€6，5歲以下免費。

www.wereldmuseum.nl/en

館內收藏來自歐亞非的文化藝術品，反映鹿特丹百年收藏史。2020年再度翻修，以嶄新面貌迎接遊客。

博物館位於前皇家遊艇俱樂部的建築內，俱樂部時常收到周遊各地的船東、商人、收藏家捐贈奇珍異寶，並在大樓中展出，直到總裁去世後，整棟樓被轉賣給鹿特丹市，於1885年成立民族博物館，2000年更名為世界博物館。

# 哪裡可以一眼看見最多的風車？答案就在鹿特丹郊區的小孩堤防。

在這裡除了參觀兩間風車博物館和搭乘遊船外，只能漫步於鄉村小徑欣賞風車之美，每個角度都綻放不同美感。

## MAP P.4 B2 小孩堤防 Kinderdijk

在小孩堤防總共有19座風車沿著河渠排列，天氣晴朗時風車倒影映照水面，宛如藝術大師筆下的風景畫。今日的風車功用雖已被兩座柴油引擎幫浦取代，但作為低地國的象徵，仍靜靜屹立在大地上，繼續守護著村民。

1.從鹿特丹搭乘地鐵A、B、C線至Kralingse Zoom站，轉乘489號公車在Molenkade站下車即達。2.從鹿特丹的Erasmusbrug碼頭乘坐水上巴士，搭Line 21可直達小孩堤防（如遇變動會暫停行駛）。以上皆可使用OV-chipkaart。船票和時間表詳見官網：www.waterbus.nl。 遊客中心：Nederwaard 1b, Kinderdijk +31 78-6912830 3~10月09:00~17:30；11~2月10:30~16:30。 週一至週五成人€16、4~12歲€6，週六和週日成人€19、4~12歲€8，4歲以下免費；以上票價包含兩座風車博物館、運河遊船和語音導覽等。 www.kinderdijk.nl

小孩堤防和贊斯堡比起來，幾乎嗅不到觀光氣味，雖然朝聖的遊客絡繹不絕，仍無損於天地間的淳樸寧靜。

### 與海爭地的大功臣－風車

小孩堤防的開發就是一部荷蘭人與海爭地的歷史，11世紀時，居民以挖鑿渠道的方式建造排水系統，但因地層嚴重下陷，水位不斷上漲，便在外圍興築堤壩以防止河水倒灌。後來有人將風車改造，在底部的輪軸連結水車，使之可以用於排水。小孩堤防現存的19座風車建於1738至1761年，有了風車的幫助，新生地裡的水可被抬升到高位蓄水區，等蓄水區的水位高過萊克河（River Lek），就打開閘門排出多餘水量，反之則將閘門關閉。這套排水技術可視為荷蘭最經典的水利工程，在1997年被評列為世界文化遺產。

### 季節限定搭船遊運河看風車

4~10月有航程30分鐘的運河遊船（Canal Cruiser），可乘坐欣賞沿岸風光，並前往兩座風車博物館。登船地點在遊客中心附近、Middelkade沿岸的碼頭，首班約10:00發船，末班17:00發船。

### DO YOU KNOW

#### 小孩堤防的名稱由來？

相傳在1421年發生了大洪水，有一個睡在搖籃裡的嬰孩漂流來到此地，從此大家便稱呼這裡為「小孩堤防」

同場加映

# 離開鹿特丹的周邊小旅行

遊完鹿特丹，是否覺得仍意猶未盡嗎？那麼千萬別錯過周圍的精彩城鎮，特別是畫家維梅爾的故鄉台夫特，以及荷蘭的政治中心海牙，從鹿特丹搭乘火車、地鐵甚至公車就能抵達。距離較遠的南方大城馬斯垂克自成一格，更值得花上兩三天細細品味。

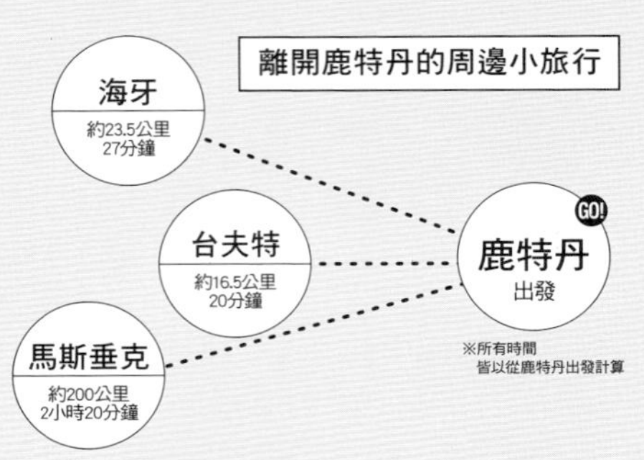

# 去一趟車程只要20分鐘，早去晚回最盡興！

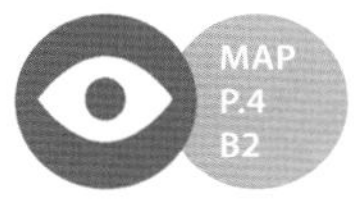


## 台夫特 Delft

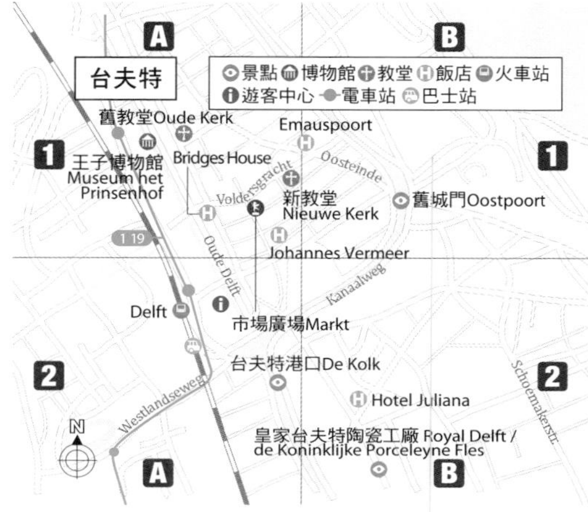


如何前往

**◎火車**

台夫特有Delft與Delft Zuid兩個火車站，前者位於市區。從鹿特丹出發的直達車程約15分鐘；從海牙出發車程約16分鐘；從阿姆斯特丹出發約1小時。

**◎路面電車及公車**

從鹿特丹中央車站可搭乘由RET經營的40號公車至台夫特火車站，車程約45分鐘。

旅遊諮詢

**◎遊客中心**

Stationsplein 7　+31 15-2154051　4~9月週二至週六10:00~17:00，週日和週一10:00~16:00。10~3月週二至週六10:00~16:00，週日和週一11:00~15:00。　www.delft.com

台夫特是個運河小城，也是繪畫大師維梅爾的家鄉，他終其一生都居住於此，以台夫特的風光為背景，完成一幅幅動人畫作。在海權時代則是荷蘭東印度公司進口中國青花瓷的重要據點，久而久之，當地藝匠結合中國燒瓷技術與荷蘭傳統圖案，發展出「台夫特藍瓷」，成為荷蘭著名特產。

### 暢遊台夫特的6種方法

**1.步行&單車：台夫特老城區範圍非常小，步行或騎單車是最好的遊覽方式。單車出租店參考如下。**

**Fietsplus Delft**

Coenderstraat 4　+31 15-7503193　週一至週五08:00~18:00，週六09:00~17:00。　週日　www.fietsplusdelft.nl

**2.公車：可以搭乘901號公車穿越老城區。**

**3.路面電車：1和19號均行駛在老城西緣南北向的主幹道，可使用OV-chipkaart或直接上車向司機買單程票。**

**4.運河遊船：**

**Rondvaart Delft**

從Koornmarkt 113旁的碼頭出發　+31 15-2126385　4~10月11:00~17:00，每天整點出發，航程約45分鐘。　成人€12.5，4~6歲€5.5。　www.rondvaartdelft.nl

**5.當地導覽行程：可參加歷史導覽徒步之旅（Historical City Walk）。**

從Market Square出發　+31 15-2565306　每週六13:00，全程約1小時。　每人€9.95　www.happydaytours.nl

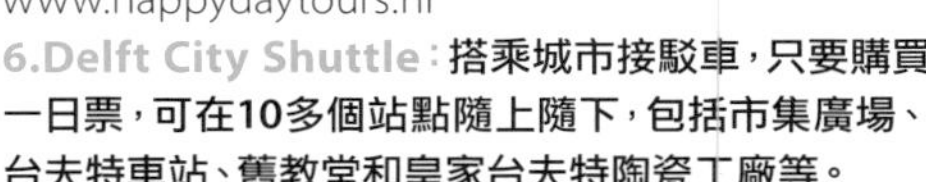

**6.Delft City Shuttle：搭乘城市接駁車，只要購買一日票，可在10多個站點隨上隨下，包括市集廣場、台夫特車站、舊教堂和皇家台夫特陶瓷工廠等。**

週四至週日12:00~17:00，每20分鐘一班。　每人€5　delftcityshuttle.nl

## Highlights：在台夫特，你可以去～

### 1 新教堂 Nieuwe Kerk Delft

自1396年起，哥德式新教堂從木造改建為磚造，整整蓋了100年。其鐘塔高108.75公尺，爬上356級階梯到頂樓可觀賞排鐘與台夫特怡人城景。16世紀末，由於新舊宗教對立與稅收問題，加上西班牙王腓力二世採取高壓統治，低地國在奧蘭治王子威廉一世（William I, Prince of Orange）領導下展開獨立戰爭。1584年威廉在台夫特遇刺，但其後代成了獨立後的荷蘭國王。

P.139A1 搭乘901號公車至Burgwal站，步行即達。 Markt 80 +31 15-2123025 2~10月週一至週六10:00~17:00；11~1月週一至週五11:00~16:00，週六10:00~17:00。鐘樓比教堂早1小時關閉。 休週日 舊教堂與新教堂聯票成人€8，學生€6.5，6~11歲€4；鐘樓成人€5.5，學生€4.5，6~11歲€3.5。5歲以下不可進入鐘塔。 oudeennieuwekerkdelft.nl

數百年來，荷蘭王室成員去世後埋葬在新教堂已成慣例，墓室雖不對外開放，但遊客可從牆上電視觀看王室葬禮過程。

**威廉王子大理石雕像**

威廉遇刺後，遺體埋葬在新教堂，由雕刻大師韓德烈克（Hendrick de Keyser）及其子彼得合力完成，石棺四角站立4座雕像，分別為手持寫有「自由無價」的自由女神、手持天秤的正義女神，以及代表信仰和堅毅的女神。躺著的威廉王子以白色大理石雕刻而成，樣貌栩栩如生，連衣領皺摺都細緻可辨；王子腳下是他的愛犬，既傷心又平和的表情讓人動容。

### DO YOU KNOW

**台灣曾是荷蘭獨立戰爭中的一環呢！**

奧蘭治王子威廉一世在1581年發表荷蘭獨立宣言，率領尼德蘭欲脱離西班牙帝國統治。當時西班牙從美洲殖民地開採白銀運往亞洲，再向明朝購入瓷器與絲綢賣往歐洲，形成一條海上絲路。威廉想從亞洲截斷這條路以削弱西班牙，在進攻澳門和澎湖失利後，於1624年佔領台灣南部，西班牙聞訊從台灣北部上岸，雙方在此打了起來，1642年荷蘭趕走西班牙，所以台灣實質上也參與了荷蘭的獨立戰爭！

**熱鬧滾滾的台夫特主題市集！**

在Market Square周圍有各種主題的市集可遊逛，每週四和週六08:30~17:00從市政廳與新教堂之間的廣場，往南延伸到Brabantse Turfmarkt和Burgwal，有販售生鮮蔬果的農夫市集、花卉市集、清潔用品市集。4~9月每週六09:00~16:00在老教堂Oude Kerk 附近及運河沿岸設有古董市集，以古玩、陶瓷、珠寶、舊書為主，不妨前來尋寶！

### 2 皇家台夫特陶瓷工廠 Royal Delft / de Koninklijke Porceleyne Fles

台夫特在17世紀曾有30多家製陶業者，19世紀許多製陶工廠紛紛倒閉，至今僅存一家名為「瓷瓶」（De Proceleyne Fles）的工廠，創立於1653年，憑其百年傳承技術在1919年獲得「荷蘭皇家」封號，成為皇家陶瓷工廠。台夫特藍瓷採用手繪上色與畫圖，除了繁複花紋，以當地風景人物、農村生活為主題者也不少，可在工廠的博物館欣賞各式作品展出。

P.139B2 搭乘40號公車至TU Aula站下車，走Mekelweg，左轉Jaffalaan，再左轉Rotterdamseweg即達。 Rotterdamseweg 196 +31 15-7608000 09:30~17:00 成人€15，13~18歲€9，7~12歲€7，6歲以下免費。另有Painting Workshops可體驗親手繪製藍瓷，詳見官網。 www.royaldelft.com

在工廠內可參觀畫師手繪製作藍瓷的過程

## 3 王子博物館 Museum het Prinsenhof

王子博物館在15世紀曾是聖亞加大修女院(St. Agatha Convent),其牆壁、木梯、樓板至今仍保持當時結構,館內展出17世紀的繪畫、銀器、傢俱、手工藝與藍瓷。1584年奧蘭治王子威廉一世來到台夫特就住在這間屋子,也是他被刺客暗殺殞命的地方。

P.139A1 搭乘Tram 1、19或公車53、901號至Peinsenhof站,下車即達。 Sint Agathaplein 1 +31 15-2602358 11:00~17:00 休週一 成人€13.5,4~18歲€4 www.prinsenhof-delft.nl

當年要了王子性命的子彈在牆上所留下的彈孔,今日成了遊客最感興趣的「展覽品」,由於太多遊客忍不住伸手摸,小小彈孔被越挖越大,館方只好用透明壓克力板加以覆蓋保護。

## 4 舊教堂 Oude Kerk Delft

維梅爾出生於台夫特,終其一生都在此度過,在43歲的生命裡僅留下35幅作品,幅幅令人驚歎。可惜沒有一幅留在台夫特,就連他曾住過的三個家都因改建而不復蹤跡,唯有在舊教堂的大理石地板上,還能清楚見到刻有其名的墓碑。

P.139A1 從王子紀念館往東走,過了運河即達。 Heilige Geestkerkhof 25 +31 15-2123015 2~10月週一至週六10:00~17:00;11~1月週一至週五11:00~16:00,週六10:00~17:00。 休週日 舊教堂與新教堂聯票成人€8,學生€6.5,6~11歲€4。 oudeennieuwekerkdelft.nl

教堂在維梅爾墓上放置了鮮花,並陳列一幅維梅爾畫作賞析。

教堂中懸空的祭壇是荷蘭最美的兩座祭壇之一,細緻的木雕僥倖躲過1536年大火和後人破壞,值得細看。

### DO YOU KNOW

**原來荷蘭的代表色橘色是這樣來的!**

無論是世界盃足球賽上荷蘭的隊服,或各種荷蘭紀念品,橘色=荷蘭的印象總是十分強烈,然而為什麼是橘色?原來是因為被稱為荷蘭國父的奧蘭治王子威廉一世(William I, Prince of Orange)及其後代皇室家族的姓氏Oranje(Orange)就是荷蘭文橘色的意思,從此橘色便成為獨立後的國家代表色。每年4月27日國王節,大家會穿著橘色服裝或配件以表達崇敬。

### 台夫特藍瓷從仿製走出自己的路

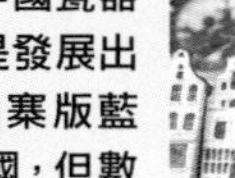

明末清初時期,歐洲對中國瓷器的需求益增,台夫特於是發展出仿製中國青花瓷器的山寨版藍瓷,雖然技術承襲自中國,但數百年來在原料和圖案上已擁有自己的創新特色,台夫特藍瓷因此成為代表荷蘭的象徵之一。購買時可注意藍瓷背面的標誌,除了皇家陶瓷工廠的Logo,左下方標的是藝術家名字,右下方是年份代號,例如2004年是DY,2005年是DZ,最下方則是圖樣代號。

### 維梅爾粉絲必逛博物館 Vermeer Centrum Delft

喜愛維梅爾的粉絲來到台夫特千萬別錯過市集廣場旁的Vermeer Centrum Delft,雖然館中並無收藏維梅爾真跡,但將他所有繪畫作品以全尺寸複製畫的方式展出,也標示每幅作品真跡存放的地點,並詳細解說維梅爾的生平故事、在顏色與光線處理的繪畫技法,是認識大師的好地方。

www.vermeerdelft.nl

# 30分鐘直達政治中心，住一晚體驗國會之旅吧！

1248年威廉二世選擇在此興建城堡，歷經多次改朝換代，海牙始終擔任統治核心的角色。

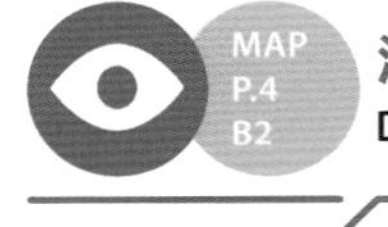


## 海牙 Den Haag

如何前往

### ◎火車

大海牙地區共有6個火車站，位於市中心的是中央車站（Den Haag Centraal）與海牙HS車站（Den Haag HS），在查詢班次或購買車票時請注意確切站名。國際線火車大多停靠HS車站，從HS車站到中央車站可搭乘電車9、16、17號。從鹿特丹出發的直達車，車程約30分鐘。

**中央車站Den Haag Centraal**

P.142A3

**海牙HS車站Den Haag Hollond Spoor**

P.142A3

### ◎地鐵或路面電車

從鹿特丹中央車站可搭乘地鐵E線至海牙中央車站，1小時有4班車，車程約33分鐘。從台夫特可搭乘Tram 1到海牙HS車站、海牙中央車站及席凡尼根海灘。

**暢遊海牙的5種方法**

**1.步行：海牙市中心的範圍不大，用步行的方式即可走遍。**

**2.路面電車&公車：海牙的大眾運輸系統由HTM營運，包括路面電車（Tram）和公車（Bus），共有20多條路線，均可使用OV-chipkaart，或直接購買單次票及一日票券，使用區域包含海牙市區、席凡尼根、台夫特等。下車前需按紅色鈕以提醒司機停車，電車到站時，車門並不會自動開啟，必須按下車門上的開門鈕來開門。OV-chipkaart購買使用方式見P.11。**

2小時票（HTM 2-Uurskaart）€4.5，2小時內無限轉乘，可上車購票或於電車自動售票機購票。一日票（HTM Dagkaart）€8，於24小時內無限搭乘，可在車站或HTM票務中心購買。遊客一日卡（Tourist Day Ticket）€15.5，使用範圍涵蓋台夫特、鹿特丹、小孩堤防、庫肯霍夫鬱金香花園。

週一至週六約6:00~00:00，週日約07:00~23:00

www.htm.nl、遊客一日卡：touristdayticket.com

**3.單車：**

**Binkbikes Atelier**

Herengracht 56A

+31 70-4062201

週二至週六11:00~19:00（週日12:00起），週一公休。

binkbikes.com

**Haagsche Stadsfiets**

Keizerstraat 27-29（席凡尼根） +31 70-3554060

10:00~18:00

www.haagschestadsfiets.nl

在海牙市中心Bierkade設有分店，可在市區租車，在席凡尼根還車。

**4.計程車：在火車站及熱門景點附近通常可找到計程車招呼站，非尖峰時段或路況許可時也可在路邊招車。每輛計程車收費不一，起錶價€7.5起，2公里後每公里跳錶€2.2起，車資表張貼於車窗外。**

**5.運河遊船：**

**The Ooievaart canal tour**

**海牙的運河約莫開鑿於1612年，Ooievaart公司提供數條運河遊船行程，其中的Inner City Cruise穿梭於城裡的小橋與隧道間，途經王室花園和史汀、哥亞等畫家故居，全程1.5小時。**

P.142A3

上船地點在Bierkade 18b碼頭，位於路面電車Bierkade (Oost)站附近。

+31 70-4451869

4~10月週三至週日15:00（6~9月每天15:00）

www.ooievaart.nl

**Willemsvaart**

P.142A3

上船地點依乘坐月份而不同

+31 06-19853280

1~11月每日10:00、11:00、12:00，出發時段會依月份而不同。

www.willemsvaart.nl

旅遊諮詢

**◎市中心遊客中心VVV**

**P.142A3**

**Kon. Julianaplein 10（位於中央車站）**

**+31 70-3618860**

**週一至週五10:00~18:00，週六10:00~17:00，週日10:00~15:00。**

**denhaag.com/en**

海牙雖不是荷蘭首都，但政治中心卻集中在這裡，包括國會兩院、王室家族居所、總理辦公室、政府各部門，甚至直屬於聯合國的國際法庭都設立在此。1230年，荷蘭伯爵佛羅里斯四世（Floris IV）在林子的魚塘旁建了一間獵宮，此區因而被稱為「Des Graven Hage」，意思是「伯爵家的樹籬」，這是海牙城市的緣起。

## Highlights：在海牙，你可以去～

### 莫里斯宮皇家美術館 Mauritshuis

館藏約300多幅，以15到18世紀的荷蘭和法蘭德斯藝術為主，最大亮點便是17世紀「黃金時期」的畫作，包括林布蘭（Rembrandt van Rijn）、維梅爾（Johannes Vermeer）、史汀（Jan Steen）、哈爾斯（Frans Hals）、哥亞（Jan van Goyen）、阿爾斯特（Willem van Aelst）等人，以及以魯本斯（Peter Paul Rubens）為首的法蘭德斯畫派大師，都有作品收藏於此。

P.142A3　搭乘Tram 16、17至Korte Voorhout站，沿大路西行，至湖邊左轉Korte Vijverberg即達。　Plein 29　+31 70-3023456　10:00~18:00（週一13:00起）　成人€19，18歲以下免費。憑門票可免費參觀威廉五世王子畫廊。　www.mauritshuis.nl

美術館原是巴西總督約翰·莫里斯伯爵（Johan Maurits）的居所，伯爵死後幾經易手被荷蘭政府買下，用以收藏王室油畫及藝術品，1822年開放大眾參觀。

《戴珍珠耳環的女孩》Girl with a pearl earring，維梅爾, 1665年

這是美術館的鎮館之寶。畫中的少女回頭凝望著觀者，讓觀者產生一種就是自己讓少女回眸的錯覺。維梅爾擅長光線與色彩的運用，少女珍珠耳環的細緻反光、嘴角神來一筆的光線表現飽滿潤澤，讓畫面呈現出彷彿可以觸摸的實質感。

17世紀的荷蘭流行「Tronie」畫法，與肖像畫有異曲同工之妙，但通常背景為深色，著重表現人物情緒，這幅畫正是此類作品中的翹楚。

《杜普醫師的解剖課》The anatomy lesson of Dr Nicolaes Tulp，林布蘭, 1632年

這是林布蘭人生中首件大型委託，委託人是阿姆斯特丹外科醫師公會。杜普醫師是當時外科醫師公會的總醫師，圍繞在他身旁的不是醫學界學生，而是政府官員。有的為了看清解剖示範而將身體前傾，有的轉向一旁對照解剖書，有的望向觀者，構圖生動。

林布蘭打破一般群像畫排排站的法則，讓畫中人物各自有角色，而「林布蘭光線」更使畫面充滿戲劇性。

《人之所聞如人之所歌》The way you hear it, is the way you sing it，史汀, 1665年

這幅畫以荷蘭諺語「As the old sang, so the young pipe」為出發點，意為「上樑不正下樑歪」，和阿姆斯特丹國家博物館內的畫作《快樂的家庭》有異曲同工之妙。畫中的大人向孩童示範抽煙喝酒的壞榜樣，左邊的婦女高舉酒杯讓人倒酒的動作構成整幅圖的視覺焦點。

史汀常將自己或家人畫到作品內，畫中右邊的男孩和女孩是他的兒女，其中一位女人是他的前妻。

從畫中可欣賞維梅爾的透視法和顏色光線運用的精湛繪畫技巧。

《台夫特之景》View of Delft，維梅爾, 1660-1661年

描繪剛下過雨的清晨，從城南隔著運河向北望去：厚重烏雲使河邊建築蒙上一層陰影，下方透光的雲層如同舞台開展的布幕，讓視覺焦點沿著橋從城門進入城內。畫中大量使用以青金石為原料調製的群青色，表現雨後城市帶點濕氣的清新。

《笑臉男孩》Laughing boy，哈爾斯, 1625年

這名男孩洋溢的笑容既天真無邪又帶點淘氣，毫不羞澀露出微黃的牙齒，紅潤臉頰、蓬亂頭髮都讓他顯得更加生動。哈爾斯刻意使用較粗糙的筆法，尤其頭髮和衣領的筆觸更是明顯，這種畫法稱作「Tronie」。

Tronie不在於描繪精確的肖像，而是要傳達畫中人物的性格與內心情感。

## 2 布里帝烏斯博物館 Museum Bredius

布里帝烏斯(Abraham Bredius, 1855-1946)是一位藝術收藏家及傑出的研究學者，曾擔任莫里斯宮皇家美術館的館長長達20年之久。在他的私人收藏品中，包含200多幅荷蘭黃金時代的畫作，雖然其中不乏林布蘭、史汀等絕代巨匠，但布里帝烏斯更偏愛17世紀後半葉的畫家傑作，如Albert Cuyp、Joos de Momper、Jasper Geerards、Jacob van Hulsdonck、Melchior d' Hondecoeter、Aert van der Neer的作品。布里帝烏斯去世後，家人依其遺囑將畢生收藏捐贈給海牙政府，成就了這個博物館。

P.142A3　搭乘Tram16、17至Buitenhof站，沿湖岸東行即達　Lange Vijverberg 14　+31 70-3620729　11:00~17:00　休 週一　成人€8，18歲以下免費。　www.museumbredius.nl

每年9月第3個週二的親王日(Prinsjesdag)，荷蘭女王搭乘黃金馬車，在衛隊遊行下抵達內庭的騎士廳發表演說，是荷蘭政府一年一度的大事。

騎士廳屋頂的木結構運用當時造船技巧，將龍骨倒放形成拱頂，不施一根鐵釘，僅用木榫接合。

## 3 內庭與騎士廳 Binnenhof & Ridderzaal

荷蘭的國會大廈、總理辦公室、政府部門都位於內庭，內閣首長每週在此開會，騎士廳則是內庭中的主角。話說威廉二世被推舉為神聖羅馬帝國的皇帝時，打算在獵宮附近蓋一座城堡來舉行加冕典禮，但在加冕前不幸死於戰役中，工程因而停擺，已完成的部份被其繼承人佛羅里斯五世當作宴會廳，也就是後來的騎士廳。

P.142A3　搭乘Tram 1、16至Centrum站即達。　ProDemos遊客中心：Hofweg 1，騎士廳：Binnenhof 1A。　+31 70-7570200　週一至週五09:00~17:00　休 週六和週日　內庭和騎士廳導覽行程：€5。眾議院導覽：€6。參議院導覽：€6。請至遊客中心報名或上官網訂購。　prodemos.nl/bezoekerscentrum　內庭內部2021~2026年翻修，僅能從外觀導覽解說。

### 事先報名導覽團才能參觀騎士廳&和平宮

**1. 騎士廳導覽團：**遊客必須事先到ProDemos遊客中心報名或上網預約，現場提供英文語音導覽及中文紙本説明。導覽團以一部荷蘭政體發展的影片開場，再進入華麗大廳。樑柱上雕刻著許多奇怪頭像，過去在此開庭審判時具有嚇阻説謊的作用。國王寶座位於大廳中央，寶座上方的字母B是當今碧翠絲女王的名字縮寫，而寫在壁爐煙囪上的則是1848年頒布的憲法條文，也是確定荷蘭君主立憲體制的依據。

**2.和平宮導覽團：**必須事先於官網或至遊客中心預約，記得攜帶護照。行程將沿途解説國際法庭的歷史與運作模式，並參觀大小法庭等內部房間。提醒你，內部不允許攝影。

Highlights：在海牙，你可以去～



## 4 和平宮 Vredespaleis

和平宮的建築主體為仿哥德式風格，由法國建築師柯多尼耶（Louis Marie Cordonnier）於1913年興建。聯合國國際法庭（International Court of Justice）、國際仲裁法院（Permanent Court of Arbitration）和海牙國際法學院（Hague Academy of International Law）皆設於這棟建築裡，許多國際仲裁案件都在此審理與裁決。

P.142.A2 搭乘Tram 1或24號公車至Vredespaleis站，下車即達。 Carnegieplein 2 +31 70-3024242 遊客中心：週三至週日11:00~16:00。導覽團：導覽時段依月份不同而時有變動，約需50分鐘。 休週一和週二 成人€11，10歲以下免費。 www.vredespaleis.nl

## DO YOU KNOW

### 來去國際刑事法庭旁聽開庭吧！

根據2002年《國際刑事法院羅馬規約》而成立的國際刑事法庭(International Criminal Court，簡稱ICC)也設立於海牙，但並不在和平宮內，旨在對犯有滅絕種族罪、危害人類罪、戰爭罪、侵略罪的個人進行起訴和審判。想參觀不需要參加導覽團，只要在旋轉門入口處按鈕通知警衛人員即可進入，繳交護照登錄後就能在裡面觀賞，提醒你，內部禁止拍照喔！如果想旁聽開庭也沒問題，將全身物品寄放到指定地點(只能帶紙筆)就可進場。而在大廳也能看展覽及法庭的實況轉播，還可免費拍紀念照email給自己。

除了罪犯被關押於此，也有遭人陷害的政治人物，比如被誣指叛君並慘遭殺害的荷蘭名臣德維特兄弟（Johan and Cornelis de Witt）。

## 5 獄門博物館與威廉五世王子藝廊 Museum de Gevangenpoort & Galerij Prins Willem V

在過去7個世紀裡，這裡曾是牢獄，如今整修後對外開放，從擁擠牢房、森冷的問訊室、陳列各式刑具的儲藏室到刑求室，荷蘭黃金時代的陰暗面公諸於世。和獄門相鄰的藝廊，展示1774年威廉五世王子的個人收藏，上百件珍品包含黃金時代大師畫作，以及法蘭德斯畫派與文藝復興時期名作。

P.142.A3 搭乘Tram 16、17至Buitenhof站，沿Buitenhof南行即達。 Buitenhof 33

**獄門博物館**

+31 70-3460861 週二至週五10:00~17:00，週六和週日12:00~17:00。荷蘭語導覽每天14:00，英文導覽每週三和週六15:00。 休週一 成人€15，4~17歲€7.5，4歲以下免費。參加導覽每人€5。建議提前上官網買票。 www.gevangenpoort.nl

**威廉五世王子藝廊**

+31 70-3023435 12:00~17:00 休週一 成人€5，18歲以下免費。 www.galerijprinswillemv.nl

## 席凡尼根海灘 Scheveningen

席凡尼根沙灘長達數公里，是荷蘭人攜家帶眷和溜狗散步的最佳去處。自19世紀末起，人們湧入這裡享受健康水療設施，當時的健康中心Kurhaus如今改為豪華大飯店，宮廷式建築外觀成為席凡尼根的地標。

P.142.B1　搭乘開往Scheveningen的Tram 1、9或21、22、23號公車，下車即達。　www.scheveningen.nl

**席凡尼根海洋世界**

Strandweg 13　+31 70-3542100　10:00~17:00　成人€19起，3~11歲€15.5起，票價依不同月份會有變動。官網購票可享優惠。　www.sealife.nl

**席凡尼根博物館**

Neptunusstraat 90-92　+31 70-3500830　11:00~17:00　休 週一和週二　成人€9.5，12~18歲€4.75，12歲以下免費。　www.muzeescheveningen.nl

席凡尼根博物館是展示本地漁村和濱海度假區的史蹟館，也定期舉辦音樂藝術活動，並邀你來聆聽漁民的海上冒險故事。

海灘旁的席凡尼根大道上都是海鮮餐廳、購物中心、商店等。孩子們最愛的海洋世界（Sea Life）也座落在此。

## 海洋雕塑博物館 Beelden aan Zee

成立於1994年，擁有近1000座雕塑，創作者來自世界各地，也有波特羅（Fernando Botero）、查德金（Ossip Zadkine）、曼茲（Giacomo Manzú）等名家作品。收藏品以「人」為主題，各種人像有寫實有抽象，素材豐富多樣。

P.142.B1　搭乘Tram 1至Schev.slag/Beelden aan Zee站，或搭Tram 9至Kurhaus站，沿Gevers Deynootweg西行，右轉Harteveltstraat即達。　Harteveltstraat 1　+31 70-3585857　週二至週日10:00~17:00，週一公休。　成人€17.5，13~18歲€8.75，13歲以下免費。　www.beeldenaanzee.nl

# 山城風光遊不盡，探訪2天玩出深度！

1992年歐洲共同體的會員國齊聚在此舉行會議，並簽訂《馬斯垣克條約》，歐盟與歐元體系就此誕生。

推薦3
距離鹿特丹
約200公里
車程
約2小時20分鐘

MAP P.4 C2

## 馬斯垂克 Maastricht

如何前往

◎飛機

台灣沒有直飛馬斯垂克，若從歐洲其他城市起飛，會在馬斯垂克東北10公里處Maastricht Aachen Airport降落。在機場航站外搭乘30號公車可直達馬斯垂克火車站，每小時2~3班車，車程約30分鐘。若搭乘Ryaniar或Volareweb航空，則有接駁專車前往市區。

**Maastricht Aachen Airport**

www.maa.nl

◎火車

馬斯垂克有Maastricht與Maastricht Randwyck兩個火車站，前者位於市中心，查詢班次或購買車票時請注意確切站名。從鹿特丹出發需在恩哈芬(Eindhoven)轉車，車程約2小時17分鐘；從阿姆斯特丹到馬斯垂克車程約2小時27分鐘。

**Maastricht車站**

P.149C1

旅遊諮詢

◎舊城區遊客中心VVV

P.149B1

Kleine Staat 1(位於Dinghuis中)

+31 43-3252121

週二至週六10:00~15:00，週日11:00~15:00。週一公休。

www.visitmaastricht.com

在馬斯垂克幾乎看不到典型的荷蘭特徵，這座城市於17、18世紀曾多次被法國佔領，好不容易重回荷蘭懷抱又遇上比利時獨立運動，直到1839年的《倫敦條約》才確定馬斯垂克隸屬荷蘭的身份，從此像荷蘭多長出來的尾巴，硬是插在比利時與德國之間。其羅馬浴池遺跡、中世紀城牆、歐洲山城街道，都讓人遇見荷蘭的另種風情。

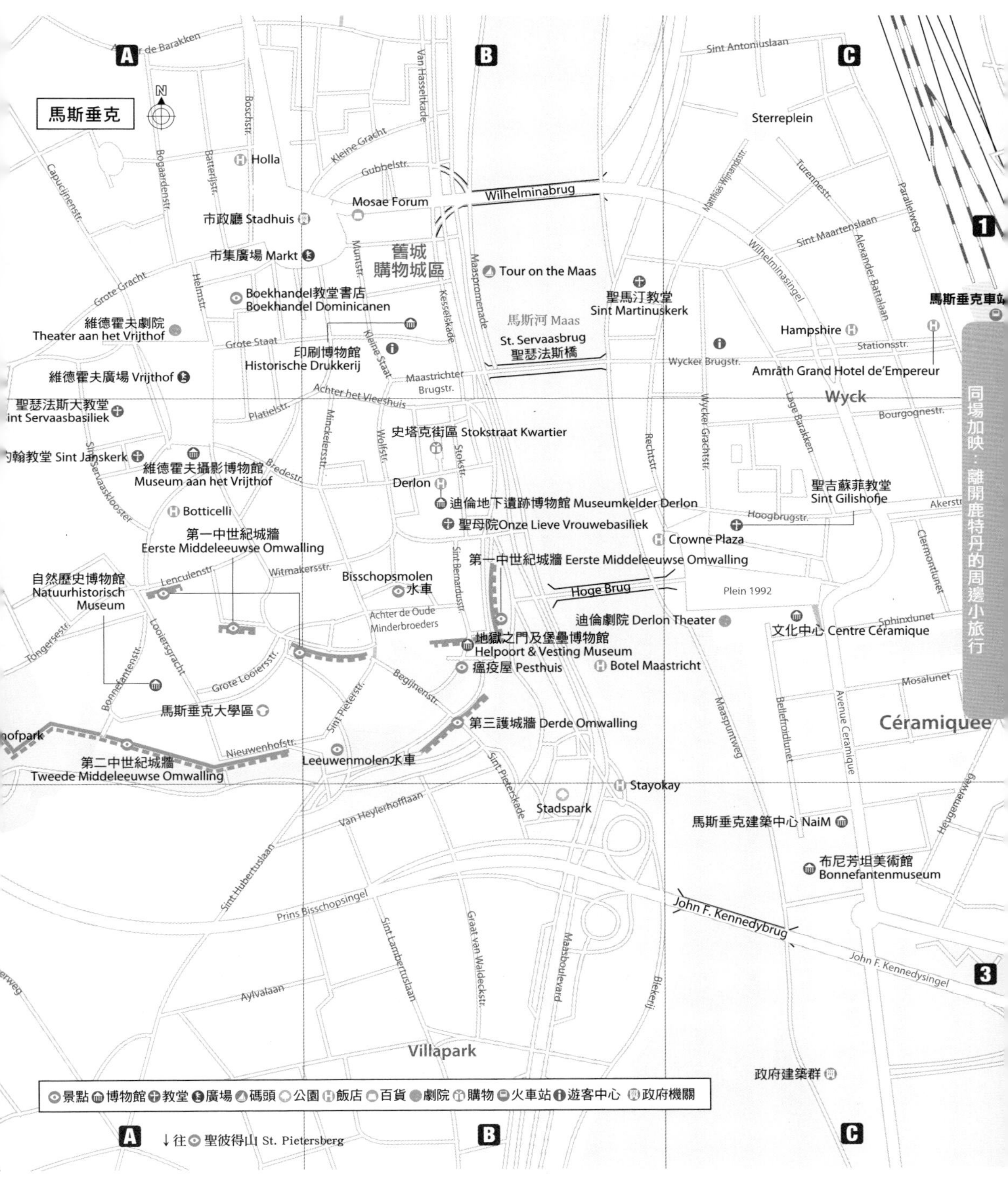
馬斯垂克
Holla
市政廳 Stadhuis
Mosae Forum
Wilhelminabrug
市集廣場 Markt
舊城購物城區
Tour on the Maas
聖馬汀教堂 Sint Martinuskerk
Boekhandel教堂書店 Boekhandel Dominicanen
維德霍夫劇院 Theater aan het Vrijthof
印刷博物館 Historische Drukkerij
馬斯河 Maas
St. Servaasbrug 聖瑟法斯橋
Hampshire
馬斯垂克車站
Amrâth Grand Hotel de'Empereur
維德霍夫廣場 Vrijthof
Wyck
聖瑟法斯大教堂 Sint Servaasbasiliek
史塔克街區 Stokstraat Kwartier
約翰教堂 Sint Janskerk
維德霍夫攝影博物館 Museum aan het Vrijthof
Derlon
迪倫地下遺跡博物館 Museumkelder Derlon
聖吉蘇菲教堂 Sint Gilishofje
Botticelli
聖母院Onze Lieve Vrouwebasiliek
Crowne Plaza
第一中世紀城牆 Eerste Middeleeuwse Omwalling
自然歷史博物館 Natuurhistorisch Museum
Bisschopsmolen 水車
Hoge Brug
Plein 1992
迪倫劇院 Derlon Theater
文化中心 Centre Céramique
地獄之門及堡壘博物館 Helpoort & Vesting Museum
瘟疫屋 Pesthuis
Botel Maastricht
馬斯垂克大學區
第三護城牆 Derde Omwalling
Céramiquee
第二中世紀城牆 Tweede Middeleeuwse Omwalling
Leeuwenmolen水車
Stayokay
Stadspark
馬斯垂克建築中心 NaiM
布尼芳坦美術館 Bonnefantenmuseum
John F. Kennedybrug
Villapark
政府建築群
景點 博物館 教堂 廣場 碼頭 公園 飯店 百貨 劇院 購物 火車站 遊客中心 政府機關
↓往 聖彼得山 St. Pietersberg
A
B
C
1
3

### 暢遊馬斯垂克的6種方法

1.步行：馬斯垂克市區範圍不大，步行是最理想的遊城方式。

2.公車：1、2、3、4、5、7、9號公車皆行駛於市區主要幹道。

3.單車：

**Swapfiets Maastricht**

Spoorweglaan 18 +31 88-9911600 10:00~18:30 週日 swapfiets.nl

4.計程車：在火車站前、市集廣場與維德霍夫廣場有計程車招呼站，每輛計程車收費不一，起錶價為€7.5起，2公里後每公里跳錶€2.2起，車資表張貼於車窗外。

**Taxi Frenske**

+31 43-3636362 www.taxi-frenske.nl

5.遊船：馬斯河遊船由Rederij Stiphout公司經營，路線行經聖瑟法斯橋、布尼芳坦美術館、聖彼得山，航至比利時邊界後折回，全程50分鐘。另提供多種主題遊船路線和市區觀光。

從Maaspromenade 58的碼頭出發 +31 43-3515300 4~8月11:00~16:00，3、9、10月12:00~16:00，其餘月份週六和週日12:00~15:00。每小時整點發船。 成人€13，4~12歲€7.5。 www.stiphout.nl

6.觀光小火車：搭乘透明車廂的環保太陽能火車遊賞舊城區，提供多種語言語音導覽。

從Kesselskade出發(介於Mosae Forum和聖瑟法斯橋之間) +31 6-25174732 12:00~15:00，每小時整點發車。 成人€7.5，5~12歲€5，5歲以下免費。可線上訂購或現場買票。 www.zonnetreinmaastricht.com

## Highlights：在馬斯垂克，你可以去～

### 1 聖瑟法斯大教堂 Sint Servaasbasiliek

聖瑟法斯是荷蘭第一位大主教與馬斯垂克的主保聖人，聖瑟法斯教堂就蓋在主教的墳墓上，歷經千年擴建，形成宏偉的十字型巴西利卡式主教堂。觀賞教堂有兩處地方絕不能錯過：一是教堂西翼的皇家大門，另一個是教堂內的珍寶室。

P.149A2 搭乘4號公車至Vrijthof站，下車即達。 Keizer Karelplein 6 +31 43-3212082 10:00~17:00（週日12:30起） 珍寶室成人€5，65歲以上€3，18歲以下免費。 www.sintservaas.nl

皇家大門上雕有一尊尊舊約與新約聖經的人物，地面刻有複雜的迷宮路線，象徵只有在聖瑟法斯帶領下，人們才能進入天國。

10世紀的黃金十字架、鑰匙、寶物箱、以寶石打造的宗教器物等珍寶室收藏，顯現低地國當時的財富與對天主教的虔誠。

盡覽馬斯垂克山城風情的最佳地點就在教堂的高塔上。

## 2 聖約翰教堂 Sint Janskerk

這座哥德式教堂約建於13世紀，在1633年變成新教徒的教堂，至今仍保留15世紀初的壁畫與雕像以及名人政要的華美墓碑。70公尺高的鐘樓擁有紅色外觀，傳說從前是用牛血漆成，如今則改用合成塗料著色。

P.149A2 搭乘4號公車至Vrijthof站，下車即達。 Vrijthof 24 復活節至秋末的11:00~16:00 週日 教堂免費，登高塔成人€2.5，12歲以下€1.5。 www.stjanskerkmaastricht.nl

## 3 維德霍夫廣場 Vrijthof

聖瑟法斯與聖約翰兩座教堂圍繞在廣場旁，象徵馬斯垂克的宗教精神。廣場是主要購物街道的共同終點，各式服飾店、生活用品店、餐廳和百貨公司聚集在此。南側的維德霍夫博物館（Museum aan het Vrijthof）在1520年後，成為神聖羅馬帝國皇帝查理五世與他兒子腓力二世的居所，因此又稱為西班牙政府博物館（Spaans Gouvernement），屬於文藝復興風格建築，館內曾保存17、18世紀傢俱擺飾、銀器、陶瓷、玻璃等藝術品。2019年起，Museum aan het Vrijthof已轉為私人的攝影博物館，展出來自世界各地的攝影創作，舉辦攝影藝術家講座。

P.149A1 搭乘4號公車至Vrijthof站，下車即達。

**維德霍夫攝影博物館**

Vrijthof 18 +31 43-3211327 週二至週日10:00~17:00 週一 成人€12.5，8~18歲€6.5，7歲以下免費。特展期間票價會調整。 wfotomuseumaanhetvrijthof.nl

博物館屬於文藝復興風格建築，館內保存17、18世紀傢俱擺飾、銀器、陶瓷、玻璃等藝術品。

聖母院在18、19世紀曾短暫淪為軍營及鐵匠鋪，許多聖物寶器就此遺失，如今珍寶室展出的多半是近代聖器。

教堂主體的巴西利卡式建築完成於12世紀，正立面旁的小禮拜堂供奉一尊海之星聖母雕像（Star of the Sea）。最初象徵著聖母有如海面的星星為世人指引方向，後來成為海員的守護神。

## 4 聖母院Onze Lieve Vrouwebasiliek

聖母院的正立面異常高聳，雙塔直沖雲霄，其缺少窗戶與裝飾的牆面強而有力，宛若堅固要塞，反應當時與黑暗對抗的宗教氛圍。正立面約建於西元1000年，石材來自傾塌的羅馬城牆，這種融入北方Westwork結構的羅馬式風格，在11世紀的歐洲盛行一時，如今尚存者已寥寥無幾。

P.149B2 位於馬斯河西岸，朝高塔步行前進即可抵達。 Onze Lieve Vrouweplein 7 +31 43-3213854 週一至週六08:30~17:00，週日11:00~17:00。萬聖節至復活節僅週日開放。 www.sterre-der-zee.nl

Highlights：在馬斯垂克，你可以去～

## 5 市集廣場Markt

市集廣場每天早上都擠滿鮮花、蔬果、肉販、魚市、書報、小吃等攤販，充滿當地生活色彩，可品嚐荷蘭街頭小吃。廣場旁的市政廳（Stadhuis）建於1659至1664年，中央的鐘塔則是1684年加蓋的，上面有座由49個小鐘組成的樂鐘，每週六會定時演奏。

P.149B1 搭乘4、7號公車至Markt站或1、2、3、5、6、9號公車至Boschstraat/Markt站，下車步行可達。 市政廳週一至週五09:0~12:30、14:00~17:00。

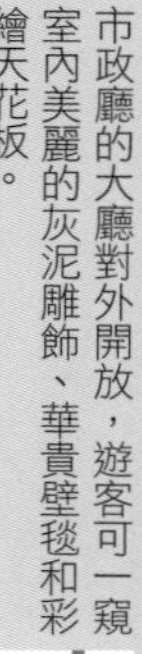
市政廳的大廳對外開放，遊客可一窺室內美麗的灰泥雕飾、華貴壁毯和彩繪天花板。

### DO YOU KNOW

#### 手持火焰的雕像是位科學家

在市政廳附近有一尊手持火炬的銅像，他是出生於馬斯垂克的自然科學家明克勒斯（Jean-Pierre Minckelers），曾於18世紀發明了煤氣燈，因此雕像的創作者在他手上放置一盞「永不熄滅的火焰」。

#### 亞洲背包客最愛的超市在這裡！

馬斯垂克舊城最熱鬧的購物區，集中於市集廣場、維德霍夫廣場與史塔克街區（Stokstraat Kwartier）一帶，尤其史塔克街與大街（Grote Straat）充滿精品店、餐廳、百貨公司、紀念品店及旅館。位於市集廣場東邊的Mosae Forum是當地最大購物中心，地下樓有超市和美食街，其中一家中國超市「東方行」是亞洲背包客的最愛。

www.mosaeforum.nl

## 6 聖瑟法斯橋和霍格橋 St. Servaasbrug & Hoeg Brögk

橫跨馬斯河的聖瑟法斯橋從13世紀初即屹立於此，連接火車站的Wyck區與舊城區，供行人與車輛通過，雄偉橋身至今仍英姿煥發。2003年河上增添一座僅供行人與單車族通行的霍格橋，橋面設有便利的升降梯，與古樸的聖瑟法斯橋形成對比。

P.149B1 出火車站後，沿大路西行即達。

## 7 Boekhandel教堂書店 Boekhandel Dominicanen

1794年之前，這裡是多明尼會的教堂，建築年代可上溯至14世紀；在法國大革命時期，教堂遭法軍佔領，先後成為軍營、倉庫、工廠、檔案館等用途。2004年當地政府讓此廢棄空間再利用，找來知名M+G設計事務所操刀，將內部改裝為美麗書店。

P.149A1 搭乘7號公車至Helmstraat站，往南走，左轉Dominicanerplein即達；或搭4號公車至Vrijthof站，往北走，右轉Dominicanerplein即達。 Dominikanerkerkstraat 1 +31 43-4100010 週一至週六09:00~18:00（週四至21:00），週日12:00~18:00。 www.libris.nl/dominicanen

壯觀的列柱斗拱、華麗的溼壁畫與雕刻壁飾仍清晰可見，在本堂中央豎起一座3層樓的黑色巨大書架，在這裡看書有被靈光籠罩的感覺。

主祭壇規畫成咖啡座Coffeelovers，被評選為「世界上最美麗書店」。

### DO YOU KnoW

**書店關門後也是拍照好時機！**

教堂書店的大門被設計成宛若一本書，開門時書本就像被翻開般，但在關門後就成為一本闔上的書，這道書本造型大門也是書店的亮點所在，無時無刻都充滿前往與大門合照的觀光客，即使書店尚未開門營業或已打烊也無需太失望，闔上的大門一樣很有看頭喔！

考古收藏包括9至15世紀的雪花石膏、木製品、里摩陶瓷等，以及當地雕刻大師Elsloo和Jan van Steffeswert木刻作品。

當代藝術以近代國際藝術家為主，以極簡抽象藝術派為主軸，展出大膽富創意的作品。

## 8 布尼芳坦美術館 Bonnefantenmuseum

美術館由義大利建築師羅西（Aldo Rossi）設計，巧妙利用室外自然光營造獨特氣氛。走進館內立刻被長35公尺的木頭階梯所吸引，拾級上樓可進入不同展覽室參觀。館藏分為考古學收藏品、中世紀到18世紀藝術收藏，以及當代藝術創作三大類。

P.149C3 搭乘1、5、57號公車至Bonnefantenmuseum站，下車即達。 Avenue Céramique 250 +31 43-3290190 11:00~17:00 休週一 成人€17.5，學生€8.75，18歲以下免費。 www.bonnefanten.nl

**Highlights：在馬斯垂克，你可以去～**

## 9 地獄之門及堡壘博物館 Helpoort & Vesting Museum

地獄之門屬於舊城牆的一部分，是全城保留至今唯一的城門，也是荷蘭僅存中世紀石拱城門，在16世紀前守護著本城安危。城門上的塔樓是間小型堡壘博物館，陳列著舊城牆文物遺跡與歷史，館內有義工提供服務。

P.149B2 沿馬斯河西岸南行，至高橋橋頭的中世紀城牆即達。 St. Bernardusstraat 24b +31 43-3212586 復活節至10月11:00~16:00 休週一 成人€3，12歲以下免費。 www.maastrichtvestingstad.nl/en

地獄之門的名字緣於黑死病流行時期，當時病患都經此門被送往城外的瘟疫屋(Pesthuis)等死，被視為通往地獄的象徵。

從地獄之門旁的階梯爬上城牆，可望見草地與大砲台，附近是美麗的噴水池公園。

## 10 馬斯河遊船及聖彼得山洞穴之旅 Tour on the Maas and visit caves in St. Pietersberg

搭乘遊船出發，解說員將介紹兩岸沿途風景建築；靠岸後走出碼頭，越過馬路，跟隨導覽員抵達聖彼得山(St. Pietersberg)的Zonneberg洞穴。這裡是馬斯河沖刷作用所形成的石灰泥台地，歷經8千萬年的地層沉積，各種化石如貝類、鯊魚牙齒、長20公尺的爬蟲類和巨型海龜遺骸等，都曾在此發現。

P.149B1 過聖瑟法斯橋至馬斯河西岸後，沿河岸北行即達。 報名及登船處：Maaspromenade 58(聖瑟法斯橋附近) +31 43-3515300 遊船+洞穴英語導覽之旅：全程3小時。4月底至10月底每天13:00出發；其他月份僅週六和週日13:00出發。時間會彈性調整，請以官網為主。必須提前20分鐘報到。 成人€23.5，4~12歲€16.45 。可在聖瑟法斯橋下的遊船公司售票處購買，或事先上官網訂購。 www.stiphout.nl 洞穴導覽不適合行走困難的人，洞穴中的溫度全年12℃。

16世紀起，許多藝術家曾在岩壁留下精彩作品。

這個洞穴也是鄰近居民的避難所，從洞裡遺留的大型炊事房、水井與禮拜堂皆可看出端倪，尤其二次世界大戰時曾一度容納5萬名居民，裡面還設有醫院。

©Holland Marketing

此地出產的石灰石呈鵝黃色澤，是良好建材來源，馬斯垂克人長久以來都切割此處的岩壁來興建屋宇。

### 2萬多條通道！小心別迷路

經過長時間鑽挖，聖彼得山洞穴的通道已超過2萬條，宛如隱藏在岩石中的迷宮，由於地下通道複雜且洞內並無照明系統，遊客一律得參加導覽團才能進入山洞，參觀約1小時，由專業導遊帶領。提醒你千萬不要跟丟了，否則可能走不出這座迷宮！

©Holland Marketing

# 比利時 Belgium

比利時

## 關於比利時

比利時有超過700位漫畫家，是全球擁有漫畫家密度最高的國家。從1991年至今，布魯塞爾街頭已出現50多幅漫畫牆創作，目前還在持續增加中。這些大多數是比利時漫畫家的作品，充滿童趣的壁畫和新古典風格街道、中世紀石板路結合，為城市增添許多色彩，也讓人見識到比利時人幽默風趣的一面。

# 布魯塞爾

Bruxelles

比利時首都，漫畫王國，歐盟的首府之一。

自從布魯塞爾被選為歐盟的首府之一（另兩處為盧森堡和法國史特拉斯堡），這裡就越來越像一座全歐洲的城市。各國漫畫家在布魯塞爾的大街上找到發揮空間，至今已有超過50面牆壁、總面積達4,000平方公尺的漫畫在街頭林立，畫面衝突又協調；就像隨處可見的啤酒吧和巧克力店，前者是傳承數世紀的傳統文化，後者是宛如「比利時大使」的極致甜點，一個豪放不羈，一個細膩精緻，卻同時代表了布魯塞爾精神。

# 航向布魯塞爾的偉大航道

## 如何前往

### 飛機

布魯塞爾國際機場（Brussels Airport，BRU）位於市區東北約14公里的Zaventem，雖然與台灣之間目前尚無直飛航班，但作為歐洲航運樞紐，很容易便能在香港、新加坡、泰國或歐洲各主要城市轉機前往。

**布魯塞爾國際機場**

**www.brusselsairport.be**

### 火車

位於布魯塞爾市中心的三大車站分別為：中央車站（Bruxelles Central/ Brussel Centraal）、北站（Bruxelles Nord/ Brussel Noord）與南站（Bruxelles Midi /Brussel Zuid），國內火車幾乎三站都停，但部分跨國列車和高速火車只停南站。在中央車站與南、北站之間，各有一個小站：Brussel Kapellekerk與Brussel Congres，在查詢班次或購買車票時請注意確切站名。從布魯日

到布魯塞爾，周間每小時約2班直達車，車程1小時；從安特衛普每小時有5班直達車，需時約45分鐘。從阿姆斯特丹出發每小時一班IC，車程約3小時23分鐘，或搭乘Thalys特快車（需事先訂位），約1小時50分。

**中央車站**

P.159B2

**布魯塞爾北站**

P.159B1

**布魯塞爾南站**

P.159A3 +32 2-5282828

高速火車（Eurostar; TGV, Thalys）服務中心：08:00~20:00（週三09:00~17:30）

www.sncb.be

## 機場至市區交通

### 火車

火車站Brussel-Nat-Luchthaven位於機場航站地下1樓，每小時有4班直達車前往市中心三大火車站，車程約17分鐘。由於布魯塞爾機場2012年才完成能讓高速火車通行的基礎建設，因此搭乘火車進出機場都需要強制性的支付附加費給承包建設公司Northern Diabolo，若在機場售票處或自動售票機買票，Diabolo Fee均已內含於票價，若使用各種PASS（Rail Pass、Eurostar, Thalys等），需要額外購買Diabolo Fee票卷，單程€6.4。

約04:40~23:59

單程成人€10.3起，小孩€8.9起，皆已內含附加費。

www.belgiantrain.be

### 巴士

巴士站位於入境大廳下方1層（level 0），共有3個月台。由De Lijn經營的公車系統從月台A和B出發，有多條路線行經布魯塞爾市中心，其中272、471號公車前往火車北站，359及659號公車前往地鐵1號線的Roodebeek站。

**De Lijn**

約06:00~23:30 www.delijn.be

### 機場巴士

若要前往舊城區東邊的歐盟區，可至C月台搭乘由MIVB/STIB營運的機場巴士12號，每30分鐘一班，週一至週五20:00前為直達班次，僅停留幾個大站，可在Schuman或終點Luxembourg下車，轉乘地鐵進入舊城區。

**Airport Line**

約05:30~23:50

在C月台的自動售票機購買Go2City車票，每張€7.5。

www.stib-mivb.be

### 計程車

計程車招呼站在入境大廳外，前往市區約€45~€50。提醒你，擁有藍黃顏色標誌的才是合法計程車。

**解讀布魯塞爾的路標**

法語與荷蘭語都是比利時的官方語言，因此布魯塞爾的路標、火車站、地鐵站名等各種官方告示，都須以兩種語言標示。

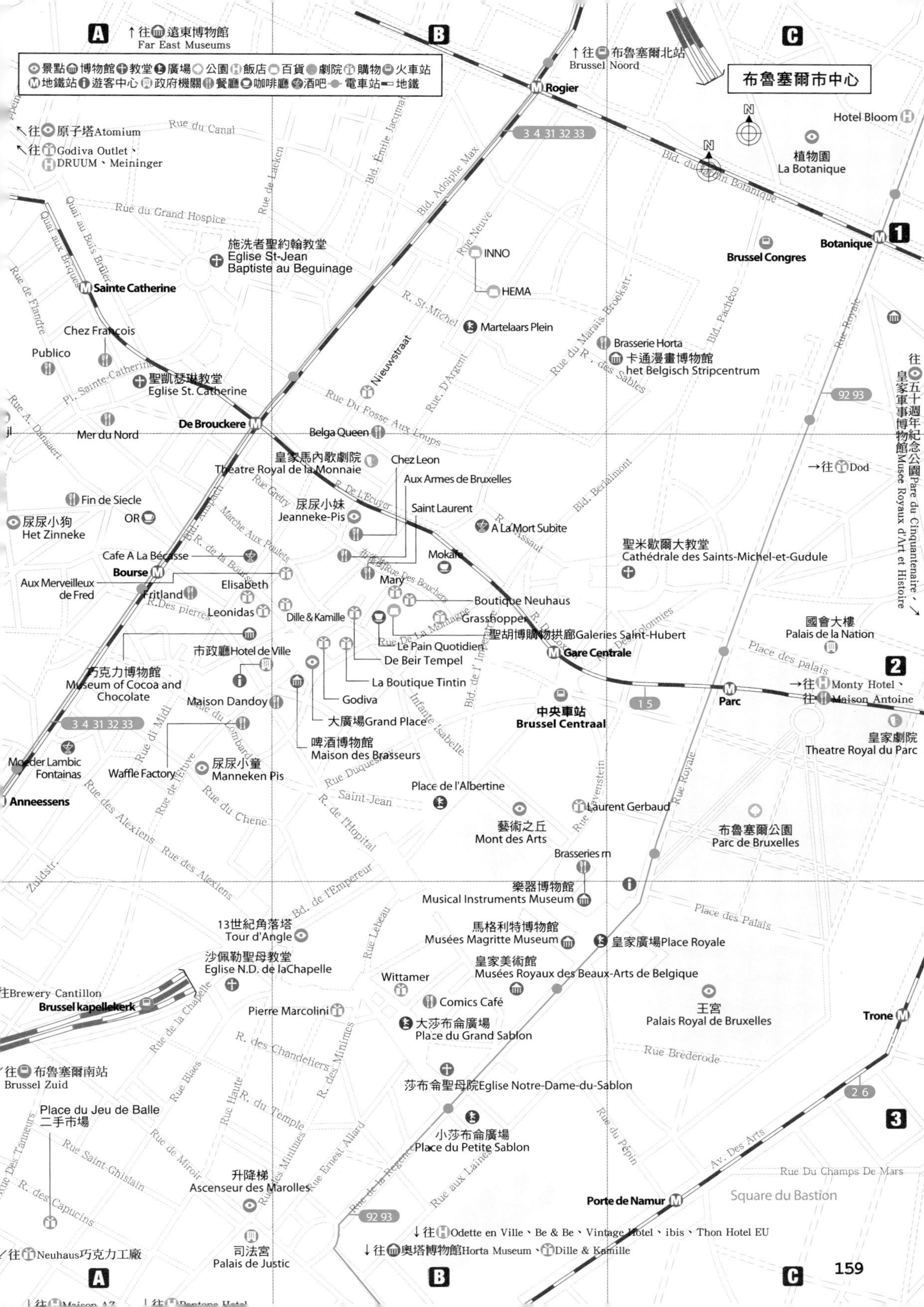

布魯塞爾市中心
A
B
C
1
2
3
↑往遠東博物館 Far East Museums
景點 博物館 教堂 廣場 公園 飯店 百貨 劇院 購物 火車站 地鐵站 遊客中心 政府機關 餐廳 咖啡廳 酒吧 電車站 地鐵
↑往布魯塞爾北站 Brussel Noord
Rogier
↖往原子塔Atomium
↖往Godiva Outlet、DRUUM、Meininger
Hotel Bloom
植物園 La Botanique
Botanique
Brussel Congres
施洗者聖約翰教堂 Eglise St-Jean Baptiste au Beguinage
Sainte Catherine
INNO
HEMA
Martelaars Plein
Brasserie Horta
卡通漫畫博物館 het Belgisch Stripcentrum
Chez François
Publico
聖凱瑟琳教堂 Eglise St. Catherine
De Brouckere
Mer du Nord
Belga Queen
往五十週年紀念公園 皇家軍事博物館Musee Royaux d'Art et Histoire Parc du Cinquantenaire
皇家馬內歌劇院 Theatre Royal de la Monnaie
Chez Leon
Aux Armes de Bruxelles
→往Dod
Fin de Siecle
尿尿小狗 Het Zinneke
OR
尿尿小妹 Jeanneke-Pis
Saint Laurent
A La Mort Subite
聖米歇爾大教堂 Cathédrale des Saints-Michel-et-Gudule
Cafe A La Bécasse
Bourse
Mokafe
Aux Merveilleux de Fred
Fritland
Elisabeth
Mary
Leonidas
Dille & Kamille
Boutique Neuhaus
Grasshopper
國會大樓 Palais de la Nation
聖胡博購物拱廊Galeries Saint-Hubert
Le Pain Quotidien
市政廳Hotel de Ville
Gare Centrale
De Beir Tempel
巧克力博物館 Museum of Cocoa and Chocolate
La Boutique Tintin
→往Monty Hotel、往Maison Antoine
Parc
Maison Dandoy
Godiva
中央車站 Brussel Centraal
皇家劇院 Theatre Royal du Parc
大廣場Grand Place
啤酒博物館 Maison des Brasseurs
Moeder Lambic Fontainas
Waffle Factory
尿尿小童 Manneken Pis
Place de l'Albertine
Anneessens
Laurent Gerbaud
藝術之丘 Mont des Arts
布魯塞爾公園 Parc de Bruxelles
Brasseries rn
樂器博物館 Musical Instruments Museum
13世紀角落塔 Tour d'Angle
馬格利特博物館 Musées Magritte Museum
皇家廣場Place Royale
沙佩勒聖母教堂 Eglise N.D. de laChapelle
皇家美術館 Musées Royaux des Beaux-Arts de Belgique
往Brewery Cantillon
Brussel kapellekerk
Wittamer
Comics Café
王宮 Palais Royal de Bruxelles
Pierre Marcolini
大莎布侖廣場 Place du Grand Sablon
Trone
往布魯塞爾南站 Brussel Zuid
莎布侖聖母院Eglise Notre-Dame-du-Sablon
Place du Jeu de Balle 二手市場
小莎布侖廣場 Place du Petite Sablon
升降梯 Ascenseur des Marolles
Porte de Namur
Square du Bastion
↓往Odette en Ville、Be & Be、Vintage Hotel、ibis、Thon Hotel EU
↓往奧塔博物館Horta Museum、Dille & Kamille
↙往Neuhaus巧克力工廠
司法宮 Palais de Justic

# 布魯塞爾行前教育懶人包

## INFO

### 基本資訊

**人口**

約1,138,854人

**面積**

161.38平方公里

**區域號碼**

(0)2

**時區**

冬季比台灣慢7小時，夏令時間(3月最後一個週日~10月最後一個週日)比台灣慢6小時。

**SIM卡**

1.在台灣事先上網購買：許多歐洲國家推出的SIM卡皆可在歐洲直接跨國通用，選擇網卡時，請注意此卡是否有涵蓋比利時即可，再根據使用天數和流量來挑選適合自己的卡。台灣有許多網路平台在販售SIM卡，可提前上網購買，抵達目的地時開機即可使用。

2.在當地購買：在布魯塞爾機場入境大廳或火車站售票處附近，可找到販售SIM卡的櫃檯。每家電信公司的費率各不相同。

## 行程建議

### 最佳電車之旅

路面電車92號是遊覽市區景點的最佳電車路線。路線大致由市區的北部穿越南部，行經許多觀光景點。最佳上車地點為布魯塞爾北站附近的植物園（Botanique），往窗外望去，左側是布魯塞爾公園，右側是皇家廣場，再穿越皇家博物館、大小莎布隆廣場與司法院後，電車左轉進入路易斯大道（Avenue Louise），最後可在奧塔博物館附近的Janson站下車。

### 舊城散步之旅

布魯塞爾市中心就像個五角形的騎士盾牌，被2號和6號地鐵、運河及環狀道路包圍。五角形中心點當然是城市心臟——大廣場，中央車站在廣場東邊，鐵路線南北貫穿，五角形以外的北邊有布魯塞爾北站，南邊為跨國火車停靠的南站，東西向的1、2號地鐵及南北向的3、4號地下電車呈十字形，在皇家馬內歌劇院附近的De Brouckére交會，串起舊城區的交通網。主要景點都在五角形區域內，非常適合徒步遊覽。

以大廣場為出發點，東邊地勢較高，屬於布魯塞爾上城區，皇家美術館、皇家廣場及布魯塞爾公園都在此區；南邊有大小莎布侖廣場，Rue Haute街則是古董及藝術品集散地；地鐵線以北是最熱鬧的名品購物街Nieuwstraat、聖米歇爾教堂及卡通漫畫博物館；Bld. Anspach的西北則是以海鮮餐廳出名的聖凱薩琳教堂區域。

## 觀光行程

### 觀光巴士TOOTbus

這是一種Hop on Hop off雙層電動全景巴士，只要購買1、2日票從任一站搭乘，可在期效內無限次上下車，還能透過紅和藍兩條不同路線，飽覽布魯塞爾主要風景，包括中央車站、尿尿小童、藝術山、原子塔等。

**發車地點：紅線Bd. de l'Impératrice，藍線 Rue de Loxum。 4~11月紅線09:30~17:45，藍線09:30~17:30，每30~50分鐘一班；其他月份兩條路線10:00~16:00，每45~60分鐘一班。建議下載TOOTbus App，隨時掌握班次和站牌定位。 1日票€27.9、2日票€34.2，以上為官網訂購9折價。可在巴士上買票（現金或信用卡），但無折扣。 www.tootbus.com**

**布魯塞爾的治安問題**

**旅遊布魯塞爾要特別注意大廣場和布魯塞爾南站周圍的治安，搭乘地鐵與上下電扶梯時須注意後背包，常見的犯案手法是以2-3人為一組，有人負責吸引你的注意力，有人負責偷竊。南站附近出現有假扮警察的行竊手法，先由第一個人問路或攀談，接著假警察出現盤查，藉口要檢查證件和是否換到偽鈔，用類似魔術的手法，伺機偷走現金。遇到陌生人靠近需要特別小心，即使對方出示警徽和證件，也有可能是假造，別輕易相信。**

### 皇家馬車之旅Carriage Tours in Brussels

從大廣場乘坐馬車慢慢遊賞市區景點，包括市集廣場、尿尿小童、皇家美術館等，全程約30分鐘。

**4人€50起**

**www.carriagetourbrussels.com**

### 巧克力之旅Brussels Chocolate Tour

由專人帶領，透過步行沿途拜訪5家美麗的巧克力店，可品嚐8種不同的巧克力口味，包括傳統的果仁、松露甚至最前衛的組合。全程2小時。

**每天14:00~16:00**

**每人€39。請事先上官網報名付費。**

**www.groovybrussels.com/brussels-chocolate-tour**

## 優惠票券

### 布魯塞爾卡Brussels Card

持卡可在使用效期內免費參觀40多間博物館，免費搭乘地鐵、電車及公車等大眾運輸工具，在許多設計師精品店、商店、展覽、餐廳、景點及參加觀光行程，還可享有折扣優惠。布魯塞爾卡可在遊客中心、大型公立博物館購買，或在旅遊局官網購買後，列印單據至遊客中心領取。

**24小時卡€32、48小時卡€42、72小時卡€49**

**visitbrussels.be**

## 旅遊諮詢

### 皇家廣場遊客中心（BIP）

**P.159C3 rue Royale 2 +32 2-5138940**

**09:30~17:30 www.visitbrussels.be**

### 市政廳遊客中心

**P.159A2 Grand-Place 09:00~18:00**

### 南車站遊客中心

**P.159A3 Midi Station**

**09:00~18:00**

# 布魯塞爾市區交通

### 大眾交通票券

布魯塞爾的大眾運輸主要由STIB/MIVB負責營運。地鐵(Metro)、地下電車(路面電車行駛於地下時稱為Pre-metro)行經大部分地區，而路面電車(Tram)與巴士則補足地鐵未及之處。最方便的是，車票可於這三種交通工具上互通使用，且刷卡後1小時內可自由搭乘。車票可於地鐵站售票櫃檯與自動售票機、市區內各書報攤或遊客中心購買，單程票也可在車上向司機購買，但價錢會比較貴，且司機找零不超過€5。也可拿信用卡在入站時直接在閘門的讀卡器上感應使用，出國前請向發卡銀行詢問與確認。

若停留天數較長、搭乘區域較廣，可選擇Brupass，但必須先買一張儲值式匿名卡(MOBIB Basic-card)，將Brupass充值到匿名卡上即可使用；匿名卡有效期限5年，價格€5且不退費，類似台灣悠遊卡的概念，進出站或上下車都要刷卡，可在售票櫃檯、自動售票機買到。Brupass有單程票、10次票、1日票等可選擇。

**約06:00~24:00(各路線稍有不同)**

**單程票(STIB-MIVB 1 Journey)€2.1，在售票櫃檯購買€2.6；1日票(STIB-MIVB 1 Day)€7.5~8。Brupass**

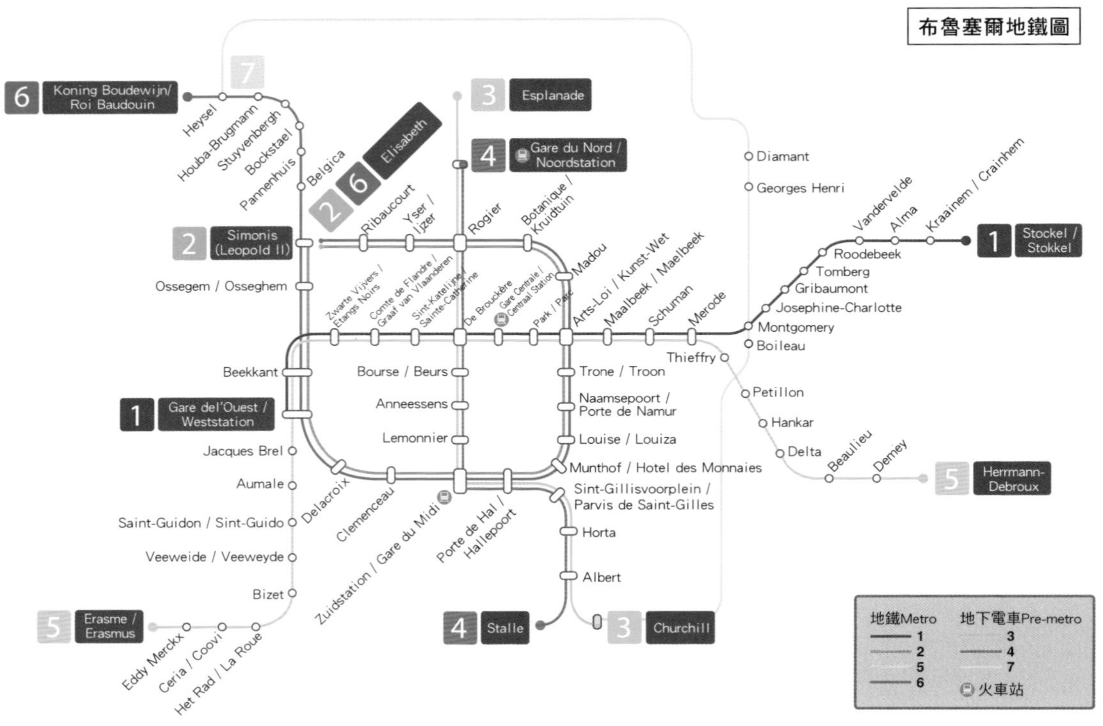

單程票€2.4、10次票€16.8、1日票€8.4。

www.stib-mivb.be

## 地鐵 Metro

凡標示Metro或M字的地方就是地鐵站入口，地鐵有1、2、5、6共四條路線，3、4、7、8、9號是行駛於地下的電車Pre-metro；其中3、4號行經市區，適合遊客搭乘，7、8、9號則行駛於郊區。布魯塞爾的地鐵站都有主題，裝置了超過60件當代比利時藝術，包括繪畫、雕塑等，如Stockel站的丁丁漫畫牆，不妨駐足欣賞。

## 路面電車 Tram

看到紅色標示「Tram」就是路面電車候車站，路線延伸至郊區也較為複雜，行經地鐵無法深入的街巷內，可瀏覽窗外風景，是節省時間與體力的另一選擇。上車前請事先購票。

## 巴士 Bus

巴士搭乘方式與路面電車類似，市區巴士約有50條路線，夜間巴士路線也有10多條，行駛至凌晨3點。由於巴士路線更為複雜且時間不易掌控，對初次造訪的遊客較不推薦。

## 單車

布魯塞爾街頭到處可看到名為Villo的單車出租系統，亮黃色車身十分搶眼，目前約有180個據點，平均每450公尺就有一站，操作方式類似台北的U-Bike。若想租用，你必須以信用卡或國際金融卡付款，上官網或到單車站的主機器可購買1日卡，卡片本身為一日€1，依螢幕指示設定密碼。持卡至單車架，插卡後輸入密碼解鎖取車，前30分鐘免費，後30分鐘€0.5，1~1.5小時€1，1.5~2小時€2。因此採接力租還車是最划算的方法，也就是在30分鐘到時前，騎到另一自行車站還車，再租借新車。還車時至任一單車站，將車扣在空的車架上，等待指示燈亮起即可。

**Villo**

+32 2-2742241 www.villo.be

**ProVelo 單車租借和導覽**

Rue de Dublin 19 +32 2-502 73 55

10:00~17:00 週六和週日 www.provelo.org

## 計程車

除了部分火車站門口可現場招攬計程車外，一般都需以電話預約。合格計程車上需有黃藍圖案標誌，上車時啟動里程表，下車時會列印收據。計程車日間起錶€2.4，夜間起錶€4.4，每公里跳錶€1.8~2.7。若讓司機等待超過1小時，需加付€30。

**Autolux**

+32 2-25123123 www.taxisautolux.be/en

**Taxi Verts & Taxi Orange**

+32 2-3494949 www.taxisverts.be/

王牌景點 1

# 走進大文豪雨果眼中歐洲最美麗的廣場，看建築、逛市集、尋回失落的漫畫童心。

大廣場以石塊鋪成，中心廣場長約110公尺、寬約70公尺，在1998年被評列為世界文化遺產。

MAP P.159 B2

## 大廣場

Grand Place

廣場的吸睛亮點是國王之家和市政廳，四周圍繞著華麗的同業公會建築，每棟都有自己的名字，並將特色表現在屋頂或門楣裝飾上。廣場在11世紀便是市集所在地，至今仍保有花市，也不定期舉辦夏季音樂會，夜間燈火輝煌更充滿童話夢幻氣息。

從中央車站廣場前的圓環順下坡往市中心步行，左轉穿越Rue de la Colline即達。

至少預留時間

細賞廣場華麗建築：約1~2小時

廣場周邊吃喝買玩：半天~1天

## 造訪大廣場理由

1. 雨果盛讚全歐最美麗的廣場
2. 金碧輝煌的世界文化遺產
3. 漫畫和巧克力大本營

1695年法王路易十四攻打布魯塞爾，多數中世紀木造建築被破壞無遺，現存建築物大多在18世紀重建，精雕細琢的樣貌是20世紀以來陸續整修的結果。

### 在花毯節遇見廣場最美時刻

從1971年起，兩年舉辦一次的花毯節（Brussels Flower Carpet）是布魯塞爾大廣場最美的時刻，每屆以不同主題在廣場上鋪排成壯觀的鮮花地毯，8月盛夏在短短3、4天展期吸引無數遊客登上市政廳和國王之家，從高處觀賞這幅艷麗的巨大花毯，晚上還安排音樂會和燈光秀，再配上一杯比利時啤酒，這才是人生啊！

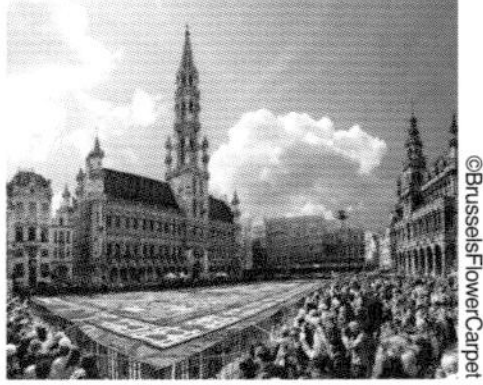
©BrusselsFlowerCarpet

每兩年8月中旬的聖母升天日 www.flowercarpet.brussels

## 怎麼玩大廣場才聰明？

### 認識布魯塞爾的最佳起點

大廣場是整座城市的心臟，多數觀光行程都由這裡展開。可先到市政廳遊客中心索取免費地圖，把廣場周圍精雕細琢的建築群賞析一番，再逛逛紀念品店，找個露天咖啡座喝下午茶或品嚐淡菜、鬆餅。

### 領略白天夜晚兩樣風情

白天的廣場金碧輝煌，花市市集和各項活動熱鬧繽紛；到了夜晚，主要建築都打上燈光，散發童話般的浪漫美感。不妨兩種時段皆來造訪和拍照，體驗不同風情。

### 多利用各種主題導覽之旅

由當地旅遊局和旅行業者推出的主題導覽行程眾多，包括市政廳、舊城古蹟、巧克力、啤酒、新藝術風格等，多半以大廣場為集合地點，再各自徒步展開探索，建議提前上旅遊局官網查詢導覽時間與費用，透過不同角度來認識布魯塞爾。網址：www.visitbrussels.be

# 按圖索驥，細細尋訪廣場周圍華麗的同業公會建築群。

## 市政廳 Hotel de Ville

市政廳由數位建築師在不同時期建造，最原始的左翼建於1402到1420年，是Jacob van Thienen的傑作，右翼由不知名的建築師建於1444年，因此呈現左右不對稱格局；高96公尺的鐘塔在1455年由Jan van Ruysbroek設計，塔頂立有聖米歇爾征服巨龍的鑲金雕像。

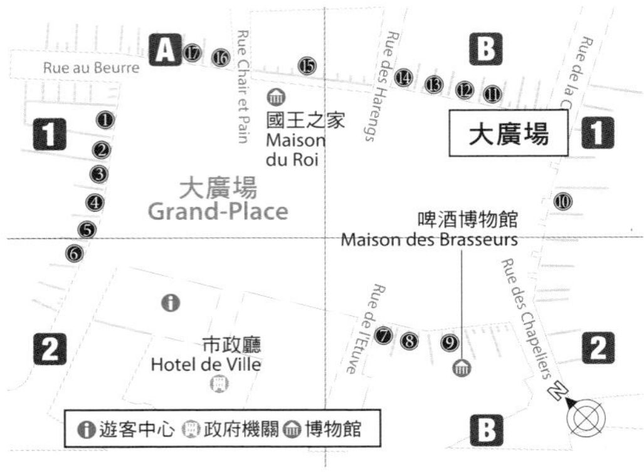

哥德式外觀擁有美麗精細的雕刻，是比利時保存最好的國家建築之一。

鐘塔底部有一扇拱型大門，門楣壁面的雕像象徵正義、賢明、和平、法律和力量。

## 1 麵包之家或西班牙國王之家 La Maison des Boulangers ou le Roi d'Espagne

1697年完工，屬於義大利和法蘭德斯風格建築，由麵包同業行會修建。門上立著行會守護聖人聖奧伯的半身銅像；三樓牆面上雕有西班牙國王查理二世雕像；屋頂為圓八角半球型，球頂立有持旗小金人。

此建築目前是最適合欣賞廣場的露天咖啡座。

## 2 獨輪車樓 La Brouette

於1697年由油漆業行會所建，屋頂充滿鮮花和水果的浮雕，在正立面鑲有油漆業守護聖人聖吉爾的塑像。

### 3 袋子樓 Le Sac

這是木匠和銅匠之家，建於1644年，大門上裝飾著雕刻：一人手持袋子，另一人將手插入其中。

### 4 母狼之家 La Louve

這是服飾用品商的行會，在17世紀曾被一位水手買下，其建築立面在法軍炮擊後僥倖留下。三樓的立面浮雕敍述古羅馬建國者羅穆路斯和孿生兄弟由母狼養育成人的故事。頂樓立著一隻漆金鳳凰。

### 5 小號角樓 Le Cornet

又稱船夫之家，在1434年曾被船夫們買下，是典型的義大利和法蘭德斯建築。房子的上層裝飾以鐵錨、航海繩索等用具，屋頂三角楣則建成船尾造型，十分特殊。

### 6 狐狸樓 Le Renard

在1699年由一群商人重建，曾是弓箭手行會。建築立面裝飾著多樣化的雕塑圖案，二樓的雕像分別代表真理、謊言、分歧與和平。

### 7 星星 L'Etoile

1356年，法蘭德斯伯爵為了爭奪繼承權佔領布魯塞爾，英勇的賽爾克拉斯（Everard't Serclaes）領導市民們反抗，終於奪回城市，但他卻被刺殺在此處斷氣。騎樓裡有座斜躺的銅鑄浮雕就是表現賽爾克拉斯臨終前的模樣，傳說觸摸雕像（尤其是手臂）會帶來好運，因此整尊雕像早已被遊客摸得發亮。

門牌8號的星星之屋是廣場上最小最古老的建築，13世紀就已存在，1695年被大火摧毀，於1897年重建。

### 8 天鵝 Le Cygne

天鵝是肉商行會總部，在1698年重建，樓頂塑像分別代表繁榮、農業和屠宰業。1847年馬克思（Karl Marx）與恩格斯（Friederich Engels）就是在此房裡起草《共產黨宣言》。現在由知名的高級餐廳進駐。

### 9 黃金樹（啤酒博物館） L'Arbre d'Or/Belgian Brewers' Museum/

此華麗建築曾是啤酒釀造業的行會，屋頂山牆有金色樹木裝飾，於1695年重建，1、2樓的浮雕描繪穀物豐收和啤酒運送。如今建築的地下室改建成啤酒博物館，展現18世紀啤酒製造工具與製造流程，但館內空間很小，展覽內容較為簡略。

+32 2-5114987 10:00~17:00
www.belgianbrewers.be

## 10 布拉班特公爵之家 Residence of the Dukes of Brabant

整個建築包含6間房舍，分別代表制革業、磨坊業、煤炭業、雕塑業和採石業行會，於1698年完工，立面裝飾著歷任布拉班特公爵們的半身雕像。花瓶式欄杆頭冠、刻有繁榮意象圖案的三角楣飾，流露義大利貴族風格。目前是一間飯店。

## 11 天使 L' Ange

天使在15世紀是一所修道院，外觀反映出義大利法蘭德斯式建築風格。

## 12 裁縫行會 La Chaloupe d'Or ou la Maison des Tailleurs

這兩棟房子在1695年法軍炮擊後，重建合併為裁縫行會。大門上方鑲有行會守護聖人的半身塑像，樓頂雕像則是聖邦尼法斯。

## 13 鴿子 Le Pigeon

鴿子原本是畫家行會。1851年維克多·雨果（Victor-Marie Hugo）因為反抗拿破崙三世而流亡到布魯塞爾時，曾短暫居住於此。

## 14 地方官辦公室 La Chambrette de l"Amman

這間房子原本是木造建築，其立面鑲有布拉班公爵的徽章。

## 16 頭盔樓 Le Heaume

這棟優美的法蘭德斯建築，早在10世紀時就已存在。

1873年國王之家重新修建成新哥德式建築，如今成為市立博物館，展示畫作、掛毯、雕塑、陶瓷器、素描、照片和模型。

館內3樓房間裡收藏800多套世界各國送給尿尿小童的服裝，樣式數量十分可觀，其中也有台灣贈送的衣服喔！

## 15 國王之家（市立博物館） La Maison du Roi/ Brussels City Museum

最初建於13世紀，當時是市政府的麵包屋。腓力二世於1555年在此設立稅務局，翌年他繼承西班牙王位，這裡成了國王之家，儘管從未有國王在此住過。80年戰爭前夕，腓力二世派親信來此鎮壓反抗勢力，政治家愛格蒙伯爵與霍恩伯爵就被囚禁在屋內度過最後一夜，石柱台基上刻有兩位伯爵被處死的經過。

**+32 2-2794350　週二到週日10:00~17:00　休 週一　成人€10，學生€4，18歲以下免費。每月第一個週日免費。　www.brusselscitymuseum.be**

## 17 孔雀樓 Le Paon

孔雀樓外觀以鍍金的花環雕飾為主，屋頂有一扇美麗小窗，在18世紀曾是居民住家。

## 穿街走巷尋訪尿尿小童、聖胡博購物拱廊、卡通漫畫博物館等，精彩度照樣破表！

### 尿尿小童 Manneken Pis

MAP P.159 A2

如何前往

從大廣場沿Rue Charles Buls / Rue de l'Etuve南行，至與Rue du Chêne的交叉路口即達。

這座小銅像僅53公分高，豎立於1619年，是布魯塞爾最知名的城市標誌。平日的尿尿小童一絲不掛，每逢特殊節慶人們就會替他穿衣戴帽，據說他的服裝多達900套，堪稱世上造型最多變的雕像，其衣服都收藏在國王之家。

**Do You Know**

**聆聽尿尿小童傳說**

**尿尿小童的傳說眾多，有人說這位名叫「小朱利安」（Julianske）的5歲男孩半夜起床上廁所時，發現法軍炸城的炸藥引線已點燃，靈機一動用尿澆熄火源。另一則說法是在1142年戰役中，此地受到來自赫林貝爾享（Grimbergen）的攻擊，士兵把年僅2歲的洛林公爵古德菲三世（Godfrey III）掛在樹枝上保護，結果小公爵朝著敵陣撒了泡尿，大大提振了士氣，讓戰役反敗為勝。**

**Do You Know**

**尋找尿尿小妹與尿尿小狗**

**尿尿小妹（Jeanneke-Pis）建立於1987年，隱身在布雀街的酒吧巷，據說當時的餐廳老闆認為只有尿尿小童太不公平，所以委託雕塑家打造了尿尿女童，這噱頭吸引了大批遊客前來。1999年在購物街轉角則出現尿尿小狗（Het Zinneke）雕塑，由社區委員會委託比利時雕塑家Tom Frantzen打造，象徵布魯塞爾的種族融合與多元文化，與原本存在的柱子結合成耐人尋味街景。**

尿尿小妹 P.159B2 Impasse de la Fidelité / Getrouwheidsgang

尿尿小狗 P.159A2 Rue de Chartreux 31h

### 皇家馬內歌劇院 Theatre Royal de la Monnaie

MAP P.159 B2

> 歌劇院未對外開放參觀，僅買票觀賞表演者可以入場。

如何前往

搭乘Metro 1、5至De Brouckere站，沿Rue de l'Evêque東行即達。

info

Place de la Monnaie

www.lamonnaie.be

這座新古典主義建築由荷蘭政府建於1818年，在1830年，源於法國的自由主義在歐陸刮起革命熱潮，比利時的民族意識開始高漲。同年8月25日，《波荷蒂西的啞女》（La Muette de Portici）歌劇在此上演，當男高音唱起「對祖國崇高的愛」一曲，音樂的煽動力讓革命之火在院內點燃，爆發獨立運動。

MAP P.159 B2

## 聖胡博購物拱廊 Galeries Saint-Hubert

如何前往

走出中央車站廣場前的圓環即可看見

info

購物拱廊共有4個出入口，分別位於Rue du Marché aux Herbes、Rue des Bouchers、Rue de l'Ecuyer與Rue d'Arenberg +32 2-5450990 www.grsh.be

這裡是歐洲最有氣質的購物商場，建於1847年，其空間規畫為王后商場（Galerie de la Reine）、國王商場（Galerie du Roi）和王子商場（Galerie des Princes），設有各式精品店與高級餐廳，商場內氣氛熱鬧而優雅，彷彿在美術館長廊逛街。

巧克力名店Neuhaus、Mary、Pierre Marcolini、Leonadas都聚集在此，來自法國北部的Meert也開了分店。

MAP P.159 C1

## 卡通漫畫博物館 het Belgisch Stripcentrum/ Belgian Comic Strip Center/

如何前往

從中央車站前沿Bd de l'Impératrice北行，接Bd de Berlaimont走至圓環左轉Rue des Sables可達。

info

Rue des Sables 20 +32 2-2191980 週二至週日10:00~18:00 週一 成人€13，65歲以上€10，12~25歲€10，6~11歲€6，6歲以下免費。 www.cbbd.be

進入館內，可看見《丁丁歷險記》的丁丁雕像，與忠犬米路正準備搭乘火箭前往月球。1樓是圖書館與閱讀室，2樓常設展廳則透過原稿、模型及多媒體影片，介紹連環漫畫的誕生與動畫形成過程；3樓展示比利時與歐洲漫畫的歷史和大型插畫作品。

### Do You Know

### 尋漫畫牆找回失落的童心

比利時有超過700位漫畫家，是全球擁有漫畫家密度最高的國家，1991年至今，布魯塞爾街頭已有超過50幅漫畫牆藝術，多數為比利時漫畫家作品，讓人見識到比利時人的幽默風趣。建議至遊客中心索取地圖，從聖米歇爾教堂後方Rue du Treurenberg的「天蠍劍客」壁畫出發，沿著藍色路線貫穿舊城區一路到達布魯塞爾南站。有名的作品包括「比利貓」（在Rue d'Ophem上）、「大白狗假扮尿尿小童」（在Rue de Flandre上）、「幸運路克」（在Rue de la Buanderie上）、「丁丁歷險記」（在Rue de l'Etuve上）、「記者里克的冒險」（在Rue des Bons Secours上）等。

此建築原是批發布莊，由新藝術風格建築師奧塔設計，現在成為漫畫聖地，讓「第九藝術」與新藝術在此結合。

館方從2005年起，特別設置丁丁之父—比利時漫畫家艾爾吉（Hergé）的專區向其致敬。

1樓奧塔咖啡廳（Horta Brasserie）的裝潢出自建築師奧塔之手，是典型的新藝術風格裝飾。

MAP P.159 C2

## 聖米歐爾大教堂 Cathédrale des Saints-Michel-et-Gudule

如何前往

搭乘Tram 92、93至Parc站，下車即達。

info

Pl. sainte-Gudule　+32 2-2178345　教堂：週一至週五07:00~18:00，週六08:00-15:30，週日14:00~18:00。寶物室：週一至週五10:00~12:30、14:00-17:00，週六10:00~15:00，週日14:00~17:00。羅馬式遺跡：需事先預約。　教堂：免費。寶物室：成人€2。羅馬式遺跡：€3。

www.cathedralisbruxellensis.be

教堂始建於1226年，其兩座高塔展現火焰式哥德風格，內部聖壇在13世紀完成，正廳竣工於14世紀。教堂內精緻的彩繪玻璃多是16世紀產物，正廳後方的藝廊裡有一幅最後的審判，不可錯過。

1999年，比利時國王菲利普的婚禮就在此舉行。

塔內有常設展介紹原子塔歷史，也不定期舉辦科學或藝術主題特展。

搭乘電梯上升到頂端，360度城市景觀迎面而來，圓球上半部設有餐廳。

MAP P.159 A1

## 原子塔 Atomium

如何前往

搭乘Metro 6至Heysel站，出站即可看見。

info

Place de l'Atomium 1　+32 2-4754775

10:00~18:00，全景餐廳：11:00~21:00。

成人€16，65歲以上歲€14，115公分~17歲€8.5　www.atomium.be

原子塔原是1958年世界博覽會的精神象徵，構想來自放大1650億倍的鐵晶體分子，曾被譽為全球最令人驚嘆的建築。2005年重新整修後開放，高102公尺、擁有9個直徑18公尺的球體，以3根巨大柱子支撐，由20支管道相連；球與球之間可搭乘手扶梯移動，彷彿進入科幻電影。

### DO YOU KNOW

**拍賣原子球體鋁板來翻修新工程？**

**原子塔當初是為世博會製作的臨時建築，球體外層以便宜鋁片製成，時日一久整個搖搖欲墜，2005年進行大規模整修時，欲將外層更換為堅固耐用的不銹鋼，但翻新費用高達2700萬歐元，於是非營利組織「拯救原子塔」(save-the-Atomium)即以一片1000歐元的價格出售1000枚原版球體的鋁片，以籌措經費，現今的原子塔可是集合眾多力量才能重現於世人眼前！**

# 歡迎來到巧克力、糕點和漫畫王國，邊吃邊逛邊玩，整天笑開懷。

## La Boutique Tintin

由比利時漫畫家艾爾吉（Hergé）創作的漫畫《丁丁歷險記》（Les Aventures de Tintin et Milou），在西方世界享譽盛名，據說前法國總統戴高樂的床頭都放了一本。店內商品種類眾多，包括丁丁的餅乾、文具、T恤、玩具、布偶及縮小模型等。

**走向大廣場東北角的小街裡可達（往中央車站方向） Rue de la Colline 13 +32 2-5145152 週二至週日10:00~18:00，週一12:00~18:00。 boutique.tintin.com**

## De Beir Tempel

這家比利時啤酒專門店開業於1996年，從早期200種啤酒不斷擴展至今，已達可提供600多種酒類的規模，其中包含罕見、手工釀造以及瓶子設計精美、酒標特殊的啤酒。

許多廠牌皆擁有自家設計的啤酒杯，杯上印有該廠牌專屬徽章，店內均有販售，算是特色伴手禮。

**從大廣場往北走到Rue du Marché aux Herbes，左轉可達。 Rue du Marché Aux Herbes 56b +32 2-5021906 10:00~19:00 www.facebook.com/debiertempel**

## Dille & Kamille

這是來自荷蘭的家居與園藝生活用品店，從料理烹調用品、糕點製作模型、園藝花草用具、健康食品（如橄欖油、紅酒醋、花草茶）、廚房布置到木製兒童玩具等等，應有盡有。

**由大廣場往Rue du Marché aux Herbes方向直走可達。 Rue du Marché Aux Herbes 36/5 +32 2-6693001 週一至週六09:30~18:30，週日10:00~18:00。 www.dille-kamille.be**

Dille & Kamille在比利時擁有許多分店，分佈於布魯塞爾、布魯日等城市。

布魯塞爾：大廣場

2樓設有咖啡館，可享用現烤鬆餅。

MAP P.159 B2

## Maison Dandoy

這是布魯塞爾歷史最悠久的烘培坊，開業於1829年，擁有多家分店。目前已傳承至第六代，仍依循家族經營模式，以百年傳統秘方來製作麵包，屬於懷念的「古早味」。

招牌產品為比利時傳統肉桂黑糖薑餅（Speculoos）、水麵薄餅（Water-thin biscuits）、香料麵包（pain d'epices）與希臘麵包（pain a la greque）等。

從大廣場往尿尿小童方向，沿Rue Charles Buls步行可達。 Rue Charles Buls 14 +32 2-5126588 週一至週四10:00~19:00，週五至週日10:00~20:00。 maisondandoy.com

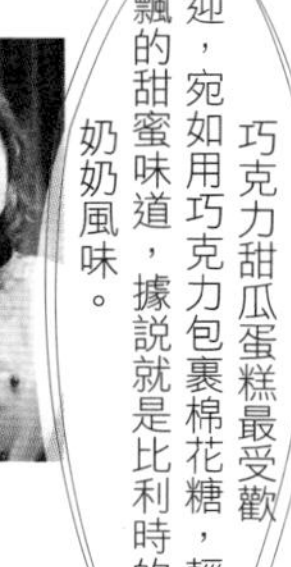

巧克力甜瓜蛋糕最受歡迎，宛如用巧克力包裹棉花糖，輕飄飄的甜蜜味道，據說就是比利時的老奶奶風味。

MAP P.159 A2

## Elisabeth

女老闆走遍比利時全國與各地手工甜點師傅合作，引進帶有肉桂香味的聖尼可拉斯生日餅乾（Speculaas）、尖鼻子形狀的覆盆子軟糖（Cuderdon nose）和布魯塞爾的Frederic Blondeel手工松露巧克力等。

從大廣場往Rue au Beurre出口的方向，步行即達。 49 Rue au Beurre +32 475-525197 11:00~19:00（週三13:00起） www.elisabethbrussels.be

**巧克力和糕點的甜蜜誘惑**

**比利時巧克力之所以風靡世界，是因為第一顆含有果仁內餡的夾心巧克力（Praline）就是由Neuhaus所發明。布魯塞爾的巧克力商們更用他們的專長來標記國家重要事件，比如Pierre Marcolini曾在國王Baudewijn新婚時，為世紀婚禮創造了牛奶巧克力醬Fabiola。傳統糕點也是重頭戲，無論是有宗教典故的Speculaas或賣相絕佳的Merveilleux，都讓人垂涎三尺，當然在甜點蛋糕中如果少了巧克力口味，比利時人可不會買單。**

MAP P.159 B2

## Aux Merveilleux de Fred

開放式的廚房設計讓路過的人很容易被糕點師傅的神情動作吸引，店內招牌商品Merveilleux是一種蛋白霜餅乾，外層裹上奶油，再鋪滿巧克力碎片，這種比利時傳統小點心是在1985年法國主廚Frédéric重新研發下發揚光大。

從大廣場往北走到第一條街Rue du Marché aux Herbes，左轉可達。 Rue du Marché aux Herbes 7 +32 2-5402608 08:00~19:45 休週一 www.auxmerveilleux.com

店內有各種口味的Merveilleux，巨型奶油麵包也是鄰近上班族採購首選。

## Neuhaus Boutique

MAP P.159 B2

來自瑞士的Jean Neuhaus於1857年在聖胡博購物拱廊中成立首家店鋪，後來第二代將店鋪改為巧克力專門店；1912年，第三代老闆發明世界上第一顆含有內餡的夾心巧克力（Praline）而大受歡迎，Neuhaus的分店也遍布全球。

**位於聖胡博購物拱廊中 Galerie de la Reine 25-27 +32 2-5126359 10:00~20:00 www.neuhauschocolate.com**

比利時國王艾伯二世在位時，曾將之指定為皇室御用巧克力。

店內還推出漫畫主角丁丁、藍色小精靈與藝術大師馬格利特主題的巧克力，值得收藏。

位於Rue Royal 73的另一家分店，因洛可可風格的室內裝潢而登上「有生之年必去的1000家店」名單中。

## Mary

MAP P.159 B2

1919年Mary女士創立以自己為名的巧克力品牌，在聖胡博購物拱廊開設專賣店，不僅是比利時知名老品牌，也是皇家御用品牌之一，除了造型獨特的夾心巧克力，Mary還發明兩端稍微彎曲的「貓舌（Cat tongues）」純巧克力片。

**從大廣場沿Rue de la Colline走，進入聖胡博購物廊可達。 Galerie de la Reine 36 +32 2-5113959 10:00~20:00 www.mary.be**

## Godiva

MAP P.159 B2

由Joseph Draps在1926年創立，創立初期僅在布魯塞爾家中的地下室，以小型批發方式製作販售巧克力，如今在全球擁有超過450家分店，雖然已被土耳其公司收購經營，但至今許多巧克力仍沿用Draps的創意和配方。

**位於大廣場旁 Grote Markt 21-22 +32 2-5112537 週三至週五11:00~18:00，週六13:00~20:00，週日12:00~19:00。 www.godivachocolates.eu**

## Leonidas

MAP P.159 A2

Leonidas屬於價格親民的品牌，創始人是原籍希臘的巧克力師傅Leonidas Kestekides，1913年從美國前往根特參加博覽會時，因為愛上本地少女而定居在比利時。後來陸續在布魯塞爾、根特等地開店，現在全球已有1,400多家門市。

**從大廣場往Rue au Beurre出口走，即可抵達。 Rue au Beurre 34 +32 2-5128737 10:00~22:00 www.leonidas.com**

# 沒吃過淡菜、海鮮、鬆餅、燉牛肉，別說你來過比利時，啤酒暢快對飲，乎乾啦！

上菜速度極快，適合全家前往用餐，12歲以下小朋友還能獲得免費兒童餐。

## Chez Leon

百年淡菜老店

Rue des Bouchers 18

Chez Leon是一家百年淡菜老店，在巴黎也有分店，自1893年開幕，餐廳已拓展為串連9棟房子、可容納超過400人的龐大規模。以各種口味料理的淡菜鍋、薯條與自家釀製啤酒而聞名。

P.159B2 位於布雀街上 +32 2-5111415 12:00~23:00 www.chezleon.be

## Fritland

人氣薯條餐館

must eat! 炸薯條€3.2起 沾醬€0.8 推薦菜

Rue Henri Maus 49

當地口耳相傳的人氣薯條店之一，好吃的秘訣在於每天使用新鮮馬鈴薯切片，在不同溫度的牛油中油炸兩次。店裡提供法國麵包夾薯條與油炸香腸，最後再淋上醬汁的自製漢堡，份量驚人。

P.159A2 從大廣場往西北方走Rue au Beurre，左轉Rue du Midi，右轉Rue Henri Maus可達。 +32 2-5140627 11:00~01:00（週五和週六至凌晨03:00） www.fritlandbrussels.be/acceuil

## Fin de Siecle

在地風味比利時佳餚

Rue des Chartreux 9

深受當地人歡迎的道地比利時料理餐廳，沒有明顯招牌但經常座無虛席，菜單寫在牆上，服務員人員非常友善。以傳統招牌菜聞名，包括烤香腸馬鈴薯泥、燉兔肉、烤豬腳、以啤酒入菜的燉牛肉等。

P.159A2 搭乘Pre-metro 3、4至Bourse站，沿Rue Auguste Orts走，左轉Rue Van Artevelde從右側進入Rue des Chartreux可達。 +32 2-7327434 週二至週四18:00~24:00，週五至週一12:00~24:00。 www.findesiecle.be

## Aux Armes de Bruxelles

中高價比利時傳統料理

must eat! 商業午間套餐€29起 各式淡菜盤€18.55起 推薦菜

Rue des Bouchers 13

這是布雀街上的知名老店，已有90多年歷史，深受商業人士與中產階級喜愛。室內裝飾藝術雅致，服務生優雅專業，提供淡菜、海鮮、牛排等比利時傳統料理，價位稍高，但用餐品質實屬一流。

P.159B2 位於布雀街上 +32 2-5115550 12:00~22:30（週五和週六至23:00） www.auxarmesdebruxelles.be

除了鬆軟的布魯塞爾鬆餅和香脆的列日鬆餅，燻雞、火腿、起司、洋蔥也能夾進鬆餅中。

## Waffle Factory

配料豐富鬆餅速食店

Rue du Lombard 30

這家比利時鬆餅速食店在法國北部及比利時各城市都有店面。生麵團現場揉製、篩粉攪拌，現點現做，其特殊的少油配方可降低12%熱量。

P.159A2 從大廣場沿Rue Charles Buls往尿尿小童方向走，過一個路口銜接Rue de l'Etuve直走可達。 +32 2-5023147 週一至週五10:00~19:00，週六和週日09:30~21:00。 www.wafflefactory.com

店名為「猝死」之意，源於常客在離開前，最後賭上一把廝殺分出勝負的口號。

## A La Mort Subite

比利時本土酒館

rue Montagne-aux-Herbes Potagères 7

酒館於1880年創業，1910年由新藝術時期的比利時建築大師裝潢設計，走進館內迎面而來的鏡子、大理石柱與褪色的比利時歌手舊照映入眼簾。館內提供自家釀製的Mort Subite 9種蘭比克系列。

P.159B2 從中央車站穿過聖胡博購物走廊，走到底可達。 +32 2-5131318 週一至週五11:00~24:00(週六11:30起) 週日 www.alamortsubite.com/en/

## Mer du Nord

現點現做站著吃海鮮

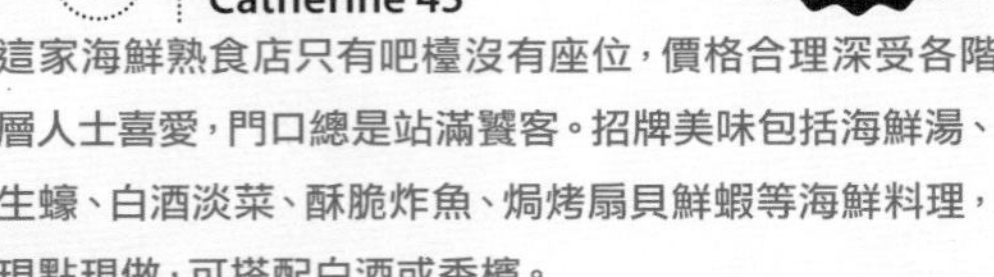

Rue Sainte Catherine 45

這家海鮮熟食店只有吧檯沒有座位，價格合理深受各階層人士喜愛，門口總是站滿饕客。招牌美味包括海鮮湯、生蠔、白酒淡菜、酥脆炸魚、焗烤扇貝鮮蝦等海鮮料理，現點現做，可搭配白酒或香檳。

P.159A1 搭乘Pre-metro 3、4至Bourse站，往西北走Rue Auguste Orts，右轉Rue des Poissonniers，左轉走Rue Sainte Catherine可達。 +32 2-5131192 週二至週日11:00~18:30 週一 www.vishandelnoordzee.be

## Moeder Lambic Fontainas

吃麥芽喝啤酒的酒館

8 place Fontainas

以擁有46種生啤與超過300種酒單而聞名，店內酒保與服務員都是啤酒專家，若不知如何點選，建議坐在吧檯前讓帥氣酒保推薦適合酒款，店內還有許多市面上買不到或釀酒廠沒貨的啤酒呢！

P.159A2 從中央車站步行約15分鐘可達，或搭乘3號電車於Beurs站下車，徒步2分鐘可達。 +32 2-5036068 週一至週四16:00~24:00，週五至週日12:00~01:00(週日至23:00)。 www.moederlambic.com

店內通常附送一小碟麥芽作為搭配啤酒的點心，喝啤酒吃麥芽相當獨特。

## Cafe A La Bécasse

巷弄中的百年酒館

Rue de Tabora 11

全城最古老的酒館之一就藏身在狹小的入口後方，開業已130多年。這裡提供種類繁多的比利時啤酒，包括生啤酒、黑啤酒、修道院啤酒及最受女性歡迎的水果啤酒等。

P.159A2 搭乘Pre-metro 3、4至Bourse站，走出口1、2沿Rue du Marché aux Poulets東行，右轉Rue de Tabora即達。 +32 2-5110006 11:00~23:00 休 週一 alabecasse.com

以石頭杯子裝盛的白啤酒，搭配香腸、火腿、奶酪等傳統小吃，十分開胃。

## Le Pain Quotidien

有機輕食麵包餐館

可頌€3.65起
早午餐€6.95起
推薦菜

Galerie de la Reine 11

Le Pain Quotidien在法文中意指「每日的麵包」，餐廳以有機食材製作手工麵包與甜點，可外帶也可點杯咖啡在店內享用，不想餐餐大魚大肉的人，不妨選擇湯、沙拉、三明治等輕食。

P.159B2 位於聖胡博購物拱廊中 +32 2-5020220 08:00~18:00（週六和週日至19:00） www.lepainquotidien.com

創立於比利時的輕食麵包鋪，在巴黎、倫敦等地都有分店。

### 到布雀街間逛覓食

**布雀街(Rue des Bouchers)的街名原意為屠夫、肉販，因此也稱為「屠夫街」。1960年市議會將此區命名為「依羅賽克雷(Ilot Sacre)」，意指「神聖地區」，禁止任何建築與街道被破壞，如今成為布魯塞爾知名觀光美食街，兩旁餐廳與酒館林立。以淡菜聞名的Chez Leon是布雀街最受歡迎的百年餐廳。**

P.159B2 從中央車站廣場前的圓環沿聖胡博購物商場的Galerie de la Reine北行，至Rue des Bouchers出口左轉即達。

**看法蘭德斯畫派與新藝術風格在此相遇，古典和當代各自綻放精彩。**

# 皇家美術館

**Musées Royaux des Beaux-Arts de Belgique**

皇家美術館分為古典美術館（Musée Oldmasters）、當代美術館（Musée Modern）和Musée Fin-de-Siècle，建築物各自獨立，但有地下通道彼此相連。館藏總共超過2萬件藝術作品，美術館的大廳則用來舉辦藝文活動和特展。

Rue de la Régence 3
+32 2-5083211
週二至週五10:00~17:00，週六和週日11:00~18:00。
休 週一
三館合一門票為成人€10、65歲以上€8；三館與馬格利特博物館的聯票成人€15、65歲以上€10；以上各館18歲以下均免費。每月第一個週三13:00起免費。
www.fine-arts-museum.be

搭乘Tram 92、93至Royale站下車，步行即達。

至少預留時間
和法蘭德斯藝術家對話
約2~3小時
周邊景點也很精彩
約1天

### 造訪皇家美術館理由

1. 探訪跨越時代的國家寶藏
2. 珍藏法蘭德斯畫派大師傑作
3. 新藝術浪潮發源地

**到Musée Fin-de-Siècle認識新藝術風格**

Musée Fin-de-Siècle成立於2013年，呈現出1868~1914年代，布魯塞爾的藝術家們如何將新藝術浪潮推向整個歐洲，展品包含文學、繪畫、歌劇、音樂、建築及攝影作品，參觀後對於當時流行的新藝術風格（Art Nouveau）會有更全面的了解。

**從古典走向現代的動線建議**

參觀動線從古典美術館內的法蘭德斯早期藝術家，如魏登（Rogier van der Weyden）、克里斯圖斯（Petrus Christus）、勉林（Hans Memling）和波希（Hieronymus Bosch）開始，逐步了解16世紀藝術發展，最精彩的就是布勒哲爾父子（Pieter Bruegel）展廳所收藏的畫作。之後進入17、18世紀展覽區，觀賞魯本斯（Peter Paul Rubens）、范戴克（Anthony van Dyck）等安特衛普畫派大師傑作。若對近代藝術有濃厚興趣，可利用電梯進入當代美術館，細賞19、20世紀的繪畫。

### 怎麼玩皇家美術館才聰明？

**善用免費入場時段**

每月第一個週三13:00起，不分年齡均可免費入館，不妨把握。提醒你美術館週一公休，可別白跑一趟。

**背包必須寄放衣帽間**

為了安全考量，美術館規定背包、手提包不可帶進展覽區，必須寄放在入口外的衣帽間。寄放之前，服務人員可能會請你打開皮包或背包檢查一下。

**適時參與館內主題活動**

美術館每個月會舉辦各種動靜態活動，主題豐富有趣，比如在博物館體驗數位設施、開設藝術工作坊等，參觀前可先上官網查詢相關訊息。

**到Museum Café歇歇腿**

逛博物館逛到腿痠，建議到博物館附設的咖啡廳休息片刻，享用輕食，喝杯茶或咖啡，補充體力再繼續藝術巡禮。

## 把握難得機會，近距離細賞魯本斯、布勒哲爾父子等大師傑作。

### 古典美術館
Musée Oldmasters

重要收藏來自法國革命時期的政府充公品與法國政府的委託保管物，包括15至18世紀雕塑、繪畫與素描。法蘭德斯南部的繪畫作品眾多，並以年代先後順序展出，在法國革命前的舊制度下，藝術的發展演變鋪展在眼前。

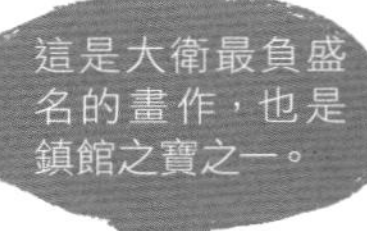

**《馬拉之死》（Death of Marat, 1793），雅克・路易・大衛Jacques-Louis David**

畫中的人物馬拉（Jean-Paul Marat）是法國大革命雅各賓專政的要角之一，1793年他在巴黎家中的浴室被政敵謀殺，引起社會一陣騷動。大衛正是馬拉的朋友，被委任畫出當時情景。

**《天使報喜》（Mérode Altarpiece, 1420-1440），弗雷馬爾大師Master of Flemalle**

這幅畫描述的是神聖場景，但對現實生活的細節卻刻畫細膩，像是桌上的花瓶、祈禱書及雕刻精細的長椅；而白衣天使和身披紅袍的瑪麗亞，與身後的綠色椅罩形成強烈色彩對比。

**《攀登髑髏地》（La montée au Calvaire, 1634-1635），魯本斯Peter Paul Rubens**

這是魯本斯為布魯塞爾附近一座教堂繪製的裝飾畫，主題是攀登髑髏地（耶穌被釘死在十字架上的地方）。魯本斯以對角線手法將人物延伸到畫面上方，加上精巧的顏色排列，十分生動。

**《伯利恆的調查》(Le dénombrement de Bethléem, 1566),老布勒哲爾Pieter Bruegel**

這是老布勒哲爾最受歡迎的畫作之一,畫中可看到懷孕的瑪麗亞騎著驢子初抵伯利恆,其場景被認定是1566年的布拉班村。生動的人物表現出日常生活動態,連動物都顯現一股生氣。

**《勃艮第的安東尼肖像》(Antoine de Bourgogne, 1460),魏登Rogier van der Weyden**

在被證實是勃艮第的安東尼肖像之前,此畫一直被稱為「持箭的男人」。他脖子上戴的金色項鍊是在1456年所得到的榮譽。

**《聖母、聖子和奶水》(La Vierge à la soupe au lait, 1500-1510),吉拉德·大衛Gerard David**

這幅畫被認為是吉拉德·大衛晚期最傑出的作品,他將日常生活情景帶入聖母對聖子的關愛之情,與當時其他畫家強調臉部表情的關愛有很大差別。

**《基督被釘上十字架與追隨者》(Crucifixion With a Donor, 1480-1485),波希Hieronymus Bosch**

波希向來以高度的創造力點出畫中細節而聞名。釘在十字架上的耶穌,左邊是瑪麗亞和他的門徒聖約翰,右邊是兩位不可考的追隨者,可能是畫作委託人。畫面的背景光線與色彩製造出敏銳氣氛。

**《貴族女士及其女兒的肖像》(Portrait of Porzia Imperiale and Her Daughter, 1628),范戴克Anthony van Dyck**

范戴克在17世紀曾於義大利停留一段時間,這幅畫便是那時為一位女貴族和她女兒所畫的肖像。畫裡的母親手持扇子,女兒正在彈琴,表現出他們的財富與喜好。

**《亞當和夏娃》(Adam et Ève, 1545-1546),老盧卡斯·克拉納赫Lucas Cranach the elder**

克拉納赫是文藝復興時期重要的日耳曼畫家,這幅被譽為是具有高貴優雅氣質的雙版畫。夏娃右手的蘋果還留有亞當的齒痕,表現出幽默的一面。

# 拜訪奧塔和馬格利特兩位大師，看完展覽到公園廣場走走，漫步綠蔭中。

這棟鑄鐵與玻璃建構的新藝術風格建築，原是老英格蘭百貨公司，1898年由Paul Saintenoy設計，當時以頂樓的絕佳視野而聞名，現在成了俯瞰市區的餐廳。

當你站在樂器面前，其互動導覽設備提供的耳機中會立刻傳來動人音樂，並講述關於樂器的小故事。

成立於1877年，原本隸屬布魯塞爾皇家藝術學院，最初以教授學生音樂史為目的，1992年正式列為皇家藝術史博物館分館之一。

## 樂器博物館 Musical Instruments Museum

如何前往

搭乘Tram 92、93至Royale站下車，步行即達。

info

Rue Montagne de la Cour 2 +32 2-5450130 09:30~17:00（週六和週日10:00起） 週一 成人€15，65歲以上€13，18歲以下免費。 www.mim.be

館藏樂器超過7,000件，展示近1,200種樂器。1樓介紹各式鍵盤、弦樂、打擊樂等樂器，還有印度魯特琴、非洲木箱鼓、古大鍵琴和九頭蛇般的管樂器；2樓以西方音樂為主，可聆聽中世紀、文藝復興到當代音樂的變化。

## 莎布侖聖母院 Eglise Notre-Dame-du-Sablon

如何前往

搭乘Tram 92、93至Petit Sablon站下車，步行即達。

info

Rue de la Régence 3b +32 2-5115741

10:00~18:00(週六和週日09:00起)

原只是由弓箭手公會創建的小教堂，1304年因聖母顯靈事蹟而聲名大噪，吸引許多人前來朝聖。之後花了一個世紀重建，19世紀末在李奧波德二世的城市規畫下，周遭房屋被拆除，形成目前面貌。

聖母院位於大小莎布侖廣場之間，外觀是哥德式建築，內部有優美大理石雕塑與彩繪玻璃。

### Do You Know

**計程車TAXI名字是這樣來的！**

**許多王室成員與名人最後都埋葬於莎布侖聖母院，包括托爾與塔西家族（Thurn and Taxis）的墓地，他們在16世紀替布魯塞爾引進郵政系統，掛有家族名號的郵件巴士「塔西」，就是現代計程車「TAXI」一詞的來源。**

莎布侖一字源於法語「沙」之意，說明這裡曾是通往市中心路線會經過的濕沙地區。

## 大、小莎布侖廣場

MAP P.159 B3

Place du Grand Sablon & Petite Sablon

如何前往

搭乘Tram 92、93至Petit Sablon站，步行即達。

大莎布侖廣場有座智慧女神噴泉，是1751年來自英國伯爵的謝禮，周圍開著骨董店、畫廊、餐廳及巧克力店。小莎布侖廣場中的青銅雕像是為紀念愛格蒙伯爵與霍恩伯爵，他們因為反抗西班牙王腓力二世的高壓統治，於1568年被處決。

## 馬格利特美術館

MAP P.159 B3

Musée Magritte Museum

如何前往

搭乘Tram 92、93至Royale站，步行即達。

info

Place Royale 1

+32 2-5083211 週二至週五10:00~17:00，週六和週日11:00~18:00。

休 週一

成人€10，65歲以上€8，18歲以下免費；與皇家美術館的聯票為€15。每月第一個週三13:00以後免費入場。

musee-magritte-museum.be

雷內・馬格利特（René Magritte）是比利時20世紀最偉大的超現實主義藝術家，館藏超過200件大師的畫作、素描和雕刻。必看名畫包括《光之帝國》（Empire of Light）、《白日夢》（La Page Blanche）、《返鄉》（LeRetour）及《祕密的遊戲者》（Le Joueut Secret）等。

這些如潛意識的拼湊式畫面不只是夢境，也是真實人生的反映與反諷。

馬格利特創作出夢境般畫面，其獨特思維影響許多當代藝術家，常被運用於電影、廣告、海報等。

**帶一盒馬格利特回家**

**馬格利特的畫作不僅受大眾喜愛，也深獲各品牌廠商青睞。比利時知名巧克力品牌Neuhaus、皇家御用餅乾品牌Jules Destrooper紛紛推出結合馬格利特畫作的鐵盒包裝，可在巧克力專賣店、超市買到，除了品嚐美味，還能收藏喜愛畫家的畫作！**

## 五十週年紀念公園
Parc du Cinquantenaire

MAP P.159 C2

如何前往

搭乘Metro 1、5於Schuman或Merode站下車，步行即達。

info

**皇家武器及軍事歷史博物館**

Parc du Cinquantenaire 3

+32 2-7377833 09:00~17:00 休週一

成人€11，6~18歲€9

www.klm-mra.be/

**五十週年紀念博物館**

Parc du Cinquantenaire 10

+32 2-7417331 09:30~17:00（週六和週日10:00起） 休週一 成人€10，65歲以上€8，18歲以下免費。三館聯票€22。

www.kmkg-mrah.be/

**汽車世界**

+32 2-7364165 週一、週二和週五10:00~17:00，週三、週四、週六和週日10:00~18:00。 成人€15，65歲以上€13，6~11歲€7。 www.autoworld.be

皇家武器及軍事歷史博物館展示中世紀到二次世界大戰以來的軍服、武器、航空飛機和戰鬥機等。

五十週年紀念博物館也稱為藝術歷史博物館，展示埃及、希臘、羅馬、印度和中國等古文物。

為慶祝比利時獨立五十週年，1880年打造了紀念公園舉辦博覽會。園內的凱旋門建於1905年，門上中間雕像象徵法蘭德斯，8座女神雕像圍繞，象徵比利時8個省份，通過拱門後左翼是皇家武器及軍事歷史博物館（Musée royal de l'Armée et d'Histoire militaire），右翼是五十週年紀念博物館（Musée Art & Histoire）和汽車世界（Autoworld）。

## 13世紀角落塔
Tour d'Angle

MAP P.159 B3

如何前往

由中央車站往東南方向前進，沿著Bd de l'Empereur直走7分鐘即達。

info

Boulevard de l'Empereur 36

布魯塞爾首座防禦城牆建於13世紀，設有7個大門與50個守衛塔，歷經戰亂摧毀，如今圍牆已不存在，市區僅留少數遺址。旁邊是醒目保齡球館的守衛塔位於城牆轉角處，因此被稱為「角落塔」。

## 布魯塞爾公園 Parc de Bruxelles

MAP P.159 C2

如何前往

搭乘Metro 1、5至Parc站，或搭Tram 92、93至Parc或Palais站即達。

info

Place des Palais, Rue Royale

06:00~21:00

這座18世紀的法式公園有著對稱格局，曾是布拉班特公爵的私人花園，1770年代整建後加設噴水池、雕像及綠蔭步道。公園旁是皇家劇院（Theatre Royal du Parc），最北端是國會大廈（Palais de la Nation），最南端是比利時王宮。

## 奧塔博物館 Horta Museum

MAP P.159 B3

如何前往

搭乘Tram 81、92、97至Janson站，沿Chaussée de Charleroi南行至Rue Américaine，左轉即達。

info

Rue Américaine 27 （Saint-Gilles）

+32 2-5430490　週二至週五14:00~17:30，週六和週日11:00~17:30。必須提前上官網預約時段才能參觀。每月第一個週日可免費入場。 週一 成人€12，學生€6，6~17歲€3.5。 www.hortamuseum.be

維克多·奧塔（Victor Horta，1861-1947）是首位在布魯塞爾開創新藝術風格（Art Nouveau）的建築大師，其私人住所和工作室打造於1898至1901年間， 外觀看似低調，屋內卻明亮優美，充滿樂趣。奧塔在1919年將住所出售，直到1969年才改為博物館。

住家內所有馬賽克鑲嵌、彩繪玻璃、傢俱、油畫和壁畫，至今仍保持完整狀態。

奧塔的感性流露在小細節中，比如欄杆、燭台、流線型門把、鐵製弧線裝飾、鏡子與花朵圖樣設計。

這棟新藝術風格建築反映了20世紀初的藝術、思想與社會變遷，因而被列入世界文化遺產。

**館內請勿拍照**

**由於奧塔博物館屬於世界文化遺產，為了安全考量，館內禁止拍照和使用手機。**

**新藝術風格徒步之旅**

**新藝術（Art Nouveau）盛行於19世紀末到20世紀初，以各種自然元素如花卉、植物、水滴、波浪等為創作靈感。1893年布魯塞爾掀起一波新藝術風格建築運動，包括樂器博物館、聖胡博購物拱廊、卡通漫畫藝術博物館等，從路易斯大道（Avenue Louise）至奧塔博物館一帶，有比較密集且具代表性的宅第，可以逐一探訪。建議搭乘路面電車94號於Rue du Bailly 站下車，徒步前往以下的新藝術風格宅第，回程從地鐵Porte de Hal站搭車返回。**

**索爾維公館（Hotel Solvay, Avenue Louise 224）→塔西爾公館（Hotel Tassel, Rue Paul-Emile 6→香柏蘭尼公館（Hotel Ciambberlani, Rue Defacqz 48）→奧塔博物館→貓頭鷹公館（Les Hiboux, Avenue Brugma 55）→水波咖啡館（La porteuse d'Eau, Avenue Jean Volders 48a）。**

## 來到巧克力天堂真的不必猶豫，就盡情的試吃、採購和遊逛吧！

### Neuhaus巧克力工廠

位於市區南邊的Neuhaus巧克力工廠最值得推薦，店裡幾乎各種口味的巧克力、餅乾都可無限試吃，產品因為即期或無包裝等原因價格可享5~8折，適合需要大量採購伴手禮的人。

由中央車站搭Metro 1、5於Erasme站下車，車程約20分鐘，出站後沿著Rte de Lennik往西走，遇圓環往左走Av Joseph Wybran，步行約9分鐘可達。 Postweg 2, Vlezenbeek 1602 +32 2-5682211 週一至週六09:00~18:00

店內販售糕點、三明治和巧克力，師傅們透過每三個月更換一次的櫥窗展示最新巧思。

### Wittamer

位於大莎布侖廣場旁的巧克力老店，創始人Henri Wittamer於1910年開店，由家族成員共同經營：孫子掌管門牌6號和12號的巧克力商店，曾孫女經營門牌13號的高檔咖啡廳。製作巧克力的工作室則在商店後方。

搭乘Tram 92、93至Petit Sablon站，繞過聖母院後，沿Place du Grand Sablon西行即達。 Place du Grand Sablon 12 +32 2-3181622 週一08:30~17:00，週二至週五07:30~18:30，週六和週日07:00~18:30。 www.wittamer.com

位於大莎布侖廣場的店舖共三層，以木質地板和黑色調裝潢，櫥窗內展示其巧克力藝術品。

## Pierre Marcolini

Pierre Marcolini把自己在甜點的豐富背景運用在巧克力製作上，比如伯爵茶夾心、布列塔尼鹹奶油焦糖等創新口味，都是得意之作，短短十數年間贏得許多大獎。在紐約、倫敦、巴黎、東京等地都開設分店。

搭乘Tram 92、93至Petit Sablon站，繞過聖母院後，沿Place du Grand Sablon西行即達。 Rue de Minimes 1 +32 2-5141206 週一至週四和週日10:00~19:30(週五和週六延至20:00) www.marcolini.com

## Laurent Gerbaud

Laurent Gerbaud曾旅居中國，亞洲文化成了靈感來源，不僅品牌設計以篆刻字體寫著巧克力三字，風味也很亞洲，夾心巧克力內餡包含柚子、蜜汁金桔、薑等，其中摩洛哥孜然與義大利榛果曾獲巧克力大獎。

從中央車站Rue au Beurre出口走即達 Rue Ravenstein 2D +32 2-5111602 週二至週四12:00~18:00(週五至週日延至18:45) 休週一 www.chocolatsgerbaud.be/

位於藝文中心Bozar斜對面的創新巧克力店，堅持不量產，不含香精添加劑，全球僅此一家。

must eat!
炸薯條
€3.3起
沾醬€0.90
推薦菜

曾被紐約時報盛讚為世界最美味的薯條，店內貼滿名人光顧的照片，包括德國總理梅克爾。

## Maison Antoine

老闆Antoine從1948年與妻子在此創業，至今已傳至第三代。提供多種炸物與30多種沾醬，全年無休，門口總是大排長龍。此外，這裡還販售漢堡、熱狗、可樂、冰茶等，不妨點杯飲料，就能坐在戶外座位享用薯條。

搭乘公車59、60、80號於Jourdan站下車，步行可達。 Place Jourdan 1 +32 2-2305456 11:30~01:00 www.maisonantoine.be

# 季節限定的賞花秘境，重返滑鐵盧戰地實況，布魯塞爾的郊區引人入勝。

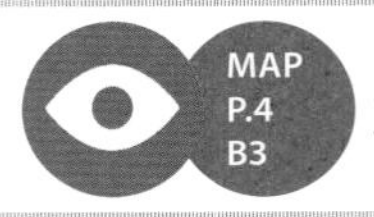

## 滑鐵盧 Waterloo battlefield

MAP P.4 B3

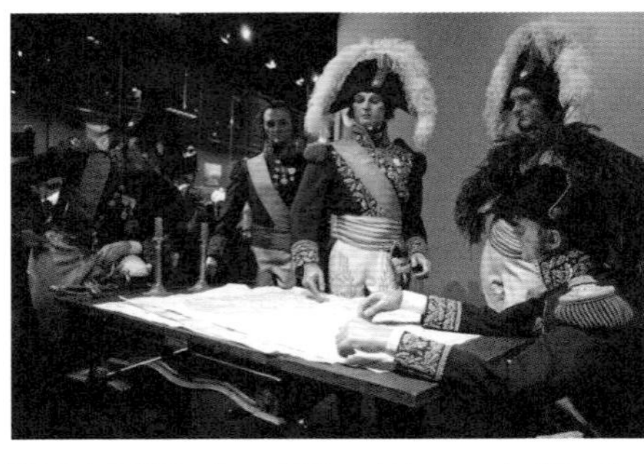

博物館和電影院內以多媒體影音互動方式，來呈現戰役相關歷史文物。

滑鐵盧位於布魯塞爾南方20公里處，當年的古戰場如今成了觀光勝地，其中高約43公尺的獅子丘（The Lion's Mound）由荷蘭國王為戰役中負傷的王子所建，這座面朝法國的鐵鑄雄獅以戰役中僅剩槍砲鑄成，重達28公噸。山腳下設有慶祝滑鐵盧200週年的紀念博物館與4D電影院。

從布魯塞爾南站搭乘火車至Braine-I'Alleud站下車，再轉巴士W於Braine-I'Alleud Route de Nivelles站下車，步行5分鐘可達。 Route du Lion 1815, 1420 Braine-l'Alleud +32 2-3520910 紀念博物館4~6月和9~10月10:00~18:30(11~3月至17:30)，7~8月09:30~19:30。烏古蒙7~8月每天10:00~17:00，其他月份週三和週六10:00~18:00。 套票成人€19.5~23，學生€17.5~21，10~17歲€9.75~11.5，10歲以下免費。套票內容含獅子丘、紀念博物館、全景廳、烏谷蒙。 www.waterloo-tourisme.com或www.waterloo1815.be

### 重回滑鐵盧戰役生活體驗

每年6月18日會舉辦真槍實彈的戰役實況，並有免費巴士接送穿越不同戰爭景點。遊客可前往軍隊搭營的烏谷蒙（Hougoumont Farm），見識身穿軍裝演員們重演當日的情景，親身體驗1815年的戰地生活面貌。

### 拿破崙為何慘遭滑鐵盧？

1815年6月16日拿破崙率領法軍與率領英荷聯軍的威靈頓公爵苦戰，最初法軍佔優勢不斷衝擊英軍陣營，到了6月18日早上，拿破崙苦等不到手下格魯希率領的3萬先發部隊前來救援，反而被英荷普聯軍的普魯士援軍搶先趕到，就在拿破崙於6月18日晚間6點欲宣布勝利時，突遭英荷普聯軍襲擊，不到3小時就被擊潰，死傷達6萬多人。拿破崙在滑鐵盧戰役慘敗，不僅結束政治生涯，也改變了歐洲命運，他在被放逐的第六年後就過世了。

## 大拜哈爾登城堡
### Kasteel van Groot-Bijgaarden/ Château de Grand Bigard

城堡離布魯塞爾市區約7公里，平日不對外開放，僅在布魯塞爾花展的1個月期間開放入園觀賞。城堡佔地14公頃，花園是在19世紀規畫完成，花展期間約展出170萬種特色球莖花卉，依照時序盛開，搭配古老塔樓建築與小橋、溪谷，別有一番恬靜樂趣。

從布魯塞爾北站搭乘火車前往大拜哈爾登站（Groot-Bijgaarden Station），車程約15分鐘，下車後往北走Brusselstraat約12分鐘可達。或由北站搭乘公車355 在Kerk站下車，步行3分鐘可達，車程約33分。 Isidoor Van Beverenstraat 5, 1702 Groot-Bijgaarden +32 2-4662907 每年4月初至5月中10:00~18:00，售票時間至17:30。 成人€16，2~14歲€8，65歲以上€14 。 www.floralia-brussels.be/en/floralia-brussels/

**見證古堡數百年興衰**

大拜哈爾登城堡建於17世紀，周圍環繞數百年的老樹與護城河，見證著古堡興衰歷史，樸實幽靜。城門以一座五拱橋連接外界，兩隻石獅佇立橋頭看守著城門的唯一入口。

**賞花遊古堡小叮嚀**

上午遊客人數較少，是造訪的最佳時機。下午通常會有歐洲、日本等國的大型遊覽車抵達。此外，城堡平日僅供婚禮、宴會等私人活動預定，花展期間則提供簡易帳篷熱食餐飲，遊客不妨自備三明治等輕食，享受在城堡內野餐的樂趣。

布魯塞爾：延伸行程

## 哈勒國家森林公園
Hallerbos

哈勒國家森林公園佔地542公頃，第一次世界大戰時遭德軍砍伐，幾乎全毀，戰後在造林與復育計畫下才恢復成目前樣貌。森林裡共有4處林地被規畫為100公頃的保護區，偶爾在步道上也會遇見小鹿、野兔等野生動物，除了藍鈴花花季，平日也適合健行踏青。

從布魯塞爾南站搭乘火車在哈勒（Halle）站下車，車程約10分鐘，下車後在火車站旁轉搭公車114號（週一至週五），於Vlasmarkt站下車步行可達入口，車程約10分鐘。週末或國定假日需從哈勒站旁換搭公車156號於Lembeek Congo站下車，步行約15分可抵達Vlasmarktdreef入口，車程約17分鐘。 國家森林全年開放，藍鈴花花期約4月中至5月初，每年依氣候影響而不同，確切花期請見官網。 Vlasmarktdreef 4 Hallerbos, 1500 Halle www.hallerbos.be/en 免費

**呵護藍鈴花．留意末班公車**

由於野生藍鈴花脆弱易受傷害，踩踏過幾次就很難再生長，園方特別提醒遊客拍照時請多留心腳步。回程時間需多加注意，以免錯過末班公車。

114公車查詢：www.infotec.be

156公車查詢：www.delijn.be/en

開花狀況查詢：www.hyacintenfestival.be

風信子節：www.halle.be/toerisme/menu/zien-doen/hallerbos/hyacintenfestival

## DO YOU KNOW

### 私房景點太夢幻網路爆紅

每年4月中旬，此處的山坡林地開滿了野生藍鈴花（Bluebell），原本只是當地人才知道的景點，因為霧中藍鈴花經由攝影師們拍下的畫面太夢幻，因而在網路上聲名大噪。尤其在清晨或黃昏造訪，白霧濛濛的森林彷彿鋪上整片藍紫色地毯般魔幻動人。

**一起來參加風信子節**

藍鈴花又稱藍鐘花，或是野風信子，花展期間，當地會舉辦風信子節（Hyacinten festival）活動，除了免費參觀森林博物館，還有免費的周末接駁公車往返車站與森林入口間，可節省不少時間。詳細資訊可在哈勒火車站免費索取風信子節手冊，或於官網查詢每日開花狀態。入園時可參考官網的藍鈴花散步地圖，也可隨興漫遊林中，享受遇見藍鈴花的喜悅。

同場加映

# 離開布魯塞爾的周邊小旅行

走過布魯塞爾古都，不妨換個場景，到比利時第二大城安特衛普住一晚，這裡不僅是鑽石之都、時尚設計之城，也是法蘭德斯畫派巨匠魯本斯的發揮舞台，只要45分鐘車程，就能感受其獨特氣息。大學城根特保留了中古歐洲氛圍，各類型藝術展演在古建築中或街頭巷尾登場，是老城新生的最佳體現，適合散步漫遊。

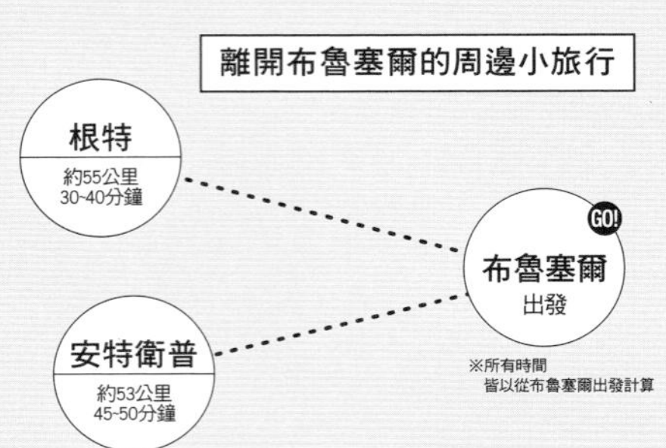

# 單趟車程只要30分鐘，時間充裕自在遊逛一整天！

## 當天來回的行程

根特保存許多中世紀美麗建築，完整的山形屋加上運河貫穿其間，洋溢中古歐洲氛圍。

推薦1
距離布魯塞爾
約55公里
車程
30分鐘

**老城新生榮獲米其林三星評價**

1913年的世界博覽會重新開啟根特的建設契機，大規模古城修復計畫，並以輕軌連接聖彼得車站與老城。每年7月舉辦的根特藝術節（Gentse Feesten）是老城新生的最佳體現，以古蹟為背景，各類型藝術展演在街頭巷尾發生，吸引無數遊客參與。如今，老城街燈經過規劃，宛如電影般的中世紀建築夜景更榮獲米其林指南三星評價。

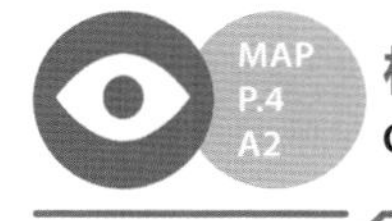

MAP P.4 A2

### 根特 Gent

如何前往

◎火車

市區有聖彼得火車站（Ghent Sint-Pieters）和Ghent Dampoort，IC及IR等列車皆停靠在Sint-Pieters。從布魯塞爾南站出發，每小時6班直達車，車程約30分鐘；從布魯日每小時5班直達，約需27分鐘。

**Ghent Sint-Pieters火車站**

P.194B3

Koningin Maria Hendrikaplein 1

+32 9-2412224

# 單趟車程只要30分鐘，
# 時間充裕自在遊逛一整天！

旅遊諮詢

**◎遊客中心Visit Gent**

P.194B1

Sint-Veerleplein 5（舊魚市場內）

+32 9-2665660

10:00~18:00

www.visitgent.be

**◎火車站旅遊諮詢點**

Sint-Pieters火車站中設有互動式多媒體櫃檯，可自行操作查詢資訊，還可免費索取地圖，雖然沒有人員服務，若有任何問題可透過視訊與遊客中心人員對談。

Koningin Maria Hendrikaplein 1（火車站內星巴克咖啡旁）

+32 9-2412224

中世紀的根特因海權貿易和紡織工業而繁榮，有500多年一直是北海低地國最大城市，15世紀因為布魯日港口淤積，被迫將貿易特權轉讓給安特衛普，根特隨之沈寂。19世紀靠著紡織工業化，再度重返歐洲舞台。



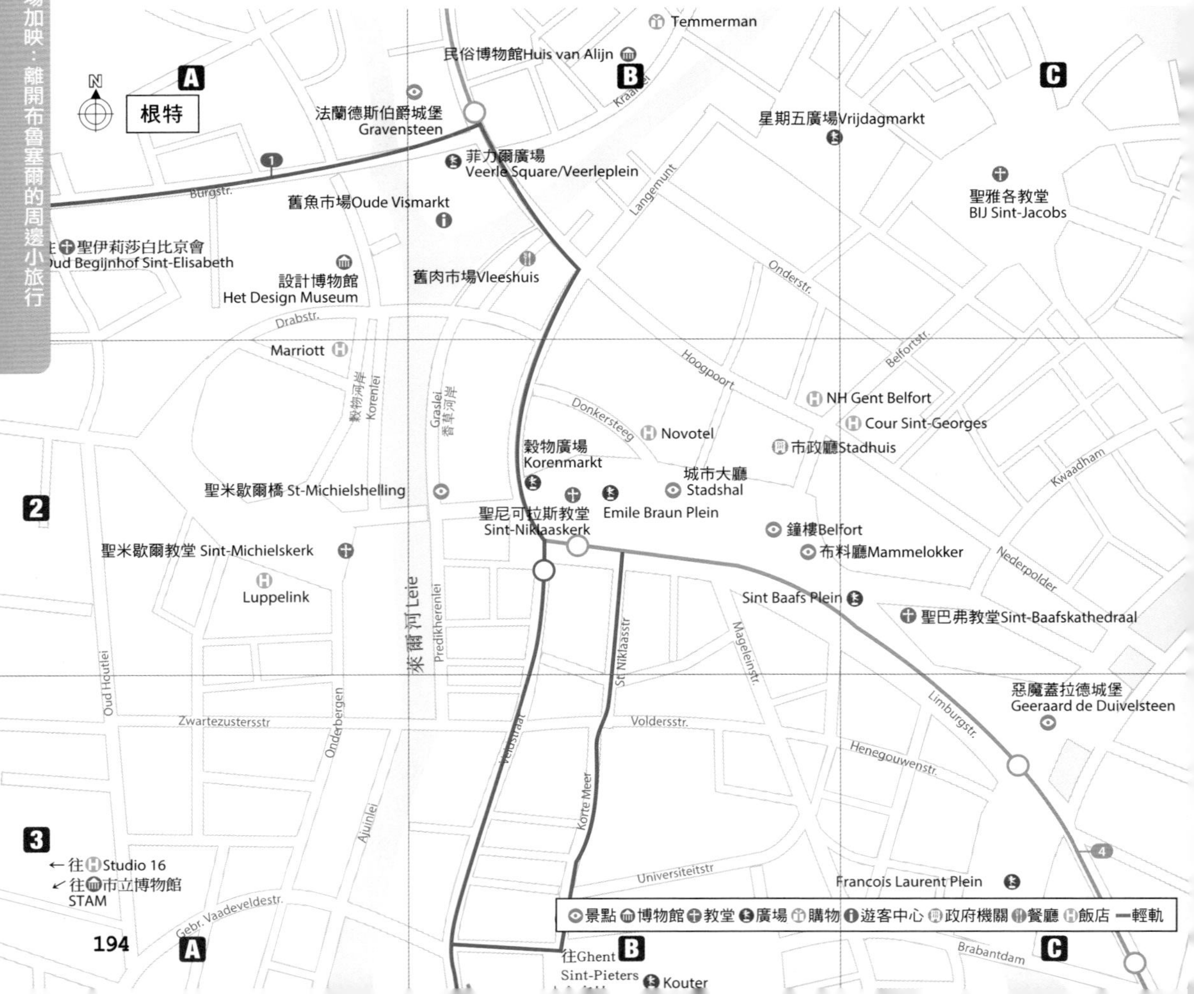

**暢遊根特的5種方法**

**1.電車&公車：根特的景點集中於舊城區，由火車站Ghent Sint-Pieters到舊城區建議搭乘1號電車，若從Ghent Dampoort前往，搭乘3、17、18、38或39號巴士均可到達。**

**公車和電車屬於De Lijn營運系統，站牌上皆標示號碼與目的地。搭車時需招手向司機示意，上車時將車票放在黃色自動刷卡機前感應即可。各種車票可事先上官網或De Lijn的App訂購，也可到Lijnwinkel售票處、自動售票機購買。**

**De Lijn**

單程票€2.5（60分鐘車程內），一日票€7.5。

www.delijn.be

**2.偉士牌機車：騎著造型復古的偉士牌穿街走巷，頗有電影「羅馬假期」的浪漫。租車時店家會提供路線建議。**

**La Bella Vespa**

Beukenlaan 65 +32 485464949

10:00、12:00、14:00出發

€35起

www.labellavespa.be

**3. 單車**

**De Fietsambassade**

Voskenslaan 27 +32 9-2667700

週一至週五09:00~17:00，週六和週日10:00~18:00。

fietsambassade.gent.be

**4.計程車：除了火車站以外的地方，計程車叫車比較不容易，可先使用電話叫車。**

**BVBA Arttaxi**

+32 478068080 www.arttaxi.be

**ABC Taxi**

+32 489399224 www.abc-taxi.be

**5. 運河遊船：搭乘導覽船從水面欣賞舊城兩岸中世紀公會建築。**

**Gent Watertoerist**

登船處：Graslei（ Gent-Watertoerist碼頭）

+32 9-2690869

4~10月11:00-18:00，11月~3月11:00~16:00；船程40分鐘，每15~20分鐘一班。

Guided Boat Trip：成人€9.5，3~11歲€6。

www.gent-watertoerist.be

## Highlights：在根特，你可以去~

鐘塔旁的布拉班特哥德式建築是建於15世紀的布料廳（Lakenhal），是根特最豪華的公會建築。

鐘塔上有53口銅鐘，整點時宛如音樂盒的機械設備牽動塔頂銅鐘，演奏不同音樂。1999年被列入世界文化遺產。

### 1 鐘樓Belfort

**91米高的鐘塔建於14世紀，巨大金龍自1377年就矗立塔頂守護此城，同時象徵市政特權的監護者；現在的金龍已更新，原始版本放在塔內展示。搭乘電梯直上塔頂，可欣賞360度古城風光。**

**P.194B2 搭1、4號電車至Korenmarkt站，步行即達。 Sint-Baafsplein +32 9-2333954 10:00~18:00 成人€10，19~25歲€4.5，13~18歲€1.6，12歲以下免費。 www.belfortgent.be**

## Highlights：在根特，你可以去～

### 2 聖巴弗大教堂 Sint-Baafskathedraal

這裡在12世紀原是羅馬式教堂遺址，神聖羅馬帝國的查爾斯五世在此受洗後，於遺跡上修建哥德式教堂，16世紀完工，現在因收藏許多大師之作而聞名，包括巴洛克式主教祭壇和魯本斯的宗教繪畫，地下寶物廳有主教墓石及15世紀濕壁畫等。

P.194C2 搭1、4號電車至Korenmarkt站，步行即達。 Sint-Baafsplein +32 9-2692045 教堂：週一至週六08:30~17:30（週日13:00起），祭壇組畫：週一至週六10:00~17:00（週日13:00起）。 教堂免費；參觀《神秘羔羊的崇拜》€12.5；參觀祭壇組畫+AR之旅€16。 www.sintbaafskathedraal.be

#### 《神秘羔羊的崇拜》The Adoration of the Mystic Lamb，凡艾克兄弟, 1432年

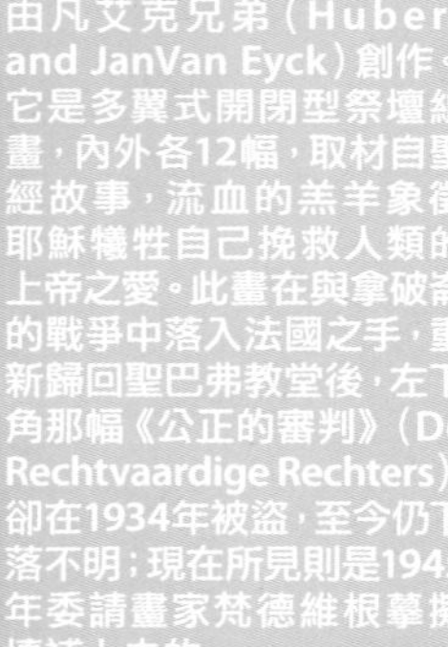

這是教堂中的國寶級名畫，由凡艾克兄弟（Hubert and JanVan Eyck）創作。它是多翼式開閉型祭壇組畫，內外各12幅，取材自聖經故事，流血的羔羊象徵耶穌犧牲自己挽救人類的上帝之愛。此畫在與拿破崙的戰爭中落入法國之手，重新歸回聖巴弗教堂後，左下角那幅《公正的審判》（De Rechtvaardige Rechters）卻在1934年被盜，至今仍下落不明；現在所見則是1945年委請畫家梵德維根華擬填補上去的。

### 3 香草河岸&穀物河岸 Graslei & Korenlei

在海洋貿易興盛的年代，貨物由萊耶河（Leie）運抵根特，在香草、穀物兩岸卸貨送往岸旁的公會倉庫。萊耶河以東是香草岸，有自由船員同業公會、小麥秤量檢查公會、穀物倉庫及泥水匠公會等，現在是餐廳和露天咖啡座；以西是穀物岸，有16世紀啤酒釀造廠、非自由船員同業公會等。

P.194A2,B2 搭乘1、4號電車至Korenmarkt站，步行即達。

#### 從公會建築看商人權勢強弱

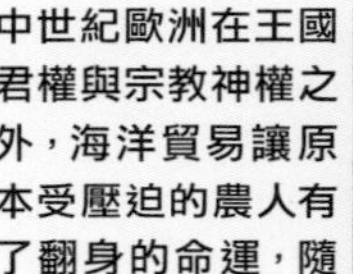

中世紀歐洲在王國君權與宗教神權之外，海洋貿易讓原本受壓迫的農人有了翻身的命運，隨著商業興盛，同業組織公會，進而組成市政廳集體議事治理城市，最有勢力的產業公會往往是掌權核心，所以最華美的建築都是同業公會。法蘭德斯階梯式山牆建築是商人們權力與財富的象徵，從山牆上的階梯數就能判斷該行會的勢力。

#### 教堂數量最密集之三塔連線景觀

從香草河畔的穀物廣場（Korenmarkt）到聖巴弗廣場（Sint Baafs Plein）之間，是老城最熱鬧區域，短短數步之遙，就有聖尼可拉斯教堂（Sint-Niklaaskerk）、鐘塔和聖巴弗大教堂組成「三塔連線」的中世紀天際景觀，教堂數量相當密集。聖尼可拉斯教堂採用當時盛行的斯凱爾特哥德樣式（Scheldt Gothic），高塔不設在教堂入口的正上方，而在中殿與耳堂的交叉處，可讓光線透過高塔照亮耳堂。

**最佳拍照賞景勝地就在聖米歇爾橋**

**聖米歇爾橋（Sint-Michielsbrug）橫跨萊耶河，無論日夜都是拍照的最佳地點。拱形橋梁建於20世紀初，路燈上有聖米歇爾雕像裝飾。從這兒可遠望聖巴弗大教堂、法蘭德斯伯爵城堡、聖尼可拉斯教堂、鐘樓，以及香草河岸、穀物河岸的華麗山牆。**

## 4 法蘭德斯伯爵城堡Gravensteen

早在10世紀，根特領主法蘭德斯伯爵（Arnulf I）已在萊耶河這塊隆起沙洲修築木製堡壘，12世紀菲利浦伯爵（Count Philip of Alsace）繼承領地，於1180年以石塊重建。後來伯爵移居他地，城堡陸續成為鑄幣局、法院、監獄及紡織工廠。

P.194B1 搭1、4電車至Gravensteen站，步行即達。 +32 9-2668500 10:00~18:00。建議提前上官網訂票，以免在售票處排隊。 成人€12，13~18歲€2，12歲以下免費。 www.gravensteengent.be

登上城堡高塔，全城市容與萊耶河在腳下蔓延，頗有王者駕臨的御風暢快。

除了法蘭德斯伯爵家族和城堡歷史，多數區域展示中古歐洲的武器和各種刑求道具，比如鎖子甲、盔甲和斷頭台，相當血腥。

## 5 星期五廣場 Vrijdagmarkt

星期五廣場一直是根特的政治和社會中心，廣場中的雕像是14世紀初帶領根特貿易與工業蓬勃發展的重要人物Jacob van Artevelde。目前每週五早上和週六下午，廣場市集吸引無數人潮聚集，四周都是咖啡館和酒館。在傳奇酒館Tavern Dulle Griet，可以喝到超過250種比利時啤酒。

P.194B1 從Korenmarkt往北走，接Langemunt，右轉Vrijdagmarkt即達。 市集週五07:30~13:00，週六11:00~18:30。

# 古典現代交織太迷人，豈能不住一晚匆匆走過！

安特衛普有「鑽石之城」美譽，中央車站附近的鑽石店家密布，全球超過70%的鑽石都在此加工與交易。

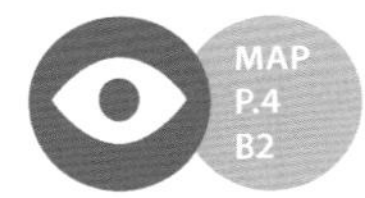


## 安特衛普 Antwerpen

如何前往

◎飛機

安特衛普國際機場（ANR）僅提供往返倫敦及其他歐洲城市航線，從機場搭乘51、52、53號公車，約10分鐘可至安特衛普貝爾海姆車站（Antwerp Berchem）。若從布魯塞爾機場可轉乘火車或搭機場巴士（Airport Express），每2小時一班，約45分鐘可抵達安特衛普中央車站（Antwerp Centraal）。

**安特衛普國際機場Antwerp Airport**

www.antwerp-airport.be

**布魯塞爾機場巴士**

**Airport Express**

www.airportexpress.be

◎火車

**你也可以這樣玩古城**

**1.歷史古城徒步之旅：旅遊局舉辦的Historic walk，由專業導遊陪你步行遊覽歷史古蹟，從大廣場出發，沿途參觀市政廳、聖母教堂與許多16世紀建築，全程約2小時。**

史汀堡壘Lange Wapper Statue前方 +32 3-2320103 7~8月週一、週四至週日，其他月份週六和週日，以上每天兩場次14:00、14:30。 每人€10 experienceantwerp.be/en/offers/city-walks

**2.路面電車之旅：乘坐復古路面電車繞行城內熱門景點與部分郊區，是獨特體驗。電車4號由貝爾海姆車站（Berchem）發車，從市區開往西南方，行經許多美術館，終點為郊區荷柏根（Hoboken）。11號目前的起點為安特衛普貝爾海姆車站（Berchem），訖點為中央車站。此外，電車3、5、7、9號都行經中央車站以西的市區。**

www.delijn.be 因城市環路（(Stadslus)）工程興建中，電車11號從Roosevelt到Melkmarkt路線暫不開放。

安特衛普市區最主要的是中央車站（Antwerpen Centraal），其他另有安特衛普貝爾赫姆車站（Antwerpen Berchem）與安特衛普南站（Antwerpen Zuid），查詢班次或購買車票時請注意確切站名。從布魯塞爾南站到安特衛普，每小時約 3~4班火車，車程約45分鐘。從布魯塞爾機場每小時2班直達車，約需35分鐘。

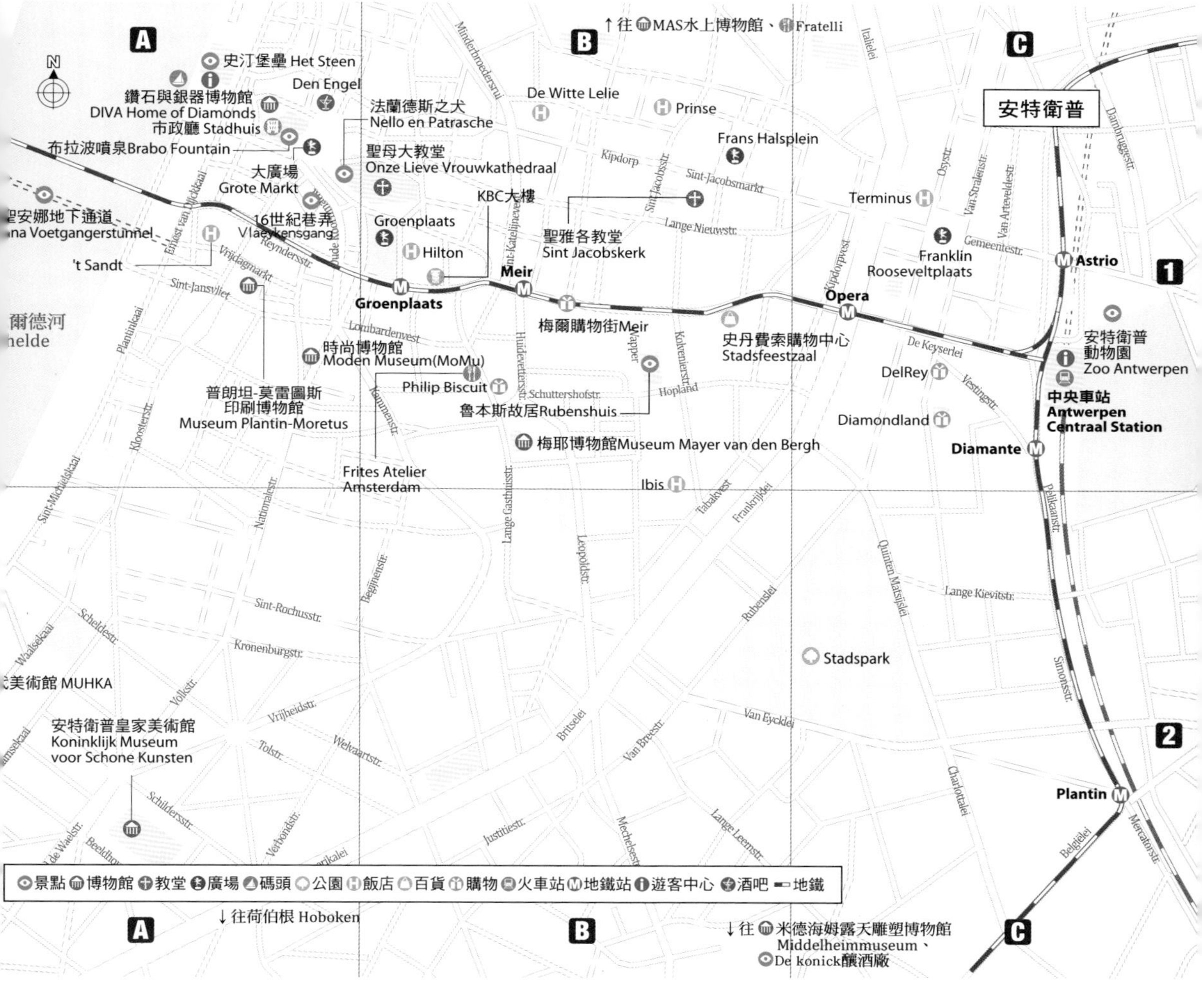


**Antwerpen Centraal Station**

P.199C1

旅遊諮詢

◎**Het Steen遊客中心**

P.199A1

Steenplein 1

+32 3-2320103

10:00~16:00

visit.antwerpen.be

◎**中央車站遊客中心**

P.199C1 09:00~17:00

Koningin Astridplein（地面層靠近樓梯處）

安特衛普是比利時第二大城、世界鑽石工業中心、時尚重鎮，也是巴洛克大師魯本斯施展才華的舞台。市區不大，多數博物館、歷史古蹟都能徒步抵達，市區到處是迷人酒吧、咖啡館、古董店和餐廳，漫步其中可感受獨特文藝氣息。

# 古典現代交織太迷人，豈能不住一晚匆匆走過！

**暢遊安特衛普的6種方法**

**1.步行：由中央車站步行至舊城區大廣場約30分鐘，遊覽安特衛普建議以此為中心點，多數景點都在步行距離內。**

**2.電車&巴士：同屬De Lijn營運系統，路面電車稱為Tram，在路面下的電車通稱Premetro或Metro，路線涵蓋市區與郊區，電車路線不足的地方由密集巴士路線彌補。**

**中央車站與Groenplaats地下電車站內皆設有Lijnwinkels Store（週一至週五08:00~18:00，週六09:15~17:00），可購買車票及索取路線圖與時刻表。此外，各種車票也可事先上官網或De Lijn的App訂購，或到自動售票機、報攤、書店購買。上車時將預先買好的車票放在黃色自動刷卡機前感應即可。**

**如果想上車買票，必須準備好信用卡或國際金融卡，亦可使用Apple Pay、Google Pay，上車後在白色機器上感應，即可扣款付費。現在已不能在車上向司機買票。**

**De Lijn**

單程票€2.5（60分鐘車程內），10次通行票€17，一日票€7.5。

www.delijn.be

**3. Velo環保共享單車：安特衛普以完善的單車停泊系統見稱，市區遍佈Velo共享單車租借站，走出中央車站正門、側門就可看到，街頭隨處可見紅黃白相間的Velo車。上官網預購車票最為方便，預訂時可取得一組密碼，於租借站螢幕中輸入即可按照指示取得單車。也可前往中央車站最尾端出口的Velo諮詢中心預購。**

一日通行PASS：€5，一週通行PASS：€12，需以信用卡支付。

Mediaplein 7　+32 3-2065030

週一至週五09:00~17:00

週六和週日

www.velo-antwerpen.be

**4.計程車：可在中央車站或Groenplaats叫車，或是打電話預訂，所在地附近的咖啡廳、餐廳、飯店均可協助叫車。**

**DTM Taxi**

+32 3-3666666

www.taxiantwerpen.com

**A-Taxi**

+0474 390 766

taxibedrijfantwerpen.be

**5.遊船：**

**早安安特衛普遊輪**

**Good Morning Antwerp Harbour Cruise**

**搭Flandria公司的遊輪欣賞安特衛普港口景觀，提供熱飲和餅乾，全程約1.5小時。**

登船處：Londenbrug (位於Licht der Dokken咖啡館對面)

+32 486912957　每週六、週日和假日10:00

成人€20，2~10歲€17。　www.flandria.nu

**烤薄餅遊船Pancake boat**

**一邊欣賞安特衛普港口景觀，一邊享受比利時煎薄餅，全程約1.5小時。**

登船處：Londenbrug　+32 486912957

3~11月每月的第一、三個週日12:15、14:45出發

成人€29，2~10歲€24。

www.flandria.nu

**6.觀光列車：從Groenplaats出發沿著主要景點繞行市區，一趟約45分鐘，沿途有語音導覽介紹各景點。**

Groenplaats　+32 497113974

4~9月11:00~17:00，其他月份12:00~16:00(1~3月僅週六和週日發車)，每小時一班。

12歲以上€10，4~12歲€6。

www.touristram.be/sight/antwerpen/

## Highlights：在安特衛普，你可以去～

### 1 大廣場與布拉波噴泉 Grote Markt & Brabo Fountain

大廣場四周有燦爛輝煌的公會建築、迷人的16世紀市政廳與酒吧，正中央就是布拉波噴泉。周圍的公會建築早期並沒有門牌號碼，而是以屋頂的金漆雕像來辨別，仔細瀏覽每家公會不同的主題家徽也是一番樂趣。

P.199A1 搭乘Tram 3、4、5、9至Groenplaats站，往西沿Groenkerkhofstraat走，右轉Oude Koornmarkt直走，右轉Grote Markt即達。

### 有此一說～

**聆聽布拉波噴泉傳説**

傳説中，邪惡巨人強行向每艘航行過斯海爾德河的船隻收取保護費，一名勇敢的羅馬士兵布拉波（Brabo）奮起反抗，最後不但打敗巨人，還砍斷他的手掌丟入河中。因此「扔手」的荷語諧音Handwerpen，也被傳為是安特衛普市名的由來，紀念品店常販售以手掌為形象做成的各式紀念品和巧克力。事實上安特衛普荷文原意為「上升之地」。

### 2 聖母大教堂 Onze Lieve Vrouwkathedraal

教堂內部以華麗巴洛克風格為主，收藏雕塑、宗教題材繪畫等藝術作品，其中以魯本斯的4幅畫作最為知名：上十字架（The Raising of the Cross）、下十字架（The Descent from the Cross）、聖母升天（Assumption of the Virgin）、基督復活（The Resurrection of Christ）。

P.199B1 從大廣場沿Maalderijstraat向南步行，約3分鐘可達。 Groenplaats 21 +32 3-2139951 週一至週五10:00~17:00，週六10:00~15:00，週日13:00~17:00。 成人€12，18歲以下免費。 www.dekathedraal.be

從1352年起建至1521年才完工，這是比利時最高、規模最大的哥德式教堂。

教堂內環繞彩繪玻璃，完成於15至17世紀，而木雕的唱詩班席位、管風琴、告解室等都值得造訪，每年夏季則舉辦管風琴音樂會。

### DO YOU KNOW

**龍龍與忠狗長眠於此**

卡通《龍龍與忠狗》（Nello en Patrasche）的原著《法蘭德斯之犬》（A Dog of Flanders）出自英國作家薇達（Ouida）1872年的創作，描述小男孩與狗相依為命，仍不敵命運捉弄的悲劇結局。此書在比利時名氣不大，因為多數當地人並不認同書中描述的法蘭德斯與悲情，反而在日、韓、台較受矚目，吸引不少遊客前來。2016年底市府特別在教堂門前建造一座雕像，讓男孩與狗長眠於此，因為魯本斯那4幅名作也是立志成為畫家的龍龍，臨終前最想看到的畫作。

**教堂鐘樓**

鐘樓高達123公尺，有「中世紀摩天大樓」之稱，其實原先的設計是雙塔建築，因為一場大火導致經費短缺，建完單塔後就停工，如今反成教堂的特色。正門上方的石雕講述「最後審判」情景，中央的天使正在秤人死後的靈魂重量，惡人前往有魔鬼的地獄，善人前往天堂與聖人同在，十分警世。

Highlights：在安特衛普，你可以去～

## 3 普朗坦—莫雷圖斯印刷博物館Museum Plantin-Moretus

在館內可見識從16世紀保存至今仍能運轉的印刷機器、製版機等，或在專人示範下瞭解當時一本書的印製過程，得耗費2至3個月，由專門刻板製板的工匠和人力操作的印刷機器，一頁一頁印刷，等待紙張油墨乾後才能集結成冊。

P.199A1 從大廣場沿Hoogstraat向南，左轉HH Geeststraat至Vrijdagmarkt可達。 Vrijdagmarkt 22 +32 3-2211450 10:00~17:00 休週一 成人€12，18~25歲€8，18歲以下免費。請提前上官網預約參觀時段。 www.museumplantinmoretus.be

當時老百姓平均月薪約現在的5歐元，但一本書則賣250歐元，是提供少數菁英與王公貴族消費的產品。

除了銷售最好的聖經地，普朗坦還出版植物、理、文學等類書籍，買斷設計師獨特字體並擁有專門工作室創造新字型。

### 完整見證15至18世紀印刷史

安特衛普曾是歐洲印刷業重鎮，來自法國的普朗坦（Christopher Plantin）是業界最有影響力的出版商，1555年他在此開設印刷廠，於1589年過世後，由莫雷圖斯家族繼承並經營長達300年。博物館的收藏包括世界上最古老的印刷機（約1600年）、早期印刷原料、珍貴的活字印刷本古騰堡聖經（Gutenberg Bible）、豐富的印刷圖像，以及魯本斯等大師蝕刻板畫收藏，完整見證15至18世紀的印刷史。由於意義非比尋常，2005年此館被列為世界文化遺產。

## DO YOU KNOW

### 聖母聖子雕像可以減稅！

漫步市區街巷，抬起頭，你會發現眾多樓房都內嵌著一座聖母聖子雕像，尤其在16世紀古巷弄周圍更有許多華麗造型。早年西班牙佔領安特衛普時，為了傳播天主教信仰因而實施廣建雕像的鼓勵政策，當時只要在自家牆壁外圍擺上聖母聖子像便能減免稅收，造就處處充滿宗教雕像的景況。

## 4 16世紀巷弄 Vlaeykensgang

這條小巷隱藏在聖母教堂附近的繁忙街道，巷弄有三個出口通往不同方向，若走進Oude Koornmarkt 16號，碎石子路面、低矮房屋與門牌仍保留16世紀樣貌。這裡曾是負責教堂警報鐘聲的鞋匠和窮人居住地方，如今整頓後成了熱門景點。

P.199A1 由聖母大教堂正前方直走，第一個巷口左轉，步行3分鐘可達。 Oude Koornmarkt 16

不妨留意其中一戶大門的門鎖設計成「凹」字型，目的在於讓摸黑回家的醉漢能夠輕易找到鑰匙孔，耐人尋味。

1836年誕生的車站僅擁有木頭屋簷和4條軌道，1905年才興建為現在鐵道大教堂的氣派建築。

站內設有超市、書報攤、咖啡廳等，遊客中心也在其中，可索取免費地圖或購買各種散步路線手冊。

## 5 中央車站Centraal Station

車站於2006年重新整修，設計成上下共四層的月台空間。新巴洛克式建築採用大量金屬與玻璃建材，讓自然光從玻璃屋頂灑落站內，加上古典大鐘、華麗壁飾與氣派石階，曾被媒體評選為全球最美車站之一，享有歐洲「鐵道聖殿」（The Railway Cathedral）美譽。

P.199C1 Koningin Astridplein 27

### 安特衛普動物園 Zoo Antwerp

出了車站往右側走，就是知名的動物園，不僅是世界最古老的動物園之一，建於寸土寸金的市中心可說是都市中的一片綠洲。園內擁有5000多隻動物。

P.199C1 Koningin Astridplein 20-26 4~9月10:00~18:00，其他月份10:00~16:00。 冬季優惠價成人€27.5，60歲以上€25.5，12~17歲€25.5，3~11歲€21.5。夏季往上調升€5。 www.zooantwerpen.be

## 6 時尚博物館Moden Museum（MoMu）

博物館位於一棟19世紀末名為「ModeNatie」的建築內，擁有超過25,000件收藏品，除當代設計師作品外，也包括傳統服裝、飾品、蕾絲等。還有餐廳與流行專門書店，以及法蘭德斯流行協會（FFI）、皇家藝術學院的服裝設計系和圖書館。

P.199A1 大廣場沿Oude Koornmarkt向南步行至Nationalestraat即抵達 Nationalestraat 28 +32 3-4702770 10:00~18:00 週一 成人€12，18~25歲€5 www.momu.be

博物館這條街上不乏知名設計師的個人精品店，例如時尚六君子之一的德瑞斯·凡諾頓，就將其流行殿堂（Het Modepaleis）開設在此。

### DO YOU KNOW

#### 安特衛普六君子掀起時尚革命

當安特衛普皇家學院的設計學系成立時，比利時在時尚界仍默默無名。1987年，安·迪穆拉米斯特（Ann Demeulemeester）帶領同校學弟妹華倫特·范·波倫達克（Walter van Beirendonck）、德克·范·莎安（Dirk van Saene）、德賴斯·范諾頓（Dries Van Noten）、德克·拜倫克（Dirk Bikkembergs）和馬蓮納·易（Marina Yee）勇闖倫敦時尚周，以租來的卡車在門外大膽展示各自作品，震撼英國時尚界，前衛叛逆的風格讓厭倦奢華設計的媒體們大為驚喜，英國媒體稱此次卡車時裝秀為「時尚革命」，並將這六人冠上「安特衛普六君子（The Antwerp Six）」美稱，安特衛普皇家學院自此躍上國際舞台 。

## 7 史汀堡壘Het Steen

這是市區最古老的建築，荷語「Steen」的意思為「石頭」、「城堡」，西元800年曾遭挪威人洗劫，而後被神聖羅馬帝國重建為防禦工事，用來控制斯海爾德河的航運。直到1823年前，城堡還陸續作為監獄和國家海事博物館等不同用途。

P.199A1 從大廣場往河岸方向步行即達
Steenplein 1

堡壘入口有座巨人Lange Wapper雕像，傳說他時常欺騙婦女或玩弄醉漢，雕像手插腰、兇狠地望著腳下兩個驚恐鄉民，十分傳神。

## 8 聖雅各教堂 Sint Jacobskerk

聖雅各教堂以魯本斯最後安息之地聞名，興建於1491至1656年，當地貴族仕紳為了炫耀財富，計畫建造比聖母大教堂更高的高塔，卻因資金問題只蓋了55公尺便作罷。除了魯本斯家族之墓外，還收藏魯本斯、凡戴克、喬登斯等人的作品。

P.199B1 搭乘Tram11至Sint-Jacobstraat站，步行即達。 Sint-Jacobstraat 9 14:00~17:00 成人€3起

外觀是15世紀哥德式建築，內部卻是巴洛克風格，魯本斯之墓就在主祭壇後方的小堂，上方的《聖母與聖人》畫作是他的作品。

## 9 梅爾購物街Meir

梅爾街是條行人徒步街，除了琳瑯滿目的櫥窗、街頭藝人表演，還有法蘭德斯畫家凡戴克（Anthony van Dyck）的雕像與華麗建築，這些曾是16至19世紀貴族的豪宅，如今皆由連鎖品牌H&M、ZARA和百貨公司INNO進駐。

P.199B1 從中央車站步行約10分鐘，或搭乘Tram 3、5、9、15至Meir站下車即達。 商店18:00打烊，每月第一個週日營業，其餘週日皆公休。

### 梅爾宮殿 Paleis op de Meir

梅爾街50號是洛可可風格梅爾宮殿，建於1745年，拿破崙曾在1811年買下並砸重金裝潢重建，最後卻無緣入住，目前已是國家古蹟，保留華麗鏡廳與豪華家具，一樓設有咖啡廳與巧克力專賣店。

### 在英國大放異彩的安東尼•凡戴克

安東尼•凡戴克（Antoon Van Dyck）是魯本斯的得意門生，可惜他在家鄉總是籠罩在老師的巨大聲望下，於是他早早就離開安特衛普前往義大利、倫敦等地。當時的英國被隔絕在歐洲主流藝術之外，他的出現帶來驚喜，英王查理一世成為他的粉絲，不但送他別墅作為個人畫室，更將他當作皇室專屬畫家，死後被榮葬在倫敦聖保羅大教堂，由此可知英國王室對他的重視。

## ⑩ 梅耶博物館Museum Mayer van den Bergh

弗里茲．梅耶．凡．登貝爾（Fritz Mayer van de Bergh，1858-1901）畢生熱愛藝術收藏，在43歲驟然逝世後，他的母親為了達成其夢想，遂將豪宅改建成博物館展現他的收藏品味。館中超過3千件展品皆優雅地擺在各個房間內，包括13到18世紀的畫作、雕塑、瓷器、彩繪玻璃、古董家具等。

最具代表性的收藏品為老布勒哲爾（Pieter Brueghel the Elder）的《瘋女芙麗特》（De Dulle Griet）。

P.199B1　搭乘Tram4、7至Oudaant站，步行即達。　Lange Gasthuisstraat 19　+32 3-3388188　10:00~17:00　休週一　成人€10，18~25歲及65歲以上€6，18歲以下免費。　www.museummayervandenbergh.be

## ⑪ 魯本斯故居Rubenshuis

法蘭德斯派大師魯本斯（Peter Paul Rubens，1577-1640）在義大利學畫8年後，因母親辭世而返回安特衛普，就在這棟宅院中渡過人生最後29年。他去世後，文藝復興－巴洛克風格的故居陸續轉手幾回，1937年由市政府買下，重新開放給畫迷朝聖。

這座百年故居空間不大，設施有限，無法負荷年年不斷增加的遊客人數，市政府因而決定將故居和巴洛克式花園精心修復，同時在原本的住宅、花園和工作室旁另外興建一座新建築，裡面設有咖啡館、研究中心和魯本斯圖書館。新建築和巴洛克式花園預計於2024年率先完工，魯本斯故居則於2027年開放。喜歡魯本斯作品的人，依然可以從官網上觀賞大師的創作。

P.199B1　搭乘Tram 3、5、9、15至Meir站下車，沿Meir東行至Wapper右轉即達。　Wapper 9-11　+32 3-2011555　10:00~17:00　休週一　待重新開放後，請詳見官網。　www.rubenshuis.be

### 魯本斯的崛起與政治宗教有關？

安特衛普在1568年的荷蘭獨立戰爭中扮演了反叛西班牙的帶頭角色，這場戰爭也象徵西班牙帝國的天主教勢力與受到馬丁路德影響的新教派之間的衝突。1585年安城遭西班牙攻陷，許多新教徒逃往阿姆斯特丹，造就了阿姆斯特丹的繁榮，而西班牙試圖將安特衛普轉變為天主教城市，除了大舉建設天主教堂，更極力推行華麗巴洛克風格，於是巴洛克大師魯本斯被西班牙皇室大力重用，作品遍及大街小巷，成為安城的代表人物。

舊故居屋內展示魯本斯數十幅畫作，包括自畫像、第二任妻子海倫肖像以及畫作《樂園裡的亞當與夏娃》等。

這座巴洛克式花園經過修復後，將重新對外開放。

## Highlights：在安特衛普，你可以去～

2010年興建完成的MAS位於舊碼頭區，此區正是政府進行都市更新的重點之一。

黃昏時登上免費開放的頂樓景觀台，可眺望港口城市風貌。

**拿破崙是安特衛普浴火重生的貴人！**

位於MAS博物館西邊的波拿巴港（Bonapartedok）見證了安特衛普的重生。16世紀的安城原是北海第一大港，在荷蘭獨立戰爭中慘遭西班牙佔領和刻意封鎖而沒落。直到18世紀末拿破崙佔領此地，以自己為名建造了波拿巴港，企圖掌握航運事業，雖然「慘遭滑鐵盧」丟失帝國夢，安特衛普卻託他的福而浴火重生，成為現今國際化港口城市。

### ⑫ MAS水上博物館 Museum aan de Stroom

MAS有如十數個巨大盒子堆疊起來的螺旋塔，每層樓圍著中心進行1/4旋轉，抵達頂樓時，令人驚嘆的360度全景映入眼簾。館內收藏來自國家海事博物館和民俗博物館近50萬件文物，其中有來自中國的碼頭工人學習英語而留下的手稿。

P.199B1　搭乘Tram 7至MAS站，沿河邊走，約3分鐘可達。　Hanzestedenplaats 1　+32 3-3384400　常設展：週二至週日10:00~17:00，每月最後一個週三開放至19:00。全景景觀台：09:30~22:00（4~10月至24:00）。　休週一　成人€10，18~25歲及65歲以上€8，18歲以下免費。頂樓景觀台免費。現場買票不收現金。　www.mas.be

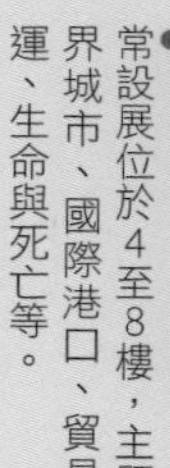

常設展位於4至8樓，主題為世界城市、國際港口、貿易與航運、生命與死亡等。

### ⑬ 安特衛普皇家美術館 Koninklijk Museum voor Schone Kunsten

館藏多達7,600件藝術品，以完整的法蘭德斯畫派為大宗，囊括法蘭德斯始祖：凡德威登（Rogier van der Weyden）、勉林（Hans Memling）、范艾克（Jan van Eyck）等大師名作，以及17世紀「安特衛普三傑」——魯本斯、凡戴克、喬登斯的畫作。同時還大量珍藏了比利時現代主義派代表人物詹姆斯．恩索（James Ensor）和Rik Wouters的創作，讓美術館成為現代藝術先驅和革命藝術的故鄉，並設有研究中心、修復團隊、圖書館和檔案館。

P.199A2　搭乘Tram 4至Museum站下車，步行即達。　Leopold de Waelplaats 2　+32 3-2249550　週一、二、三、五10:00~17:00，週四10:00~22:00，週六和週日10:00~18:00。　成人€20，18~25歲€10，18歲以下免費。　www.kmska.be

通道寬度足夠行人與雙向自行車通過，整趟穿越時間約10分鐘，若走累了，對岸有電車可搭回舊城區。

每逢週日，地下通道前的Sint-Jansvliet廣場會有二手骨董市集，骨董迷不容錯過！

## 14 聖安娜地下通道 Sint-Anna Voegangerstunnel / St-Anna tunnel

斯海爾德河貫穿安特衛普，將城市分為左右兩半，這條建於河床底下的步行通道，則是聯繫老城區與現代左岸的絕佳橋樑。通道於1931年動工，全長572公尺、深達31公尺，內部保留了當初建造時的木製電扶梯和復古警告標誌。

P.199A1 從大廣場沿Hoogstraat南行至Sint-Jansvliet右轉，至與Scheldeken的路口，可看到隧道入口。

### 斷手特製啤酒Bollekes

De Koninck啤酒廠的商標就是一隻安特衛普城市傳說的斷手，其釀製的琥珀色深度發酵啤酒在城裡各家酒吧都可見到，還有一款專為De Koninck啤酒而特製的酒杯「Bollekes」，所以大家也暱稱這款啤酒為Bollekes！

## 15 De konick釀酒廠

Konick家族從19世紀開始釀酒，2010年De konick成為大集團旗下的品牌。釀酒廠位於安特衛普市區南方，透過10間互動影音室介紹歷史和釀造過程，參觀者可依自己節奏慢慢體驗。最後不妨前往酒吧免費喝一杯，為此行畫上完美句點。

P.199B2 由中央車站地下電車站Premetrostation Diamant搭乘15號電車，於Berchem De Merode站下車，步行1分鐘可達。 Mechelsesteenweg 291 +32 3-8669690 11:00~17:30 休週一 成人€16，65歲以上€16，5~15歲€14。 www.dekoninck.be/en

### 甜點控必訪名店

安特衛普曾擁有20多家餅乾與巧克力製造工廠，早期有「餅乾之城」(Kokenstad)封號。現在多數工廠已消失或遷移，但製作甜食的傳統依然存在。甜點控必訪名店包括：在銀座開分店的DelRey、傳統糕餅店Philip Biscuit、百年鬆餅店Desire de Lille，以及到義大利參賽的冰淇淋店Fratelli等。城內每年1~3月會舉辦甜點週、巧克力週等活動，屆時別忘購買優惠券，體驗名店美食。

DelRey www.delrey.be
Philip Biscuit www.philipsbiscuits.online
Desire de Lille desiredelille.be

# 世界第一的修道院啤酒 Trappist Beer

比利時啤酒於2016年正式列入聯合國教科文組織（UNESCO）的人類非物質文化遺產，其文化的多樣性絕對不輸紅酒或其他飲料，除了暢銷品牌Stella Artois，最讓酒迷與鑑賞師們感動的則是正統修道院啤酒(Trappist)，現今仍由修道院修士嚴格控管品質，以盈餘來推動社會公益與慈善事業，雇用社會弱勢者加入生產線，再將平價產品提供給普羅大眾。

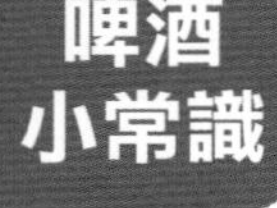

## 釀造方式

啤酒的原料包括麥芽、水、啤酒花和酵母，因應各地不同風俗、氣候、口味和配方，四個元素可以產生無限組合。以發酵方式做主要區分，一般常見的大廠罐裝啤酒都是以8~12度底層酵母進行發酵，稱為拉格(Lager)，酒體清澈透明，口味清爽，品質穩定，但變化也較少。

另一種使用頂層酵母釀造法，稱為艾爾(Ale)。艾爾的味道厚重，層次豐富，酒精濃度高。比利時啤酒堪稱艾爾中的王者，除了在酵母後添加水果、香料、蜂蜜等增加風味外，多數會在酒瓶中進行第二次發酵，意即在裝瓶後額外加入可發酵糖漿或酵母，觸發緩慢漸進的發酵動作，由於沒有化學添加劑，可保存3至5年。

## 啤酒標籤解密

比利時酒標上透露許多重要資訊，包含品牌名、酒廠名、種類、顏色種類、酒精濃度，甚至還有適合存放的溫度與飲用時該用的杯子。例如正統修道院啤酒推薦的存放溫度是10~13度。顏色越深，存放溫度越高。

## 千奇百怪的酒杯

在酒館喝酒，可欣賞不同品牌的酒搭配各自的酒杯，除了常見的鬱金香杯，也有造型特殊的Kwak木柄杯與La Corne的牛角杯。更講究的餐廳還會將酒杯稍稍冷藏，當啤酒倒入酒杯時才不至於產生過大的溫差。

## 啤酒的種類

比利時各個地區的啤酒文化都不同，如法蘭德斯區(Flanders)以紅啤酒(Red Flanders)著名，瓦隆區(Wallon)偏好清爽的啤酒。目前約有1500種啤酒，為了方便判別味道，在此以發酵釀製法分為三類，列出較常見的種類提供參考。

### 頂層發酵法—艾爾(ALE)

**正統修道院啤酒**

**Trappist/Trappiste**

修道院的僧侶從西元六世紀就開始釀酒，1997年隸屬天主教嚴規熙篤會（Ordo Cistercienses）的幾家修道院為了守護釀酒守則，防止名稱被濫用，特別成立國際修道院特拉普協會(International Trappist Association)，僅成員或經過協會同意才可使用Trappist Beer這名稱，並在包裝上印有六角形產品標籤（Authentic Trappist Product）。

能獲得認證的修道院啤酒必須得在修道院製造，所得收入用做院內開支與推動慈善公益活動。直到2017年為止，全球共有11家認證的修道院釀酒廠，其中6家在比利時、2家在荷蘭，其餘3家分別在法國、義大利和奧地利。比利時的6家分別為 Achel、Chimay、 Orval、Rochefort、Westmalle與Westvleteren，荷蘭的2家則為La Trappe和Zundert。

**品牌修道院啤酒**

**Abdij/Abbaye**

二次大戰後，由於大眾對修道院啤酒的喜愛，出現許多由修道院委託酒廠釀製的啤酒，甚至有些Abbey beer與修道院完全無關，僅使用和Trappist相同的古法釀造。為了不造成混淆，比利時啤酒公會發展出自己的修道院啤酒認證Erkend Belgisch Abdijbier。

**雙倍啤酒Dubbel**

酒色較深，使用兩倍黑麥芽或在淡色麥芽中加入candi焦糖增加色澤，有乾果、巧克力和焦糖混合啤酒花的香氣，酒精濃度6~7.5%。而在其他擁有相同特性的艾爾啤酒則稱為烈性深色艾爾(Dark Strong Ale)。

**三倍啤酒Tripel/Triple**

和雙倍啤酒一樣源於修道院啤酒，在酒標上寫有Tripel，代表酒精濃度介於7~10%或是更高，屬於烈性艾爾。瓶內二次發酵產生較多氣泡，略帶麥芽甜味和細微胡椒辛味，啤酒花苦味明顯。經典酒款推薦Duvel，酒泡綿密厚實，水果香氣明顯。

Trappistes Rochefort
BIÈRE BIER 8 BIRRA BEER
CERVEZA

### 白啤酒
### Wit bier/ Bierre Blanche

使用小麥或燕麥釀製，添加了胡荽、橙皮甜酒、柳橙皮，口感微酸帶柑橘香味。因為酒色較混濁而稱為白啤酒，酒精濃度4.5~5.5%。聞名全球的豪格登啤酒Hoegaarden即屬於白啤酒，是容易接受的入門款。

### 法蘭德斯棕色啤酒
### Brown Ale/Flemish Bruin

法蘭德斯區的酸啤酒種類依地理位置而有不同，東法蘭德斯區以棕色啤酒為主(Oud Bruin)，使用黑麥釀造，屬於在酒桶中發酵及熟成的艾爾(Ale)，口感較重。有些釀酒師會將陳年棕色啤酒加入櫻桃，調成更具變化的風味。

### 黃金啤酒
### Blond/Blonde

擁有金黃稻草色的淺色酒液，使用冷泡方式處理啤酒花，酒精濃度約4.5~7%。最經典的酒款是修道院啤酒之一的Orval，加入Brettanomyces酒香酵母進行瓶中二次發酵，隨著存放時間有不同風味，苦味中帶點檸檬皮、柑橘的酸度。

### 法蘭德斯紅色啤酒
### Flanders Red Ale

使用法蘭德斯西部的紅色大麥釀造，發酵後於橡木桶中熟成，由於新啤酒較酸、熟啤酒較甜，裝瓶前會加以混合，讓酸甜味達到平衡。據說早期由法國引進的葡萄酒價格昂貴，因此發明了口感類似的平價酸味紅啤，經典酒款是Rodenbach，有木頭、櫻桃和香草的香氣。

## 天然酵母發酵－蘭比克(Lambic)

### 自然酸釀蘭比克啤酒 Lambic

規定必須使用30%以上的未發芽大麥，透過空氣中的野生酵母蘭比克(Lambic)發酵，釀造出高酸度，是一種桶中熟成的啤酒。

釀造時若加入水果，就會產生水果蘭比克啤酒(Fruit Lambic)，最受女性歡迎的有櫻桃蘭比克(Kriek Lambic)、覆盆子蘭比克(Framboos Lambic)等。而另一種Gueuze Lambic是將陳年和年輕的蘭比克混合，帶有微甜與乳酸味，呈現琥珀色，又稱為「布魯塞爾香檳」。

## 底層發酵法－拉格(Lager)

### Stella Artois

比利時啤酒大多以艾爾為主，但也有厲害的拉格，Stella Artois酒精濃度約5.2%，帶有稻草香氣，清爽解渴，荷蘭的海尼根(Heineken)也是一種拉格。Stella Artois隸屬全球前三大啤酒集團百威英博(AB InBev)，總部設在比利時的魯汶(Leuven)。

比利時：波佩林赫

## 修道院直營酒館 Westervleteren－In de Vrede

僧侶們從1839年開始釀酒以來，嚴格把關啤酒品質，收入僅用於日常開支，「我們不是釀酒師，釀酒的目的就是讓我們能繼續當個僧侶」因此並未大量生產，唯一授權銷售的地方是修道院本身與修道院直營酒吧In de Vrede(寧靜之道)。酒吧中以酒精濃度10.12%、深茶色的Westvleteren12最受歡迎，帶有濃郁奶油香氣。（詳見P.230）

**P.4A3 Donkerstraat 13, 8640 Westvleteren +32 57-400377 聖思道修道院www.sintsixtus.be、直營酒館In de vrede：www.indevrede.be**

**提早規畫啤酒主題之旅**

**Westvleteren修道院啤酒釀酒廠位於比利時最西南方的小鎮波佩林赫(Poperinge)附近，此鎮自1230年起就是啤酒花種植區，區內還有許多家釀酒廠，包括使用同樣配方、企業化生產的聖伯納多釀酒廠(St Bernadus)，其在1946至1992年獲得Westvleteren的技術傳授與授權而大量生產。騎單車前往修道院的路上會穿越大片啤酒花田，沿途風景怡人，市中心的啤酒花博物館(Hops Museum)在夏季會不定期推出參觀各家釀酒廠的品酒之旅，可上官網查詢，提早規畫行程。**

比利時：布魯塞爾

## Brewery Cantillon

藏身於巷弄間的Cantillon是布魯塞爾市區僅存的自然酸釀蘭比克(Lambick)釀酒廠，自1900年第一代創始人開始運用野生酵母釀酒，至今已傳承到第四代。可以一邊試飲一邊與釀酒師聊天，了解百年傳統釀製過程。參觀行程最後可免費飲用兩杯自然酸釀蘭比克(Lambick)，品味釀酒家族對啤酒的尊重與誠意。

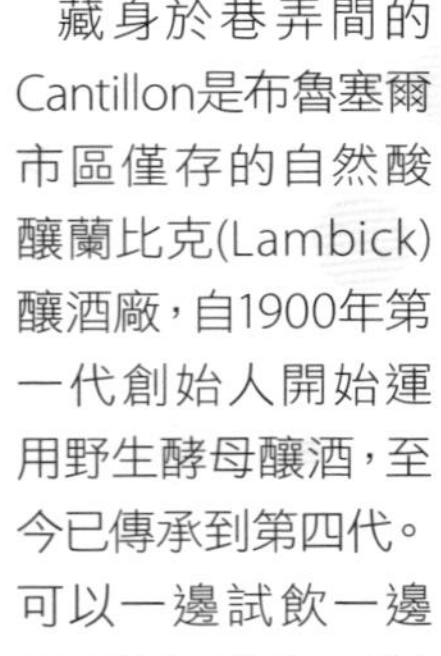

**P.159A3 由布魯塞爾火車站南站(Brussels-Midi/Zuid)靠近Place Victor Horta出口步行，約10分鐘可抵達。 Rue Gheude 56, 1070 Brussels 週一至週六10:00~16:00，導覽行程每週六。 週三和週日 自助導覽參觀：成人€8， 14歲以下免費，無需預約。導覽行程：成人€12，14歲以下免費，需提前預約。 www.cantillon.be**

比利時：布魯日

## 半月啤酒廠 Brewery De Halve maan

這是布魯日最後一間啤酒釀酒廠，附設餐廳與酒吧。1856年由當地釀酒家族成立，經歷150多年，現由家族第六代經營並開放大眾參觀。參加導覽行程將了解啤酒味道的深度與麥芽烘烤程度之間的關係，以及用於生產啤酒的香料混合物等。導覽結束後，別忘了來杯美味的布魯日啤酒。(詳見P.230)

**P.215A3 Walplein 26, Brugge www.halvemaan.be/en/home**

比利時：安特衛普

## De konick

Konick家族從19世紀開始釀酒，到了2010年De konick加入督威集團(Duvel Moortgat)成為旗下品牌之一。酒廠位於安特衛普市區南方，導覽行程以自動化影音方式進行，包含10間融合聲光效果的互動室，分別介紹歷史、釀造過程等。最後不妨前往酒吧免費體驗一杯，為此行畫下完美句點。

**P.199B2 Mechelsesteenweg 291, 2018 Antwerpen www.dekoninck.be/en**

**掌握最佳飲用時間**

**正統修道院啤酒大多未經過濾、未高溫殺菌，裝瓶後活酵母會在瓶內二次發酵，風味也更多變。官網上建議Westervleteren 若在10~15度下存放一至兩年後飲用，風味更佳。**

# 布魯日

Brugge

中古世紀運河風光，世界文化遺產之城。

12至14世紀間，羊毛紡織、貿易金融讓布魯日成為稱霸西歐的港口，但因通往北海的航道因泥沙嚴重淤積而無法行船，加上政治局勢轉變，布魯日的黃金歲月在16世紀初畫下了句點，也因此得以保存完整的歷史古蹟，整座城鎮在2000年被評定為世界文化遺產。Brugge在荷蘭文中意指「橋樑」，一條條小而精緻的運河和一座座橋樑在古城裡縱橫交錯，讓布魯日獲得「比利時的威尼斯」美名。

# 航向布魯日的偉大航道

©Copyright by VisitBruges_JanDHondt

## 如何前往

### 飛機

從亞洲或其他歐洲國家出發，需先飛至布魯塞爾國際機場，從機場轉乘火車或國際長途巴士前往布魯日。

**布魯塞爾國際機場** www.brusselsairport.be/en

### 火車

從布魯塞爾南站（Brussels Zuid）到布魯日火車站（Brugge Station），每小時約有2班直達車，車程約1小時；從安特衛普出發，每小時有1班直達車；從根特出發，每小時4班，需時約25分鐘。從歐洲其他主要城市出發，都必須先坐到布魯塞爾南站，再轉搭前往布魯日的直達車。

**布魯日火車站** P.215A3

**布魯塞爾南站** P.159A3 www.sncb.be

## 機場至市區交通

### 火車

從魯塞爾國際機場搭火車可前往布魯日火車站，每小時1班，車程約90分鐘。

### 國際長途巴士

從機場可搭乘國際長途巴士Flixbus直達布魯日，每天3班次，車程約2.5小時。

www.flixbus.be

### 計程車

從機場搭計程車前往布魯日，定價約€200。

www.visitbruges.be/en/taxi

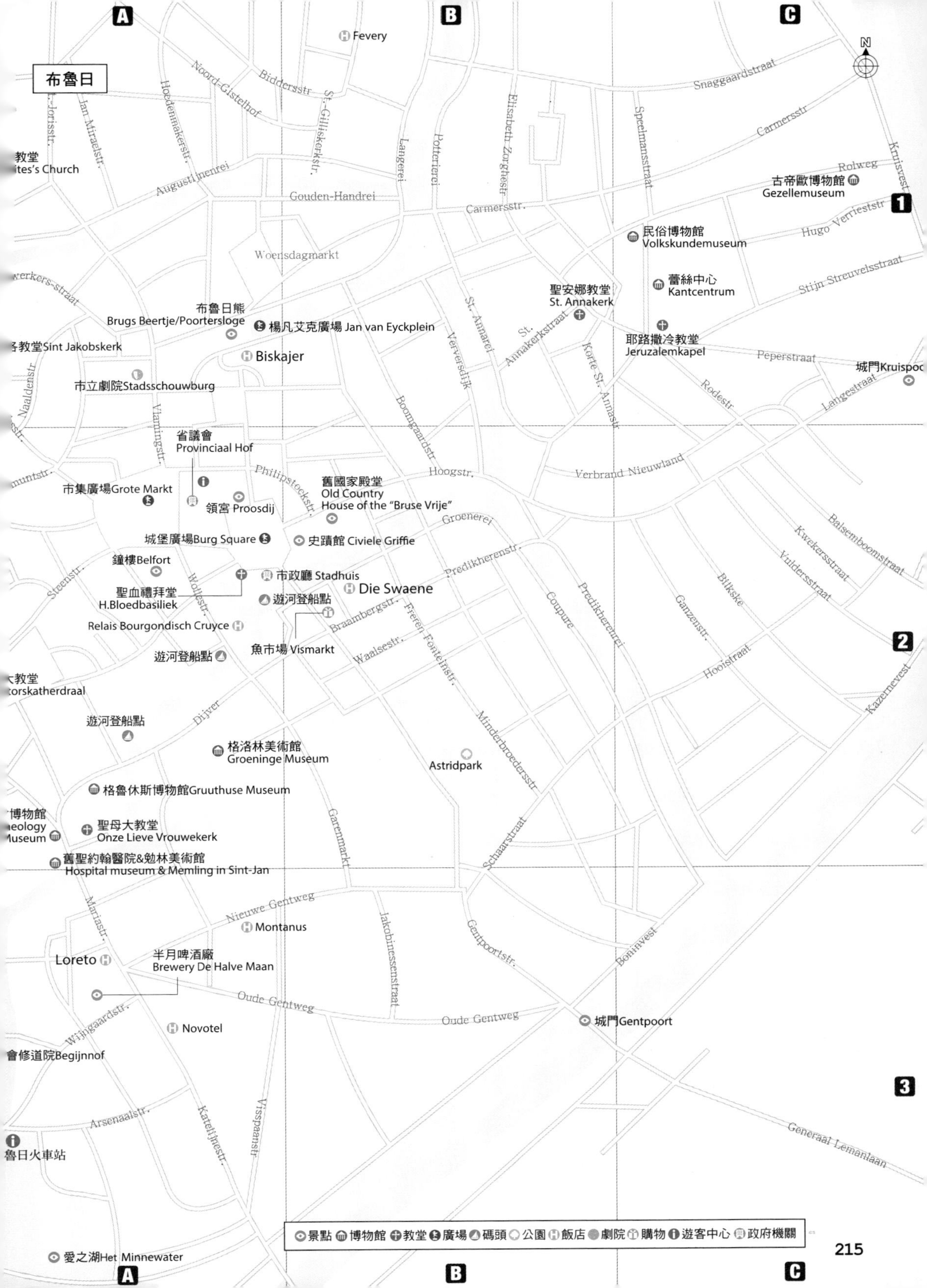
布魯日
Fevery
Brugs Beertje/Poortersloge
布魯日熊
楊凡艾克廣場 Jan van Eyckplein
Biskajer
市立劇院Stadsschouwburg
省議會
Provinciaal Hof
市集廣場Grote Markt
領宮 Proosdij
舊國家殿堂
Old Country
House of the "Bruse Vrije"
城堡廣場Burg Square
史蹟館 Civiele Griffie
鐘樓Belfort
市政廳 Stadhuis
聖血禮拜堂
H.Bloedbasiliek
Die Swaene
遊河登船點
Relais Bourgondisch Cruyce
魚市場 Vismarkt
遊河登船點
遊河登船點
格洛林美術館
Groeninge Museum
Astridpark
格魯休斯博物館Gruuthuse Museum
聖母大教堂
Onze Lieve Vrouwekerk
舊聖約翰醫院&勉林美術館
Hospital museum & Memling in Sint-Jan
Montanus
Loreto
半月啤酒廠
Brewery De Halve Maan
Novotel
城門Gentpoort
古帝歐博物館
Gezellemuseum
民俗博物館
Volkskundemuseum
蕾絲中心
Kantcentrum
聖安娜教堂
St. Annakerk
耶路撒冷教堂
Jeruzalemkapel
愛之湖Het Minnewater
景點 博物館 教堂 廣場 碼頭 公園 飯店 劇院 購物 遊客中心 政府機關

# 布魯日行前教育懶人包

## INFO

### 基本資訊

人口

約117,170人

面積

138.40平方公里

區域號碼

(0)50

時區

冬季比台灣慢7小時，夏令時間(3月最後一個週日~10月最後一個週日)比台灣慢6小時。

## 行程建議

### 古城散步之旅

步行是遊覽布魯日的最佳方式，以布魯日城堡廣場為起點，沿途觀賞市政廳、史蹟館、聖血禮拜堂、聖母大教堂、格洛林美術館、市集廣場和蕾絲中心等景點；再往南走，可抵達半月啤酒廠和愛之湖。路程長短視個人體力而定，半天或全天皆可。布魯日遊客中心有推出各種主題散步之旅，需付費，可上官網查詢。

## 觀光行程

### 運河遊船

搭船往返於風景詩情畫意的運河上，從不同角度重新認識布魯日，將有許多驚奇發現。船夫會同時用幾種不同的語言沿途解說。

**鐘樓後方橋畔、聖母大教堂、市政廳附近的運河皆有船票售票處**

**3月~11月10:00~18:00**

**成人€12，11歲以下€7，3歲以下免費。船票必須在現場購買。**

**www.visitbruges.be/en/bruggemetdeboot**

### 觀光馬車

馬車將帶領遊客穿越布魯日蜿蜒的歷史街道，車程約35分鐘。

**在市集廣場搭乘 +32 50-345401 09:00~18:00**

**每輛馬車收費半小時€60（最多可乘坐5人），現場直接付費給車伕，只收現金。**

**www.hippo.be/koets**

### 觀光巴士

由Sightseeing Line經營的小型觀光巴士，沿途經過布魯日各大著名景點，全程50分鐘，車上提

供個人耳機式語音導覽設備，可選擇中文。車票於上車後購買。

從市集廣場出發 +32 50-355024

4月10:00~18:00，5~9月10:00~19:00，1~3月和10~12月10:00~日落。每30分鐘一班。

成人€25，6~11歲€20。

www.citytour.be

## 旅遊諮詢

### 市集廣場遊客中心 Infokantoor Markt

P.215A2 Markt 1 +32 50-444646

10:00~17:00 www.visitbruges.be

### 火車站遊客中心 Infokantoor Stationsplein

P.215A3

Stationsplein（位於布魯日火車站內）

週一至週五10:00~17:00，週六和週日10:00~14:00。

## 市區交通

### 巴士

布魯日火車站（Brugge Station）位於市區西南2公里處，步行前往市區約20分鐘，可在鄰近巴士站搭乘巴士前往市集廣場。

荷語區皆屬於De Lijn營運系統，車票皆可通用。巴士由總站穿梭於市中心與郊區，班次頻繁，每隔幾分鐘就有一班。巴士前方皆有標示號碼與目的地，上車時將預先買好的車票放在黃色自動刷卡機前感應即可。各種車票可事先上官網或De Lijn的App訂購，或到Lijnwinkels Store、自動售票機、報攤或書店購買。

**De Lijn**

單程票€2.5（60分鐘車程內），10次通行票€17，一日票€7.5。

www.delijn.be

### 單車

市區有超過50條單行道，若是騎乘自行車則雙向都能通行。除了租車中心，許多飯店也提供租車服務。

**Koffieboontje**

Hallestraat 14 +32 50-338027

09:30~22:00 1小時€5，5小時€10，1日€15。

www.adventure-bike-renting.be

**Bruges Bike Rental**

Niklaas Desparsstraat 17 +32 50-616108

10:00~20:00 1小時€4，4小時€10，1日€13。

www.brugesbikerental.be

### 計程車

**Taxi Snel**

+32 50-334455 www.taxisnel.be/en

**ASAP Taxi**

+32 494948098

**Fredo Taxi**

+32 494 200 362

# 漫步遊賞中世紀房舍、教堂和醫院古蹟，就從城堡廣場出發吧！

王牌景點 1

**造訪城堡廣場理由**

1. 沉醉在中世紀古城風情
2. 感受比利時的威尼斯
3. 收藏世界遺產城鎮之美

## 城堡廣場

MAP P.215 A2

**Burg Square**

城堡廣場在西元2世紀就有人居住，到了第9世紀，這裡成了法蘭德斯伯爵的領地。廣場周圍建築每棟風格皆不相同，其中以市政廳最為出色；市政廳的一側是聖血禮拜堂，另一側則是史蹟館和布魯日行政中心。

搭乘公車至Markt站下車，步行3分鐘即可抵達。

**至少預留時間**
**中世紀廣場散步：約1~2小時**
**尋訪周邊文化珍寶：半天~1天**

沿廣場外的運河散步，經Steenhouwersdijk和Groenerei，會看見布魯日最古老的兩座石橋Meebrug和Peerdenbrug。

## 怎麼玩 城堡廣場才聰明？

**遊賞中世紀風情的起點**

城堡廣場是凝結在中世紀的絕美空間，周圍盡是古老建築，每棟風格各異，不妨穿梭於巷弄間，感受時光暫停的魔力。逛累了，別忘找家咖啡廳休息一下再出發。

**事先確認各館時間**

大部份美術館及博物館的公休日是週一，僅少數在週三休館。計畫參訪前，請事先查詢各館開放時間，以免白跑一趟。

**善用各種主題行程**

布魯日旅遊局推出許多主題導覽行程，包括古蹟散步、各大美術館、夜生活、巧克力等路線，部份從廣場出發，步行展開探索，建議提前上官網查詢時間與費用，從不同角度認識布魯日。www.visitbruges.be

**善用運河地利之便**

廣場外就是運河水岸，市政廳和聖母大教堂附近就有乘船碼頭，想搭船遊運河就從這裡開始吧！

**逛逛百年露天魚市場**

**穿過史蹟館和市政廳之間的拱門過橋後，會看到露天魚市場（Vismarkt），這個自1821年即已存在的魚市場，每週二至週六早上都有運自北海的新鮮漁獲在此販售，現場還可買到傳統海鮮小吃。**

# 壁畫豐富的市政廳、無形文化遺產的聖血遊行，各個精彩絕倫，不虛此行！

**哥德大廳最精彩的木雕藝術**

**哥德大廳是低地國家中最早設立的議會場所，當時由勃艮第公爵腓力三世（Philip the Good）所掌控。廳裡的小陽台是公眾演說或樂團演奏的地方；而建於1385至1402年的木雕花紋天花板最具藝術價值，由6個雙排的圓拱木雕組成，其支幹有12條，代表著新約聖經。在圓形屋頂靠牆盡頭有16個渦型裝飾支架，代表一年中的12個月份和大自然四大元素。**

館藏包括布魯日使用的第一批金幣，以及12幅記載布魯日歷史的精彩壁畫。

MAP P.215 A2

## 市政廳 Stadhuis

市政廳打造於1376至1420年，建築主體曾在19世紀改建過。外觀由分別設立在兩層樓的48扇玻璃窗和錐形尖塔組成，位於2樓的哥德式大廳曾是政府官員會見賓客的地方，至今仍保存原始樣貌，市議會每月最後一個週一依然在此舉行會議。

Burg 12 +32 50-448743 09:30~17:00 成人€7，65歲以上€7，12~26歲€6，12歲以下免費。 www.museabrugge.be

**細讀12幅壁畫的歷史意義**

大廳內有12幅記載布魯日歷史的壁畫，繪於1895至1905年。12幅壁畫從入口左手邊開始，其代表意義分別為：布魯日士兵自1302年的金馬刺戰役中凱旋歸國、1430年由勃艮第公爵腓力三世創立金羊毛騎士團、亞爾薩斯的德里克於1150年帶聖物與聖血來此、聖約翰醫院的休息室、布魯日市政廳當局重新頒發榮耀給市民、亞爾薩斯的菲利浦頒給布魯日市民特權、布魯日市長拜訪凡艾克的畫室、印刷商Jan Britto在1446年販賣著作時的情景、Lodewijk van Male在1446年時為市政府鋪設奠基、有法蘭德斯詩人之父之稱的Jacob van Maerlant、15世紀在布魯日舉辦的自由貿易會議，以及1404年開鑿Zein運河。

樓上的小博物館展出聖血相關古物，如聖物箱、王冠、繪畫、木雕等。

1樓是12世紀簡樸的羅馬式教堂，2樓是15世紀被改建的新哥德式風格，擁有精雕細琢的木製天花板和彩繪玻璃窗。

## 聖血禮拜堂

MAP P.215 A2

**Basiliek van het Heilig Bloed/ Basilica of the Holy Blood**

禮拜堂供奉著1150年第二次十字軍東征時，法蘭德斯伯爵「亞爾薩斯的德里克」(Derrick of Alsace)由伊斯坦堡帶回的耶穌聖血。聖血被裝在兩層的玻璃瓶裡，兩端綴有黃金雕飾，存放在2樓，可排隊瞻仰神父手上握著的聖血遺物。

**Burg 13 +32 50-336792 09:30~17:15 10月中~3月底每週三休館 教堂：免費。博物館：成人€5，12歲以下免費。 www.holyblood.com**

### 在遊行中瞻仰聖血遺物

**每年一度的聖血遊行(Heilig-Bloedprocessie)在耶穌升天日那天舉行，終年放在聖物箱裡的聖血遺物會被拿出來遊行展示，讓大眾瞻仰。這項遊行傳統起源於12世紀，到了20世紀，遊行內容還加入聖經故事，由布魯日市民裝扮成聖經人物，從亞當夏娃、摩西十誡、耶穌誕生、最後的晚餐、耶穌受難，演到十字軍東征，重現當年德里克攜帶聖血歸來的景況。聖血遊行是比利時宗教界一大盛事，每年吸引成千上萬遊客前來，在2009年正式被列為無形文化遺產。**

復活節後第40天

www.bloedprocessiebrugge.be

聖血遊行當天下午，全城的博物館和美術館均不開放。

## 史蹟館

MAP P.215 B2

**Civiele Griffie/Palace of the Liberty of Bruges**

18世紀起，這裡就是布魯日法庭所在地，目前除了保存城市史料，也是自由布魯日博物館(Brugse Vrije)，館中展示製於1529年的巨大橡木煙囪、用雪花石膏雕刻的簷壁和古老法庭座椅，還有查理五世壁爐與皇室成員肖像。

**Burg 11a +32 50-448743 09:30~17:00 與市政廳門票為聯票，持市政廳門票可免費參觀。參觀請由市政廳進入。**

這棟文藝復興風格建築打造於1534至1537年，正面有手握天平象徵正義的女神像，旁邊還有拿著十誡版的摩西。

# 法蘭德斯藝術大師楊凡艾克、勉林、波希齊聚，連米開朗基羅都來了，廣場周邊的教堂和美術館很熱鬧！

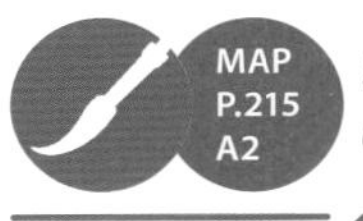

## MAP P.215 A2 格洛林美術館 Groeninge Museum

如何前往

從市集廣場沿Wollestraat 向南步行，過運河後右轉Dijve可達。

info

Dijver 12 ☎+32 50-448743

09:30~17:00 休週一

成人€14，12~25歲€12，12歲以下免費。

www.museabrugge.be

館內收藏了南尼德蘭法蘭德斯藝術作品（The Flemish Primiives），以文藝復興時期之前的畫作為主軸，例如：楊凡艾克（Jan van Eyck）與其學生克利托斯（Petrus Christus）、勉林（Hans Memling）、維登（Rogier van der Weyden）、波希（Hieronymus Bosch）等人之創作。

美術館以年代順序陳設畫作，從14、15世紀直到20世紀的近代藝術，可完整了解法蘭德斯藝術的演變。

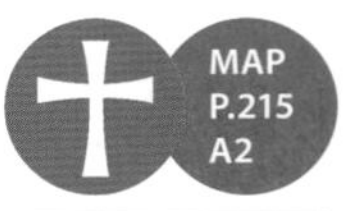

## MAP P.215 A2 聖母大教堂 Onze Lieve Vrouwekerk

如何前往

從市集廣場沿Steenstraat往西南方步行，左轉Simon Stevinplein，接Mariastraat可達。

info

Mariastraat ☎+32 50-448743

09:30~17:00（週日13:30起） 教堂免費，博物館成人€7，12~25歲€6，12歲以下免費。 www.onthaalkerk-brugge.be

教堂起建於1220年，耗費200年才完工，混合許多不同建築風格。教堂外觀有座塔樓高達122公尺，是全市最高建築，內部有白色牆柱搭配黑白相間地磚、裝飾華麗的巴洛克式木製祭壇和精美繪畫，如《基督最後的晚餐》。

**到教堂欣賞米開朗基羅的作品**

**聖母大教堂以收藏米開朗基羅的「聖母與聖子像」（Madonna and Child）聞名，這座白色大理石雕像是米開朗基羅早期之作，原本由貴族為奉獻給錫安那教堂（Siena Church）而訂購，後來卻因債務累累無力付款，反而讓布魯日商人購得，並在1514年贈送給教堂。這是米開朗基羅生前唯一流落在義大利以外的雕像作品。**

## DO YOU KNOW

### 訂婚送鑽戒！都是她惹的禍

瑪莉公主是勃艮第公爵唯一的繼承人，想跟她訂婚的王孫貴族不計其數，其中又以法王路易十一最積極。在眾多求婚者中瑪莉欽點了後來成為神聖羅馬帝國皇帝的麥克西米連(Emperor Maximilian)為對象，她要求對方送上以黃金為基座的鑽戒來求婚，麥克西米連大手筆送出2枚鑽戒及1枚胸針，其中1枚鑽戒更以碎鑽鑲嵌成瑪莉的字母M，做為結婚及兩國結盟信物，這樁美事後來就演變成現在訂婚送鑽戒的由來。

### 比利時七大珍寶你都看過了嗎?

由比利時官方機構le Commissariat général au Tourisme (CGT)所選出的「比利時七大珍寶」，可以帶你飽覽比利時早期的藝術精華，快跟著以下名單按圖索驥：

- 根特／聖巴弗大教堂《神秘羔羊的崇拜》(The Adoration of the Mystic Lamb)，1426年
- 那慕爾／那慕爾古藝術博物館《奧尼的寶藏》(Treasure of Oignies)，13世紀
- 圖爾奈／聖母主教堂，13世紀早期
- 布魯日／勉林美術館《聖尤蘇拉的遺物箱》(Saint Ursula Shrine)，1489年
- 布魯塞爾／皇家美術館《伊卡洛斯墜落的風景》(Landscape with the Fall of Icarus)，1560年代
- 安特衛普／聖母大教堂《(耶穌)下十字架》(The Descent from the Cross)，1614年
- 烈日／聖巴塞洛繆教堂《聖巴塞洛繆的洗禮盤》(The Baptismal Font of Saint Bartholomew's)，12世紀早期

## 格魯休斯博物館 Gruuthuse Museum

MAP P.215 A2

如何前往

從市集廣場沿Steenstraat往西南方步行，左轉Simon Stevinplein，接Nieuwstraat可達。

info

Dijver 17　+32 50-448743

09:30~17:00　週一

成人€14，12~25歲€12，12歲以下免費。

www.museabrugge.be

15世紀的格魯休斯家族因獨佔一種可增添啤酒風味的混合香料而致富，如今整座屋子被保存下來，展示許多無價家具、銀器、蕾絲與掛毯等。館藏依據玻璃、瓷器等不同類別存放在1到22號房間，可以有系統地欣賞。

2樓設有小教堂，建於1472年，以橡木裝潢打造，可俯瞰隔壁聖母大教堂的祭壇，讓貴族不用出門也能在此做禮拜。

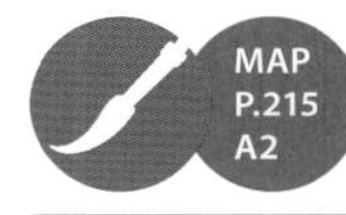

## 舊聖約翰醫院與勉林美術館 Hospitaalmuseum & Memling in Sint-Jan

MAP P.215 A2

如何前往

從市集廣場沿Steenstraat往西南方步行，左轉Simon Stevinplein，接Mariastraat可達。

info

Mariastraat 38

09:30~17:00　週一　成人€12，12~25歲€10，12歲以下免費。

直到1977年仍持續經營的舊聖約翰醫院，至今保留17世紀舊藥局裡各種裝藥材的陶瓷瓶與藥罐。醫院的部分建築變更為勉林美術館，勉林(Hans Memling)是15世紀的藝術大師，館藏包括《聖凱瑟林的神秘婚禮》(The Mystical Marriage of Saint Catherine)與《聖尤蘇拉的遺物箱》(Saint Ursula Shrine)等。

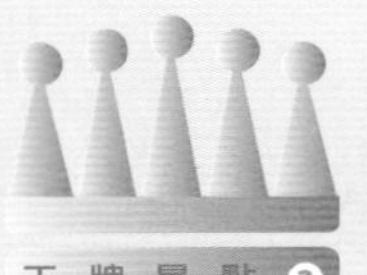

王牌景點 2

# 布魯日吃喝採買最熱鬧地帶，喝咖啡時有美麗的公會建築與古蹟相伴。

MAP P.215 A2

## 市集廣場
Market Square

這是布魯日最熱鬧的廣場，從西元958年起即有商業活動，目前每週三仍有傳統市集，吸引不少人前來尋寶。廣場中的銅像是民族英雄楊布雷德爾（Jan Breydel）與彼得康寧格（Pieter de Coninck），他們在1302年反抗法國佔領的戰役中曾立下汗馬功勞。

廣場四周圍繞著公會建築與古蹟，東側是哥德式的省議會、郵局，南邊是雄偉的鐘樓。那些擁有華麗山形牆的公會建築，如今成為餐廳與咖啡廳。

傳統市集：每週三08:00~13:00

搭乘市區巴士至Markt站下車，步行可達。

廣場建築散步
約1~2小時
逛市集、教堂和蕾絲編織
約半天~1天

**造訪市集廣場理由**

1 布魯日的心臟位置

2 吃喝尋寶最熱鬧的集中地

3 華美的公會建築與歷史古蹟

### 在克能堡咖啡廳遇見歷史

位於廣場上門牌16號的克能堡咖啡廳（Craenenburg），在歷史上具有特殊意義。這裡是15世紀時，神聖羅馬帝國皇帝麥克西米連（Emperor Maximilian）因反稅政變，被憤怒的人民囚禁百日的地方，最後他雖然獲釋，卻不願遵守當初的協定，反將布魯日的貿易權轉至安特衛普，讓當時泥沙淤積日漸嚴重的布魯日雪上加霜，從此結束了黃金歲月，塵封於歷史中。

## DO YOU KNOW

### 不會說荷蘭語就殺掉！

發生在布魯日的金馬刺戰役（Battle of the Golden Spurs），起因於14世紀法蘭德斯公國因羊毛貿易而與法國的死敵英國結盟，引起法國不滿並試圖併吞法蘭德斯公國。布魯日人不甘示弱，屠夫楊布雷德爾（Jan Breydel）與彼得康寧格（Pieter de Coninck）帶頭與市民一同屠殺城裡的法國人，據說當時的起義民眾為了辨別法軍，會要求對方以荷蘭語唸一句：「chilt ende vriend」（庇護和朋友），如果對方念不出來就會被殺掉。這場起義引發了法軍後續大規模進攻，但這群由工匠和農民組成的民兵最後竟大獲全勝，也因此獲得大批法國騎士的金馬刺，這場戰役由此得名。

### 怎麼玩市集廣場才聰明？

**善用遊客中心**

遊客中心位於市集廣場，佔有地利之便，提供各種布魯日的旅遊相關資訊，建議多加利用。

**把握週三市集**

廣場在每週三設有傳統市集，販售鮮花、園藝用品、食品等，記得把握營業時間，前往尋寶。

**登高俯瞰布魯日市景**

想站在高處俯瞰布魯日市容全貌，只要通過366層階梯考驗，登上鐘樓，就能盡覽城景。請事先確認開放時間並購買門票，才能拾級登頂。

**享受餐廳和咖啡館**

坐在公會建築改裝的露天餐廳或咖啡館，以華美的山形牆佐餐或舉杯對飲，坐看廣場上人來人往，別有一番旅情。

# 鐘樓和省議會，在廣場上形成一道獨特的建築風景。

## 省議會 Provinciaal Hof/Provincial Government Palace

這裡在1285年就是商業建物，1787年被改建為混合古典風格房屋，1850年由省政府買下並擴大建物規模，將之列為省級機構。但在1878年被一場大火所摧毀，直到1921年才重建為新哥德式的雄偉外觀。

Markt 2

主建築是西法蘭德斯省的省議會，目前為接待外賓、舉辦會議與展覽的場所。右側紅色磚牆的建築則是郵局。

鐘樓的機械結構分為大鐘、鍵盤及自動機械裝置，可在登頂沿途觀賞。到220層階梯處會看到一口巨大銅鐘，稱為「勝利之鐘」。

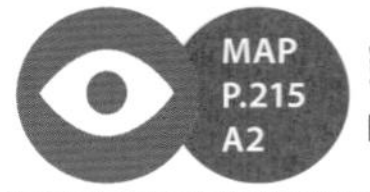


## 鐘樓 Belfort

鐘樓大約建於1240年，最初是政府用來存放珍寶及市政檔案的地方，後來成為城市的強盛象徵。鐘樓高約83公尺，在1493年及1741年曾被大火燒毀，之後決定不再重建。想登上鐘樓得通過366層階梯考驗，登頂後，布魯日城景盡收眼底。

Markt 7 +32 50-448743 冬季週日至週五10:00~18:00，週六09:00~20:00；夏季09:00~20:00。 成人€14，6~25歲€12，6歲以下免費。 www.museabrugge.be/en

# 走出廣場，一起去看布魯日熊，參觀蕾絲編織手藝，拜訪全城最古老教堂。

廣場不遠處的Poortersloge (Burgher's Lodge) 建築中，曾是14、15世紀貿易商聚集場所。

MAP P.215 A1

## 楊凡艾克廣場&布魯日熊

**Jan van Eyckplein**

如何前往

搭乘公車4、14、90號於Jan van Eyckplein站下車，步行可達。

info

Jan van Eyckplein 4

這個廣場曾是船隻停靠卸貨的舊港口，兩旁房屋則是富人區，但物換星移，目前只剩楊凡艾克的雕像佇立在這以他為名的廣場中，仔細尋找，還可在轉角發現一隻站立的布魯日熊(Brugs Beertje)。

**布魯日市集大搜查**

**布魯日有許多迷人的廣場，每週都有市集吸引遊客駐足。最主要的市集廣場(Market Square)每週三有傳統市集，販賣鮮花、園藝用品、食品等。音樂廳附近的讚德廣場('t Zan)，每逢週六早晨可見到服飾與生活用品的市集。而魚市場(Vismarkt)除了每週二到週六早上販賣北海打撈回來的魚獲，在週末時，市場也會出現販售古玩的攤販。**

MAP P.215 A2

## 救世主大教堂

**St. Salvatorskatherdraal**

如何前往

搭乘公車4、6、12、14、90號到Sint Salvatorskerk站下車，步行可達。

info

Sint-Salvatorskoorstraat 8

+32 50-336841

教堂：週一至週五10:00~13:00，14:00~17:30，週六：10:00~13:00，14:00~15:30，週日14:00~17:00。

免費

sintsalvator.be/toerisme/english/

布魯日最古老的一座教堂(12-15世紀)，外觀為哥德式建築，內部則有中世紀的墳墓、古老管風琴、布魯塞爾手工刺繡掛毯等，其中哥德式唱詩班的台子還保有早期徽章。

珍寶室裡陳列著14至18世紀法蘭德斯畫派的畫作，不妨參觀。

MAP P.215 C1

## 民俗博物館 Museum voor Volkskunde

如何前往

從市集廣場沿Breidelstraat連接Hoogstraat，過了運河，左轉Molenmeers，向北行至Balstraat可達。

info

Balstraat 43 +32 50-448743

09:30~17:00

夏季週一，冬季週一和週二。

成人€7，12~25歲€6，12歲以下免費。

www.museabrugge.be

博物館由8間17世紀救濟院的磚牆矮房連接而成，展示19至20世紀初法蘭德斯人民生活面貌，每間房佈置為教室、修鞋匠工作室、老百姓起居室、糕點烘培屋、藥房和旅社等，可身歷其境感受當時各種工作樣貌。

博物館藏身於一間黑貓（zwarte Kat）酒吧後方，小巷裡的標示也俏皮地畫了隻黑貓來指引方向。

MAP P.215 C1

## 蕾絲中心 Kantcentrum

如何前往

從市集廣場沿Breidelstraat連接Hoogstraat，過了運河，左轉Molenmeers，向北行至Balstraat可達。

info

Balstraat 16 +32 50-330072

展覽館：週一至週六10:00~17:00，現場製作：週一至週六14:00~17:00。

成人€6，12~25歲及65歲以上€5，12歲以下免費。與民俗博物館聯票€11。

www.kantcentrum.eu

蕾絲中心位於耶路撒冷教堂隔壁，由救濟院改建而成，展示當地婦女與中心學生的蕾絲作品，並出版雜誌及開班授課，有師資訓練、青少年課程、暑期班等，詳情可洽官網或櫃台。每天下午可在工作坊中觀賞現場蕾絲製作。

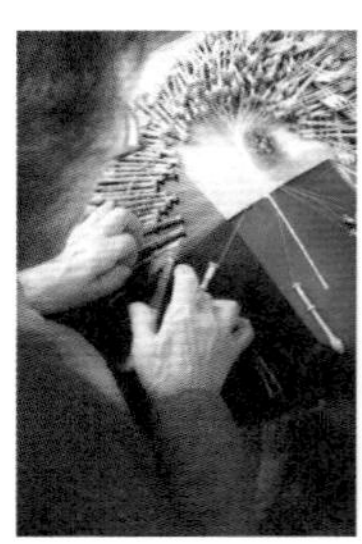

布魯日到處都有蕾絲販賣店，天氣好時也許會看到許多婦女坐在自家門口編織。

### 源於中世紀的蕾絲編織手藝

**布魯日的編織一向出名，當地婦女在16世紀便以這項工作維生，造就多精細的花樣與編織手法，傳承至今。雖然，現在的布魯日已不如往昔可經常看到婦女坐在門口織布的情景，對蕾絲編織有興趣的人，推薦到蕾絲中心參觀，或到專賣店選購美麗的手工藝術。**

# 到愛之湖和比京會修道院聽故事，參觀啤酒廠和修道院直營酒館，先喝一杯再說吧！

## 愛之湖 Het Minnewater

狹長形的愛之湖是為調節運河水量而開鑿的人工湖，昔日曾是碼頭，用來連接布魯日與根特的水運，1979年改建成綠地公園，天鵝和水鴨悠遊於寧靜湖泊上，橋墩垂柳倒影水面，詩情畫意。

沿著火車站前Oostmeers向北行，於Begijnenvest右轉可達。 Minnewater Park

愛之湖南方的橋樑旁有座高塔，是早期當作防禦用途的彈藥庫（Poertoen）。

**湖畔悲傷的愛情故事**

愛之湖名字的傳說來自悲傷的愛情故事，一個女孩愛上父親並不中意的男子，在兩難煎熬下，她逃離家園躲在湖畔樹林中，不幸的是，她的愛人太晚發現她的藏身地點，找到時她已精力耗盡，死在他的懷裡。傷心的男子最後築起水壩，把女孩葬在河床中間，然後放水淹沒。

**Do You Know**

**這裡的天鵝可是皇帝下令養的呢！**

神聖羅馬帝國皇帝麥克西米連（Emperor Maximilian）因增稅問題被憤怒的布魯日民眾軟禁在市集廣場時，連帶效忠於他的布魯日行政長官皮特．蘭哈爾斯（Pieter Lanchals）也被人民砍頭示眾，脫困後的麥克西米連為了報復，隨即剝奪布魯日的貿易權，更下令當地人必須在愛之湖供養52隻天鵝，永久照顧牠們，以紀念在事件中喪生的皮特，而Lanchals在弗萊芒語中即「長脖子」之意。

**認識比京會的由來**

比京會是成立於13世紀的婦女宗教組織，當時由於戰亂頻仍，加上黑死病肆虐，社會上有許多未婚婦女及寡婦，為了生存，她們結合成一個自給自足的社群，這便是比京會的創立目的。比京會的婦女們平日除了事奉上帝、從事勞動外，還要照顧老弱殘疾，但她們並未如修女般立誓，因此可擁有自己的財產，不用過著戒律嚴格的生活，隨時都可離開。

修道院被綠蔭、白牆與運河圍繞，院內有大片綠地與白楊木，宛如世外桃源。

MAP P.215 A3

## 比京會修道院 Begijinhof

歐洲有許多比京會修道院，布魯日這所成立於1245年，目前已沒有比京會婦女居住，被列入世界文化遺產。遊客可拜訪建於1602年的小教堂或參觀比京會的房子，房內展示簡樸的家具用品，呈現當時婦女們隱居生活的面貌。

從火車站前Oostmeers向北行，至Professor Dokter Sebrechtsstraat右轉，順著道路可達。 Begijnhof 24-28-30 +32 50-330011 院區：週一至週日06:30~18:30，住所：10:00~17:00(週日14:30起) 進入院區免費 www.monasteria.org

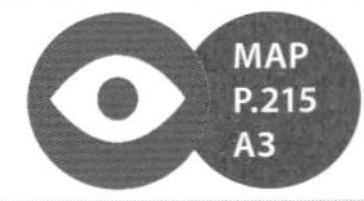

## 半月啤酒廠 Brewery De Halve Maan

MAP P.215 A3

這是布魯日最後一間啤酒釀酒廠，1546年就登記有案，1856年才正式成立，現在由家族第六代經營，開放啤酒廠讓大眾參觀。透過45分鐘導覽行程，可了解啤酒味道的深度與麥芽烘烤程度之間的關係，以及生產啤酒的香料混合物等。

從火車站前沿Oostmeers向北走，右轉Zonnekemeers，再右轉Walplein可達。 Walplein 26 +32 50-444222 Classic Tour導覽行程4~10月11:00~16:00（週六至17:00），每小時出發。 成人€16（包含一杯啤酒），7~15歲€8.5（包含一杯無酒精飲料），6歲以下免費（不含飲料）。 www.halvemaan.be

啤酒廠的招牌是名為「布魯日瘋狂」(Brugse Zot)的啤酒，由麥芽、啤酒花和特殊酵母釀成。

釀酒廠還附設餐廳與酒吧，導覽結束後，別忘了來杯布魯日啤酒。

## DO YOU KnoW

### 流淌在布魯日地下的啤酒河！

半月啤酒廠昔日依靠大卡車將釀好的啤酒運至郊外進行分裝，而日復一日的重車輾壓，對古老建築及狹窄巷道來說負擔太大，酒廠於是打造一條長 3.2 公里的地下管線，連通市區的釀酒廠及郊外的分裝廠，將啤酒以每小時 4000 公升的速度運送出去，這條啤酒地下河在 2016 年完工，深得民眾與政府認同，當地市長甚至考慮要將此運輸方法運用到巧克力等其他食物上。

### 前往修道院釀酒廠的交通小叮嚀

1.單車：從波佩林赫車站步行至市區，廣場附近可租借單車，市中心遊客中心有提供單車路線地圖，可飽覽啤酒花田與鄉村風景。

遊客中心 www.toerismepoperinge.be/en、單車租借 www.indevrede.be

2.預約巴士（Belbus）69號：必須在搭車前30天至2小時前先以電話或上官網預訂，單程巴士票價€2.5起。

預約 +32 59-565256

www.delijn.be/nl/content/reisinfo/belbus

3.計程車

+32 57-200413 www.taxileo.be

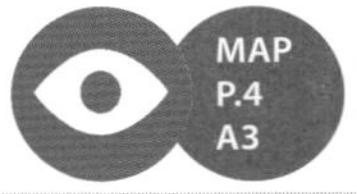

## 修道院直營酒館 Westervleteren-In De Vrede

MAP P.4 A3

由聖思道修道院(St. Sixtus)僧侶們親自釀造的Westvleteren 12啤酒連續數年蟬聯世界啤酒評鑑冠軍頭銜，成了啤酒迷的朝聖地。修道院本身不開放參觀，遊客可造訪修道院直營酒館品酌三款高評價啤酒：Blond、Westvleteren 8和Westvleteren 12，數字越大酒精濃度越高。

◎最佳方式為租車前往直營酒館，附設免費停車場。若搭乘計程車單趟價格約€50起。 ◎距離酒館最近的火車站為波佩林赫(Poperinge)，可搭乘車站前的預約巴士69號抵達修道院（St. Sixtus）前方。 Donkerstraat 13, 8640 Westvleteren +32 57-400377 週六至週四12:00~18:30，每週五公休。夏季每天營業，確切日期和時間請洽官網。 啤酒€5起 聖思道修道院www.sintsixtus.be、直營酒館In de vrede：www.indevrede.be

由於瓶裝啤酒數量有限，最好提早前往並留意官網公告，幸運的話，也許能直接在店內買到瓶裝現貨，以及起司、太妃糖等修道院手工產品。

布魯日：延伸行程

# 盧森堡
# Luxembourg

## 關於盧森堡

照過來！全球最富裕的國家就在盧森堡，不僅是歐元區內重要的私人銀行中心，也是全球僅次於美國的第二大投資基金中心，人均GDP(國內生產總值)長年排名世界第一；根據國際貨幣基金組織公布的「2018各國每人平均GDP排名」，盧森堡以人均114,234美元位居世界之冠，遙遙領先人均82,950美元的第二名瑞士。

# 盧森堡市

Luxembourg City

盧森堡首都，與國家同名，森林與溪谷王國。

盧森堡市是建於佩斯楚河溪谷上方的碉堡城市，自古被歐洲列強環伺，但因擁有大自然為壕溝屏障，易守難攻，有「北方的直布羅陀」稱號。如今的盧森堡市經濟繁榮，國民所得高居世界排名前列，是歐洲除了倫敦以外第二大的金融市場。遊客可漫步舊城區、見識地下要塞，站在跨越貝特留斯河谷的高橋上，俯瞰翠綠山林與清澈溪流溫柔包覆碉堡，這高低落差的絕美奇景更是不容錯過。

# 航向盧森堡市的偉大航道

## 如何前往

### 飛機

盧森堡國際機場(International airport Luxembourg)位於盧森堡市市區東方約6公里處,提供飛往德國、比利時、荷蘭、法國等歐洲航線服務,從台灣前往無直飛航班,需從鄰近國家轉機。

**盧森堡國際機場**

www.lux-airport.lu

### 火車

從布魯塞爾南站到盧森堡中央車站(Gare Centrale Luxembourg),每小時有1班直達車,車程約3小時;從阿姆斯特丹前往要在布魯塞爾轉車,約需5小時30分鐘;從法國巴黎搭乘TGV前往,車程約2小時。

**中央車站**

P.235B2

## 機場至市區交通

### 巴士

從機場可搭乘16或29號公車抵達市中心及中央車站,每10~20分鐘一班次。公車售票機在入境大廳地下1樓,搭車處則在航站外。

單程約€2 大約05:00~23:30

# 盧森堡市行前教育懶人包

## INFO

### 基本資訊

人口 約549,680人　面積 2,586平方公里

區域號碼 352（無區碼）

時區

冬季比台灣慢7小時，夏令時間(3月最後一個週日~10月最後一個週日)比台灣慢6小時。

SIM卡

1.在台灣事先上網購買：許多歐洲國家推出的SIM卡皆可在歐洲直接跨國通用，選擇網卡時，請注意此卡是否有涵蓋盧森堡即可，再根據使用天數和流量來挑選適合自己的卡。台灣有許多網路平台在販售SIM卡，可提前上網購買，抵達目的地時開機即可使用。

2.在當地購買：可在盧森堡國際機場入境大廳詢問相關櫃檯。每家電信公司的費率各不相同。

## 觀光行程

### 散步行程City Promenade

從遊客中心報名出發

14:00英文場次，全程約2小時。

成人€15，學生€12，4~12歲€7.5。

www.lcto.lu

### 要塞行程Wenzel Circular Walk

從遊客中心報名出發

3~10月週六14:30，全程約3小時。

成人€20，學生€16，4~12歲€10，以上包含貝克砲台。

www.lcto.lu

### 觀光巴士City Sightseeing

使用效期內可於各站點無限次上下車，提供英文語音導覽，行經中央車站、市中心外圍及歐盟區。可於車上購票。

起站位於Boulevard de la Pétrusse

4~10月10:00~17:30（依月份不同會有些微調整），每30分鐘一班；11~3月週六和週日11:00~15:30。

成人€20，4~15歲€12，有效期限為24小時。

www.sightseeing.lu

### City Train

搭乘復古小火車造型的迷你巴士，順著環狀城壁到溪谷旁的Grund區域，穿越貝特留斯河谷，全程40分鐘。

從Montée de Clausen出發

6~9月10:00~17:30，每30分鐘一班；4、5月週二至週日11:00~16:00，每小時一班；其他月份週六和週日12:00~15:00，每小時一班。

成人€14.5，4~15歲€10。　www.sightseeing.lu

## 優惠票券

### 盧森堡卡Luxembourg Card

持盧森堡卡可免費搭乘公車、火車等交通工具，並免費參觀全國70個景點及博物館，效期自第一次使用並寫上日期起開始計算。盧森堡卡可在遊客中心、旅館、火車站購買，或上旅遊局官網、App訂購。

1日卡€13、2日卡€20、3日卡€28；2~5人可購買家庭卡，1日卡€28、2日卡€48、3日卡€68。

www.visitluxembourg.com

## 旅遊諮詢

### 盧森堡市遊客中心

P.235B1

30, place Guillaume II（威廉二世廣場）

+352 222809　09:00~18:00（週日10:00起），4~9月週一至週六09:00~18:00，週日11:00~16:00。

www.lcto.lu（盧森堡市），www.visitluxembourg.lu（盧森堡）

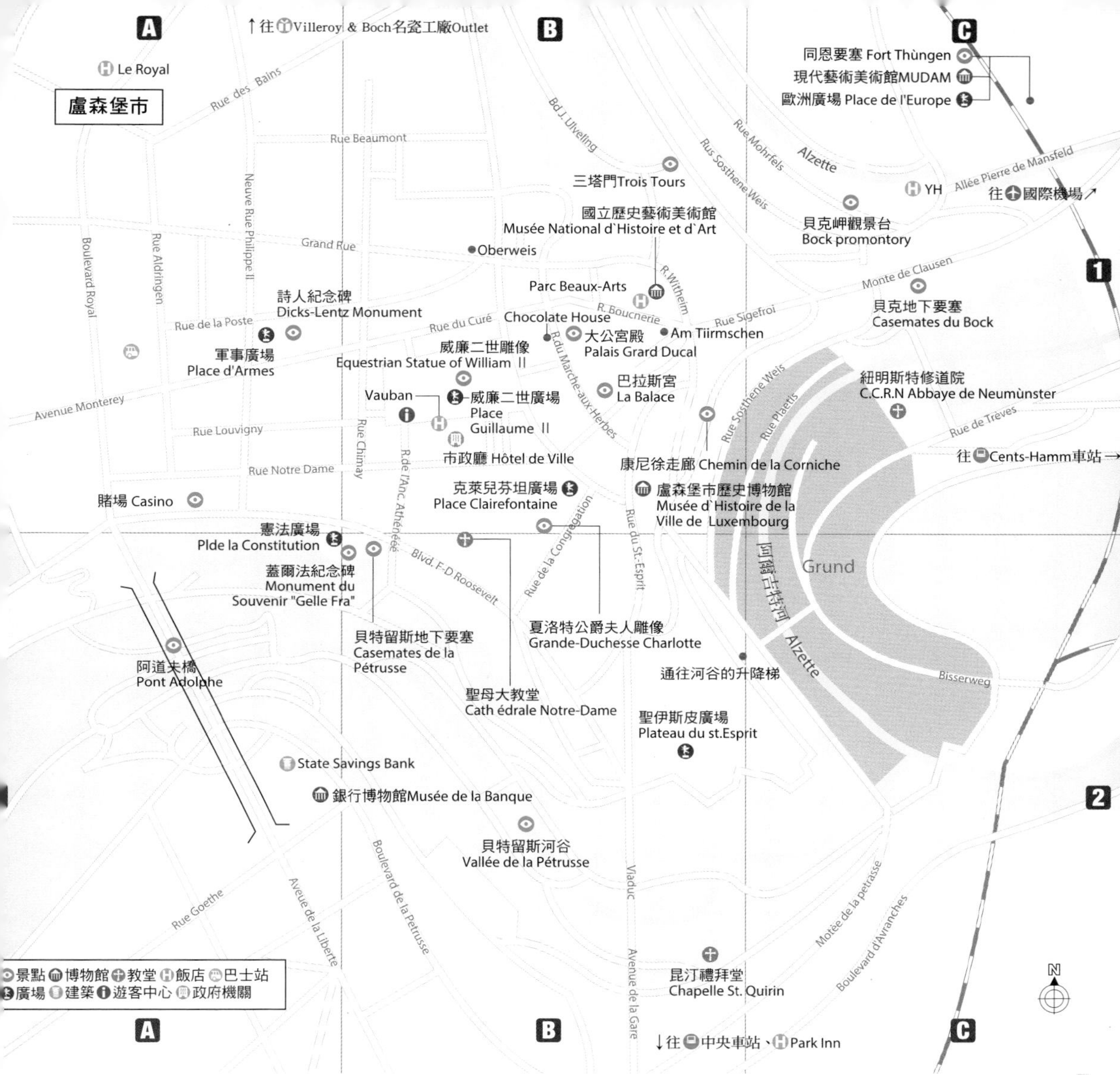


## 市區交通

盧森堡市中心極為迷你，步行是最好的遊覽方式。若要到稍遠的歐盟區域（Kirchberg District）或其他城鎮，可搭乘公車或路面電車，幾乎所有公車都會行經中央車站。從2020年3月起，盧森堡全境實施免費公共交通政策，凡搭乘路面電車、公車或火車（頭等艙除外）都可免費，不再需要購買車票！如果要前往周邊國家，則需購買跨境車票。

公車：www.mobiliteit.lu或www.vdl.lu、路面電車：www.luxtram.lu

## 單車

市區可見到許多Vel'oh!單車站，想租用這些單車必須持有國際金融卡或信用卡。到單車站的主機器可購買1日或3日短期卡，依螢幕指示設定密碼。持卡至單車架，插卡後輸入密碼可解鎖取車，前半小時免費，之後每小時€1，每日最多€5。還車時可至任一單車站，將車扣在空的車架上，等待指示燈亮起即可。

1日卡€2、3日卡€5 www.veloh.lu

## 計程車

在盧森堡不能隨手招車，必須至景點或車站附近的計程車站搭車。

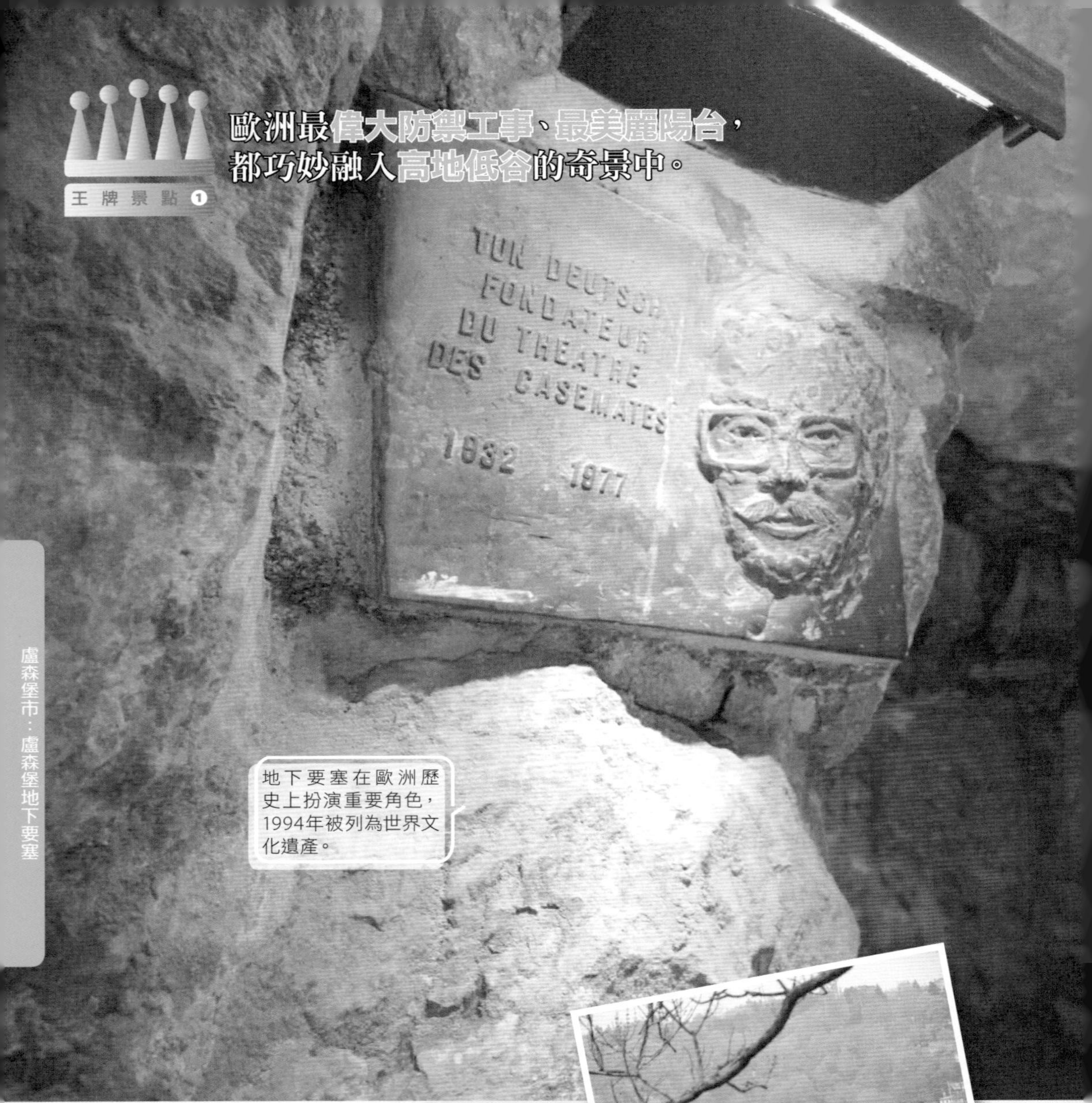

歐洲最偉大防禦工事、最美麗陽台，
都巧妙融入高地低谷的奇景中。



地下要塞在歐洲歷史上扮演重要角色，1994年被列為世界文化遺產。

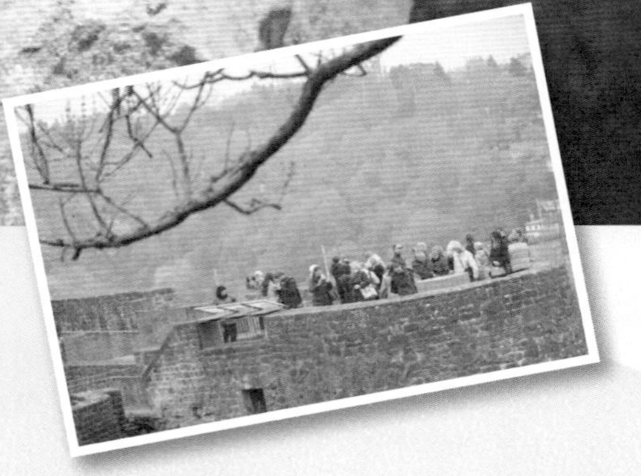

## 盧森堡地下要塞
The Casemates

盧森堡市擁有24座碉堡、16個牢固的軍事防禦系統和一條長達23公里的地下通道，這些通道深達岩石內部約40公尺，通道內不但可容納數千名士兵和馬匹，還設有廚房、麵包店和屠宰場等設施，規模之龐大複雜猶如一座迷宮。

至少預留時間
探訪要塞二選一：約2~3小時
穿梭高地低谷美景：1天

造訪盧森堡地下要塞理由

1 歐洲史上偉大防禦工程

2 被碉堡城牆環繞的城市景觀

3 體驗迷宮般地下通道

## 怎麼玩 盧森堡地下要塞才聰明？

**善用遊客中心資訊**

遊客服務中心提供眾多盧森堡旅遊資訊，可索取兩座地下要塞的詳細介紹內容，如欲參加導覽行程，可直接在此報名。

**提前預約要塞導覽團**

貝特留斯要塞必須參加英文導覽團才能入內，有興趣者記得提前至遊客中心確認出發時間並預約！貝克要塞可以直接到入口處購票並自行進入參觀，或報名參加Wenzel Circular Walk導覽團，意者請洽遊客中心。

**妥善分配參觀時間** 兩座要塞的導覽團各自需花費2~3 小時，當日不妨擇一拜訪，慢慢遊賞；如果想趕在一天內看完兩座要塞，建議安排上午和下午各一場。

◎從威廉二世廣場前方沿Rue du Cure往右步行，續走Rue de la Boucherie和Rue Sigefroi，轉進Montée de Clausen/N1可達貝克要塞，步程約10分鐘。
◎從遊客中心後方往南走Rue Chimay，右轉Boulevard Franklin Delano Roosevelt/N50可達位於憲法廣場的貝特留斯要塞，步程約5分鐘。

**碉堡要塞歷史速寫**

西元963年，齊格菲伯爵（Count Siegfried）在突起的山岬上建立一座碉堡，接下來幾世紀裡，後人不斷加強其防禦工事，使它成為堅固防衛系統。儘管如此，在1443年還是被勃艮第人攻佔，此後盧森堡被鄰近各國統治長達四個世紀之久。由於碉堡的修建橫跨數個世紀，先後參與興建者包括勃艮第人、西班牙人、法國人、奧地利人和德意志聯邦公民，最後，他們將盧森堡建立成防禦性超強的城市，因而有「北方的直布羅陀」之稱。

# 深入迷宮般的地下要塞，體驗防禦工程的堅實守護。

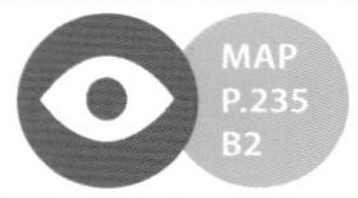



## 貝特留斯要塞 Casemates du la Pétrusse

現存最古老的貝特留斯要塞，是1644年西班牙人為加強中世紀的城市防禦體系而建，要塞平台即今日的憲法廣場。17世紀末，盧森堡為法王路易十四佔領，法軍元帥沃邦（Sébastien Le Prestre de Vauban）是知名軍事工程師，在他策劃下，要塞強度獲得進一步提升。

**Place de la Constitution（位於憲法廣場） +352-222809 英語導覽團：14:00~16:00 導覽團成人€15，學生€12，4~12歲€7.5。**

貝特留斯要塞不開放遊客自行參觀，需參加City Promenade步行導覽團才能入內，全程2小時。

**兩座要塞對外開放參觀**

**1867年，確定盧森堡中立地位的《第二次倫敦條約》簽訂，根據條約內容，盧森堡必須將要塞拆除。於是當地軍民陸續自碉堡內撤離，前後花費16年才撤離完畢。由於將龐大的碉堡拆除會毀壞部分城市結構，政府在1875年決定將碉堡入口處和幾個連接各通道的出口封住，只留下部份通道（總長達17公里），從1933年起開放其中兩個要塞讓大眾參觀。**

要塞出口可通往低地河谷區（Grund），連接著從前圍繞城市的文策爾環狀城牆遺跡（Wenzelsmauer）。

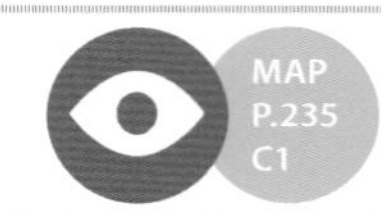



## 貝克要塞 Casemates du Bock

穿過入口的考古地下室，正式進入迷宮般的複雜通道。其岩壁被鑿出一間間砲室，透過砲眼可看到岩壁外幽靜的河谷風景。碉堡內有一口深達47公尺的水井，確保了圍城戰時的飲用水來源，十分有意思。

**10 Montée de Clausen +352-222809 3~10月10:00~20:30（最後入場20:00），其他月份10:00~17:30（最後入場17:00）。關閉整修中，重新開放日期請留意官網訊息。 成人€8，4~12歲€4，4歲以下免費。票價仍會異動，以官網公告為準。 www.luxembourg-city.com**

貝克要塞規模較大，是主要觀光路線。位於入口處的考古地下室有10世紀的碉堡遺址和模型，是城市的起源。

# 溪流、河谷、砲塔堡壘，高低錯落有致，漫步於歐洲最美麗陽台。

康尼徐走廊走到盡頭，阿爾吉特河出現了支流，沿著城壁西行至阿道夫橋的這段是貝特留斯河谷的絕美風光。

## 康尼徐走廊與貝特留斯河谷

**Chemin de la Corniche & Vallée de la Pétrusse**

如何前往

**從貝克要塞旁沿著城牆的小路走可達康尼徐走廊，或從高架橋（Viaduc）旁的Plateau du St.Esprit搭乘升降梯可通往河谷。**

康尼徐走廊是一條昔日要塞的城牆走道，往北通達貝克要塞與貝克岬觀景台（Bock Promontory），往南連接聖靈稜堡（Holy Ghost Citadel），沿途是風景如畫的阿爾吉特河谷（Alzette valley），被盧森堡作家貝堤·韋伯（Batty Weber）形容為「歐洲最美麗陽台」。

**遠望盧森堡市的最佳拍照地點**

**由於過去的要塞屏障已被清除，於是清澈溪流、河谷對岸名為Grund的小鎮，以及Rham高地的堡壘都清晰可見，宛如一處自然的畫廊。從康尼徐走廊可以看到盧森堡市最具代表性的風景，也是拍照絕佳場所。**

**歐盟中心組織群聚新市區**

**從舊城區搭乘公車，跨越鐵路和阿爾吉特河上的紅色大橋，就會抵達新市區Kirchberg。這裡又稱為歐洲區，寬闊平整的街道兩側聳立著造型前衛的新興大樓，歐洲共同體法院、歐洲投資銀行、歐洲議會等歐盟中心組織，都座落於此區。**

阿道夫橋又稱為「新橋」，是連接新舊市區的主要管道，現已成為盧森堡市市標，夜晚打上照明燈，十分美麗。橋頭如城堡般的建築是國家儲蓄銀行（State Savings Bank）。

MAP P.235 A2

## 阿道夫橋 Pont Adolphe

如何前往

**從中央車站沿Avenue de la Liberté直走即達。**

info

**www.lcto.lu/en/place/monuments/adolphe-bridge**

這座橋建於1900至1903年，由獨立後首任大公阿道夫下令建造，在當時是全世界最大的石砌拱型橋樑，橋高約42公尺，總長153公尺，橋拱的最大跨幅更超過85公尺，橫跨貝特留斯河谷，有歐洲最傑出建築之一的美譽。

**利用免費升降梯穿越高地和低谷**

**盧森堡市的地勢高低起伏很大，倘若走累了，位於聖依斯皮廣場（Plateau du Saint-Esprit）的免費電梯是往返位於高地的舊城區與低地河谷區（Grund）的絕佳移動工具。此電梯鑿入55公尺深度的岩石中，可直達地下四層樓深的低谷區，十分方便。**

P.235B2 Plateau du Saint-Esprit

MAP P.235 A2

## 憲法廣場 Place de la Constitution

如何前往

**從中央車站沿Avenue de la Gare往城區方向走，過高架橋後即達；或從遊客中心後方往南走Rue Chimay，右轉Boulevard Franklin Delano Roosevelt/N50可達。**

info

**place de la Constitution**

廣場建於貝特留斯要塞之上，突出於溪谷之間，擁有一片花園平台，是眺望貝特留斯河谷和阿道夫橋的最佳地點。廣場上的「Gelle Fra」紀念碑是紀念在一次世界大戰中犧牲的盧森堡人，紀念碑頂端手持桂冠的黃金女神（Goden Lady）是自由與榮耀的象徵。

## 現代藝術美術館

**Musée d'art moderne Grand-Duc Jean (MUDAM)**

如何前往

搭乘公車12、32號或搭乘路面電車T1於Philhrmonie/MUDAM站下車，步行約5分鐘可達。

info

3, Park Dräi Eechelen +352-4537851

週四至週一10:00~18:00，週三至22:00。

週二

成人€8，21~26歲€5，21歲以下免費。每週三18:00後入場免費。 www.mudam.lu

美術館由知名建築師貝聿銘設計，沿著要塞遺址的城牆而建，以45度角切割平面，從空中俯瞰宛如箭頭伸展兩翼包覆遺址，運用當代建築元素詮釋歷史碉堡的意象，展品涵蓋油畫、素描、雕塑、攝影和多媒體素材等當代藝術。

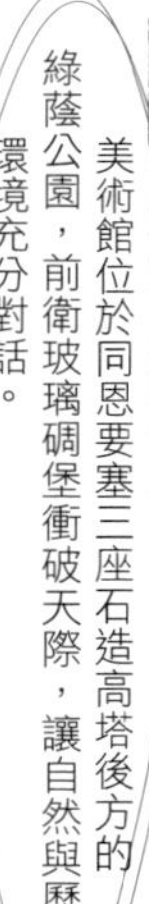

美術館位於同恩要塞三座石造高塔後方的綠蔭公園，前衛玻璃碉堡衝破天際，讓自然與歷史環境充分對話。

**精通德法語的盧森堡人其實母語是盧森堡語！**

盧森堡由於地理位置夾在德法兩國之間，德語和法語自然是官方語言，其實他們還有另一種官方語言是盧森堡語，學生在校必須學習這三種語言才能畢業。有趣的是，不同於加拿大、比利時或瑞士是以區域劃分來使用語言，盧森堡人是根據場合來切換語言，通常法律條文等官方行政類會使用法語書寫，新聞及報紙多使用德語，而平時口語交談當然就用母語—盧森堡語！

外牆使用淡蜂蜜色石灰石，能反射光線，挑高的展廳透過玻璃天幕引進自然光，隨四季柔和地襯托藝術品。

擁有三座砲塔的同恩要塞像綠地上的三顆巨大橡樹種子，外型討喜，被暱稱為「三個橡實」。

登上砲塔可眺望碧綠河谷、斑駁城牆及老城高塔組成的風景畫。

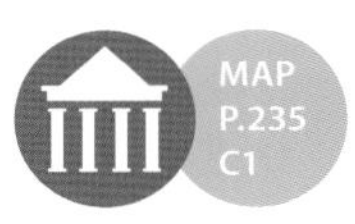

MAP P.235 C1

## Dräi Eechelen 博物館（同恩要塞）

**Fort Thüngen-Musée Dräi Eechelen**

如何前往

搭乘公車12、32號或搭路面電車T1於Philhrmonie/MUDAM站下車，步行可達。

info

5, Park Dräi Eechelen　+352-264335

週二至週日10:00~18:00(週三至20:00)

週一　免費

www.m3e.lu

同恩要塞在1733年奧地利人統治時期興建，1867年盧森堡中立國地位確立，要塞也遭拆除，僅留部分城牆及地下通道。館內展示盧森堡防禦工事歷史，以模型搭配光線展演，可清楚看到環繞城市的要塞和砲台分布及不同年代的規模。

MAP P.235 C1

## 歐洲廣場

**Place de l'Europe**

如何前往

搭乘公車12、32號或搭路面電車T1於Philhrmonie/MUDAM站下車，步行可達。

info

音樂廳：www.philharmonie.lu

廣場種植許多白樺樹，每一棵樹都代表一個歐盟國成員，從地面的石板刻字可以找到創始會員國及最新加入的國家。兩旁分別是歐洲會議中心和音樂廳（Philharmonie），希臘神殿般的白色列柱外型出自法國建築師Christian de Portzamparc之手，也是盧森堡管弦樂交響樂團的主場。

### 「歐盟之父」羅貝爾•舒曼是盧森堡人的驕傲！

**出生於盧森堡的羅貝爾·舒曼(Jean-Baptiste Nicolas Robert Schuman)曾任法國總理，他在1950年發表歷史性的舒曼宣言，建議德國與法國在煤和鋼鐵產業上共同合作，促成「歐洲煤鋼共同體」形成，此共同體正是往後歐盟組建重要的一步，在1953年，26個歐洲國家共同簽署《人權和公民基本自由斯特拉斯堡公約》，也是受舒曼宣言影響，所以1958年《羅馬條約》生效、歐洲經濟共同體（EEC）正式成立後，他被任命為歐洲議會首任議長，學者們於是稱羅貝爾·舒曼為「歐盟之父」。**

王牌景點 2

# 文藝復興風格的國家政治中心，無論遠觀或細看，都充滿王室貴族氣息。

宮殿右翼是巴拉斯宮（La Balace），自1859年起改為下議院，也是舉辦國宴的場所。

## 大公宮殿
**Palais Grand-Ducal**

大公宮殿在中世紀原是市政廳，1554年因為火藥爆炸而毀壞，1572年重建為擁有北方文藝復興風格正立面的雄偉建築。18世紀後，荷蘭國王身兼盧森堡大公居住在此，到了1890年，盧森堡不再附屬於荷蘭，這裡自此成為大公宮殿。

從威廉二世廣場往東步行，約5分鐘可達。

至少預留時間
看宮殿建築與衛兵交接
約1~2小時
逛市集+品美食+賞教堂
約半天~1天

17, Rue du Marche-aux-Herbes
+352-222809
夏季對外開放，在遊客中心可報名參觀大公宮殿的導覽團（約1小時）。
成人€15，4~12歲€7.5。
monarchie.lu

盧森堡市：大公宮殿

### 造訪大公宮殿理由

1. 盧森堡大公昔日居所
2. 華麗的國家政治中心

**掌握時間觀賞衛兵換哨儀式**

宮殿前有穿著傳統軍服的衛兵駐守，每天上午10點到下午6點，每2個小時會進行一次換哨儀式，有興趣觀看的人，不妨留意一下時間。此外，若想細細欣賞宮殿建築，對面Chocolate House的2樓坐擁極佳視野，是享用美食觀景的好地方。

### 怎麼玩大公宮殿才聰明？

**把握遊客中心的導覽行程**

對宮殿歷史和建築有興趣者，建議走進遊客中心蒐集相關資訊；尤其夏季期間，遊客中心會推出大公宮殿專業導覽團，想參觀宮殿內部的人記得要事先報名。

**留意衛兵換哨時間**

駐守於宮殿門前的衛兵，每隔2小時會交接一次，別忘了趕在下午6點之前，抓準時間來觀賞換哨儀式。

**到餐館或咖啡廳坐坐**

宮殿附近的餐館和咖啡廳相當密集，逛累時不妨坐下來喝杯咖啡、享用甜點，或品嚐傳統盧森堡風味餐。

## DO YOU KnoW

### 盧森堡王室婆媳大戰，八卦小報報不停！

現今的盧森堡亨利大公（Grand Duke Henri）在日內瓦大學讀書時，與古巴富商之女瑪麗亞·特蕾莎（Maria Teresa）相戀，雖然瑪麗亞出生於哈瓦那，但父母其實是西班牙裔。由於盧森堡的王室歷來皆與歐洲王族成婚，再加上約瑟芬·夏洛特的父親是比利時國王、母親是瑞典公主，貴族出身的她實在不想讓兒子與古巴裔的平民結婚，因而反對這門婚事，據説當時亨利大公撂下狠話説，如果不同意這樁婚事他就不回盧森堡了！

1981 年兩人終於順利成婚，幸福地生下 5 名子女，亨利於 2000 年成為歐洲最年輕的君主，但婆婆依舊看媳婦不太順眼。2002 年媒體披露瑪麗亞在私人聚會中哭訴婆婆輕蔑的稱她「小古巴」，並試圖破壞他們的婚姻，此爆炸性新聞在歐洲八卦圈鬧得沸沸揚揚，可見王室豪門的媳婦並不好當啊！

# 廣場散步、看教堂、逛市集、購物享美食，感受市區熱鬧氛圍。

廣場南側是市政廳，西側是遊客中心。每週三早上設有農產市集，許多地方性農產品都集中在此販售。

## 威廉二世廣場 Place Guillaume II

MAP P.235 B1

如何前往

從中央車站沿Avenue de la Gare往城區方向走，跨越貝特留斯河谷，於聖母大教堂右轉即達。

這座廣場是遊客認識盧森堡市的最佳起點，中央的銅像是1840~1849年統治盧森堡的尼德蘭國王兼任盧森堡大公—威廉二世，豎立銅像是為了感謝他給予盧森堡大公國憲法議會的自治權，銅像底座戴著王冠的獅子就是市徽。

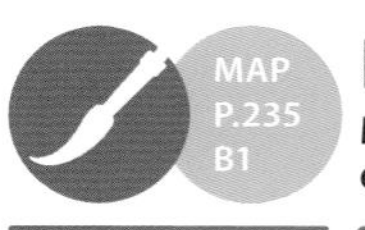

## 國立歷史藝術美術館 Musée National d'Histoire et d'Art

MAP P.235 B1

如何前往

從威廉二世廣場向大公宮殿方向步行，位於宮殿後方即達。

info

Marché-aux-Poissons

+352-4793301 週二至週日10:00~18:00（週四至20:00） 休週一 常設展免費，特展成人€7，26歲以下免費。 www.mnha.lu

地下展廳陳列盧森堡近數十年來的考古發現，包括史前時代文明與羅馬時代遺跡。地面上層則展示中世紀藝術品、宗教藝術、古幣勛章、盔甲兵器、要塞殘骸和15世紀至當代的畫作，以及當地人使用的傳統工具與居家用品。

在舊城區建築中，國立歷史藝術美術館極簡風格的現代箱型建築特別醒目。

### 知名瓷器工廠Outlet五折起

**全球知名瓷器品牌Villeroy & Boch在盧森堡市郊設有直營工廠Outlet，瓷器種類琳瑯滿目，各個系列如經典的法式花園、Design Naif鄉村、聖誕系列等，大約是市價的5~7折。**

由中央車站搭乘公車21號於Rollingergrund, Villeroy & Boch站下車可達。 330 Rue de Rollingergrund 週一至週六09:00~18:00 www.villeroy-boch.lu

**荷蘭國旗？盧森堡國旗？傻傻分不清**

一樣是藍白紅三色橫線條的兩國國旗常常讓人搞錯，乍看之下幾乎相同，只差在比例跟藍色橫條深淺不一，如果印刷或螢幕顯示有點色差，簡直就無法辨認！原來盧森堡在歷史上與荷蘭有著千絲萬縷的密切關係，即使盧森堡在19世紀就形成獨立自主的國家，但1815年荷蘭聯合王國成立後，仍與現在的荷蘭、比利時一同納入荷蘭聯合王國的管轄，而首任荷蘭聯合王國國王威廉一世同時兼任盧森堡大公，直到1830年比利時獨立，盧森堡才跟著正式宣布獨立，並採用與荷蘭近似的國旗，僅將藍色部分改為淺藍色做為區別，下次看國旗可得看仔細啊！

## 軍事廣場 Place d'Armes

MAP P.235 A1

如何前往

從威廉二世廣場往西北方向步行，約2分鐘即達。

廣場名稱的由來是因為這裡曾是衛兵駐紮營地，1554年城市大火後，才仿造布魯塞爾大廣場興建。現在的軍事廣場扮演城市娛樂大廳的角色，四周環繞知名餐廳和咖啡館，相鄰的Rue Philippe II和Grand Rue則是名品購物大街。

廣場東側建築是屬於市政廳的集會展覽場Cercle Cité，每年夏季週末，各種音樂會和舞蹈表演讓廣場越晚越熱鬧。

這裡供奉的聖母與聖子像會在特殊宗教日換上不同衣服，在更換衣服時總吸引無數教徒前來觀禮。

教堂有兩個入口，在聖母街入口處有耶穌會創立者雕像，在憲法廣場旁的入口則供奉聖母瑪利亞雕像。

## 聖母大教堂 Cathédrale Notre Dame de Luxembourg

MAP P.235 B2

如何前往

從中央車站沿Avenue de la Gare往城區方向走，過高架橋後即達。

info

7 Rue Notre Dame　+352-462023

週一至週六08:00~18:00，週日09:00~19:00。　免費　www.cathol.lu

建於1613年，原屬於耶穌會所有，18世紀末開始供奉城市及國家的守護聖人聖母瑪麗亞，1870年被教宗庇護九世(Pius IX)欽點為聖母大教堂。建築外觀雖以哥德式為主，內部柱子卻有阿拉伯及印度雕刻，在北面出口的門檻也刻有文藝復興及巴洛克風格雕花。

# 傳統菜餚、巧克力、熱可可、蛋糕甜點，都充滿盧森堡在地風味。

## Am Tiirmschen

在地傳統風味餐

must eat! 前菜€16起 主菜€23起 推薦菜

32 Rue de l'Eau

從大公宮殿旁有一條穿越房屋的古聯絡道，這裡是以前的舊魚市場（Ilot Gastronomique），如今成為餐廳密集區，想試試盧森堡風味傳統菜，不妨到入口處的Am Tiirmschen品嚐看看。

P.235B1 從遊客中心穿過威廉二世廣場，接Rue de la Reine，往右經過大公宮殿，左轉Rue de l'Eau可達。 +352-26270733 週一至週五10:00~18:00，週六09:00~20:00，週日10:00~20:00。 www.amtiirmschen.lu

## Chocolate House

溫馨甜點小店

20, Rue du Marché aux Herbes

位於大公宮殿正對面的Chocolate House，是男女老少都喜愛的溫馨小店，各種口味的熱可可和鬆軟大蛋糕，連西裝筆挺的上班族也抵抗不了甜蜜威力。

P.235B1 +352-26262006 週一至週五08:00~20:00，週六09:00~20:00，週日10:00~20:00。 chocolate-house-bonn.lu

must eat! 各式小蛋糕 €4起 推薦菜

## Oberweis

皇家認證精品甜點

16 Grand-Rue

除了正餐，甜點也是市民生活必備品，Oberweis是經過皇家認證的品牌，不管是選購巧克力或蛋糕，都會誤以為自己在挑選精品珠寶。

P.235B1 +352-470703 週一至週六07:45~18:00 休週日 www.oberweis.lu

同場加映

# 離開盧森堡市的周邊小旅行



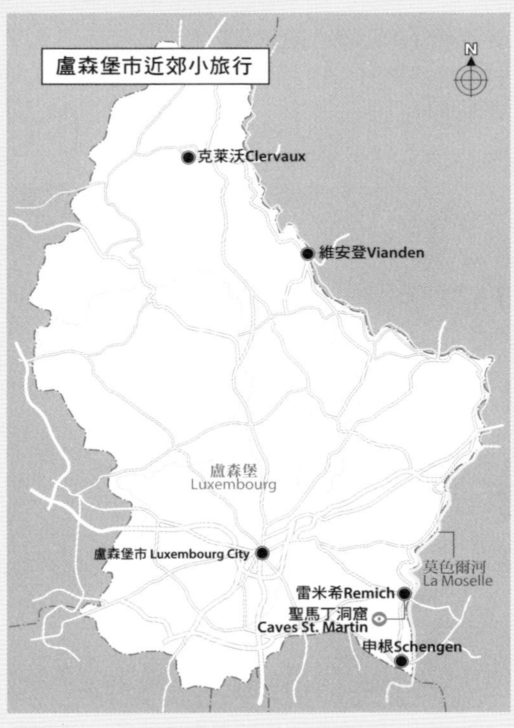


離開了盧森堡市，在這個被盛讚為森林與溪谷的王國，綠意盎然且寧靜純樸的鄉村風景也是極具魅力的景點，無論是令大文豪雨果心醉的純樸小鎮維安登，或沿著盧德邊境的莫色爾河搭船遊賞，造訪葡萄酒鄉雷米希的酒莊、以簽證聞名的申根小鎮，都將是難忘的旅程。

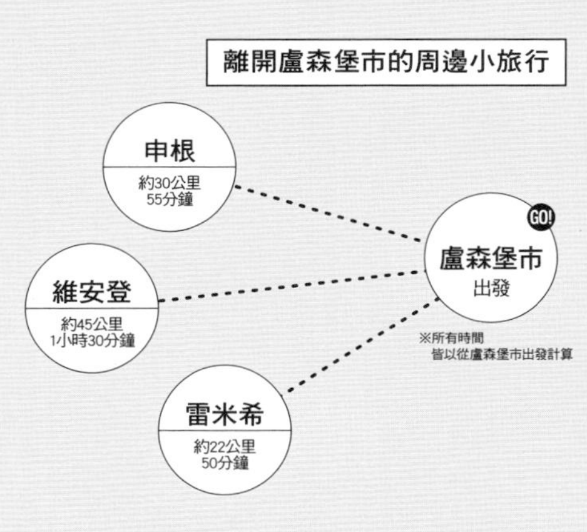

# 只要1.5小時車程，就能漫步童話小鎮！

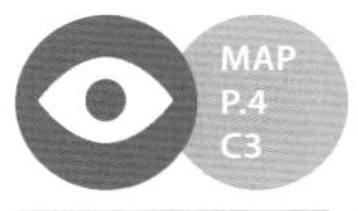


## 維安登 Vianden

如何前往

◎火車

從盧森堡市中央車站搭乘國鐵火車至Ettelbruck站下車，車程約30分鐘，再轉搭巴士181號，約30分鐘可抵達Vianden。

旅遊諮詢

◎遊客中心

P.249 18 Grand-Rue, Vianden

+352-834257

週一至週五09:00~17:00，週六和週日10:00~16:00。 www.vianden-info.lu

維安登橫跨瓦爾河（Our）兩岸，在中世紀曾是擁有五座城門且手工業興盛的大城，15世紀拿騷家族接管此地，由於不受統治者所重視而逐漸沒落。這座河谷邊的寧靜小鎮和街道濃濃中世紀風情，不但是1862年法國文豪雨果初次造訪就迷戀心醉的地方，現在更是遊人如織的觀光勝地。

**你也可以搭纜車上山玩**

**除了漫步悠閒小鎮，從瓦爾河對岸搭乘纜車到山頂，俯瞰童話故事般的小鎮美景，將是此行最美記憶。到達山頂後若有時間，可沿著登山小路走往城堡。**

從公車站下車後，沿Rue du Sanatorium走，可達纜車站。 39, Rue du Sanatorium 復活節後~10月10:00~18:00 單程€4.5起，依官網公告為準。 www.visit-vianden.lu/en

Highlights：在維安登，你可以去～

每年7月底至8月初，城堡會舉辦中世紀慶典，包括中古擊劍、音樂和手工藝等表演活動。

## 1 維安登城堡 Chateau de Vianden

城堡是羅馬加哥德式風格的綜合體，17世紀又添加文藝復興元素，是中古封建時期的城堡代表作。跟隨中文語音導覽，走過展示騎士甲冑和兵器的武器廳、挑高禮拜堂、掛滿烹飪用具的大廚房，以及重現中古生活的宴會廳，不難想像當時伯爵家族生活的樣貌。

P.249 從遊客中心沿斜前方的斜坡向上步行，約10分鐘可達。 1~2月和11~12月10:00~16:00，3月及10月至17:00，4~9月至18:00。中世紀慶典：7月下旬至8月初。 成人€10，13~25歲€5，6~12歲€2.5；中世紀慶典期間每人€12。 www.castle-vianden.lu

### 聆聽城堡起死回生興衰史

城堡修建於11~14世紀，當時勢力與盧森堡伯爵不相上下的維安登伯爵，在羅馬時期的碉堡和卡洛林王朝（Carilingian）時期的庇護所遺跡上，修築自己的權力象徵。1417年由奧倫治．拿騷家族（House of Nassau）取得所有權，但此家族並不重視維安登城堡，從此開啟衰敗的命運。1820年荷蘭國王威廉一世將城堡賣給市議員Wenzel Coster，Wenzel Coster將它拆除零碎賣出，殘破不堪的城堡最終在盧森堡大公接管下得以重生，於1977年正式納入國有財產。

## 2 雨果之家 La maison de Victor Hugo

1871年法國大文豪雨果逃亡時，曾在小鎮入口的橋邊房舍裡居住數月。此房舍經過整修後設置了雨果博物館，空間不大，除了當時居住的傢俱原貌外，還展示作家的素描繪畫與文字，透過多媒體導覽更加認識雨果的生平。

P.249 37, rue de la Gare, Vianden +352-26874088 4月~10月12:00~18:00，11~3月11:00~17:00。 休 週一 成人€5，25歲以下免費。 www.victor-hugo.lu

# 不到1小時車程，拜訪世界最知名村莊！

MAP P.4 C3

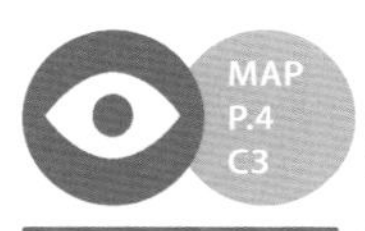

## 申根 Schengen

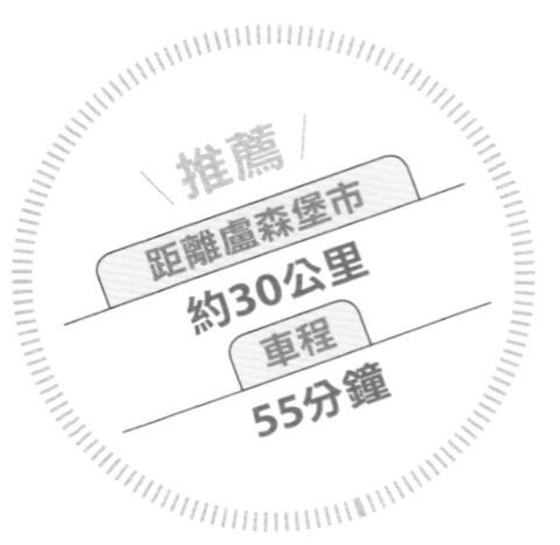

如何前往

◎巴士

從盧森堡市中央車站旁搭乘412、413號巴士到Mondorf-les-Bains, Christophorus，再由此轉乘開往Remich方向的431、432號巴士，於Schengen, Koerech下車，約需55分鐘。步行約3分鐘可抵達遊客中心。

旅遊諮詢

◎遊客中心

Rue Robert Goebbels

+352-26665810

11~3月10:00~17:00，4~10月10:00~18:00

www.schengen-tourist.lu

推薦

距離盧森堡市 約30公里

車程 55分鐘

在開放免簽證之前，欲前往歐洲的遊客一定認識「申根」這名字，而這知名的地方竟只是盧森堡東南邊界，一座種滿葡萄的小村莊。1985年6月14日，五個創始會員國包括西德、法國、荷蘭、比利時和盧森堡，在遊船Bateau Marie Astrid上正式簽署申根公約，目的是取消會員國間的邊境管制，持有任一會員國有效簽證或身分證皆可短期隨意進出任一會員國。

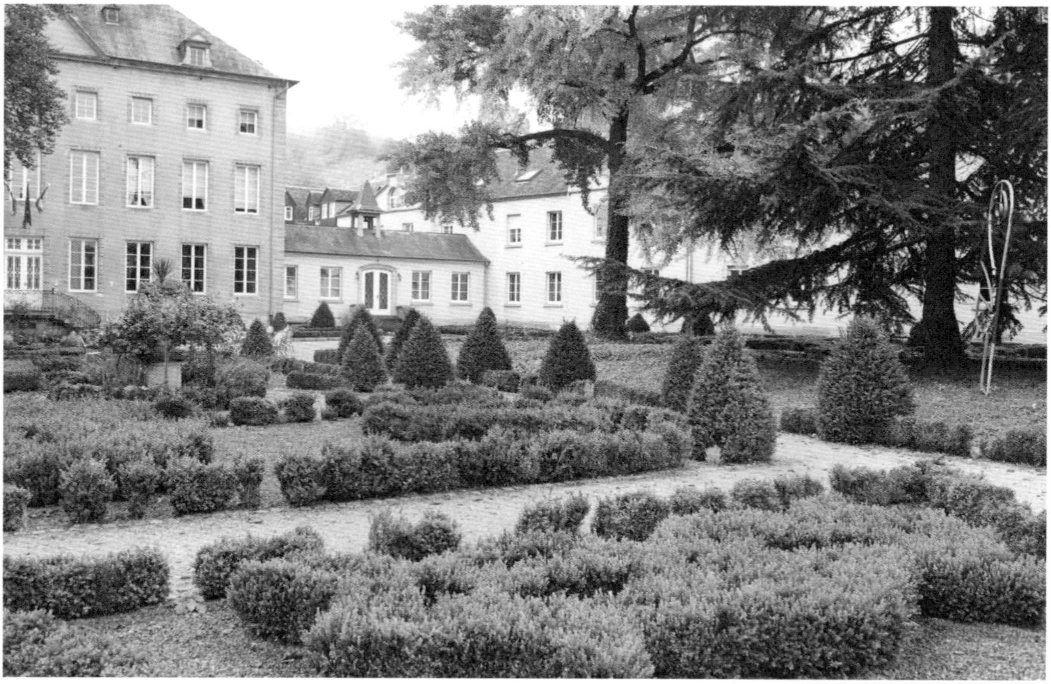

**Highlights：在申根，你可以去～**

## 1 申根歐洲博物館 Musée européen Schengen

申根歐洲博物館在申根公約簽署的25週年時成立，透過互動式多媒體設備說明申根公約的內容、在歐洲歷史扮演的角色以及與歐盟（EU）的差異，並向來訪者傳達申根公約所代表的自由移動與去疆界化的重要意義。

P.249 位於遊客中心對面，步行可達。 6 Rue Robert Goebbels, Schengen +352-26665810 10:00~18:00，11月~復活節10:00~17:00。 免費 www.visitschengen.lu

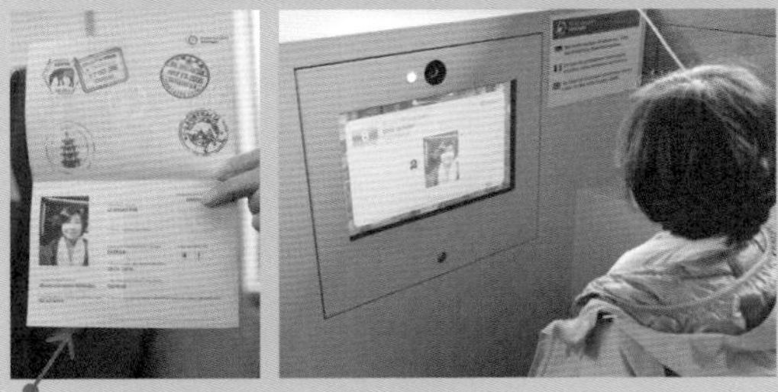

博物館角落有一台機器，可現場印製一張屬於自己的申根簽證，相當有趣。

### Do You Know

**為什麼選在這座小村落簽署重要條約？**

聯邦德國(當時東西德尚未統一)、法國、義大利及荷比盧六個創始成員國因1957年的《羅馬條約》，一起建立了歐洲經濟共同體（EEC），到1980年代初期，歐洲經濟共同體已有十個成員國，當時除了義大利，其他五國都決定簽署條約以促成邊界自由化，而這一年盧森堡正巧輪值要接任主席國的位置，簽署地點就由盧森堡來指定。

在荷比盧的城鎮中剛好只有申根同時與法國及聯邦德國接壤，所以特地挑選這個具有象徵意義的地點，簽約時五國代表還專程乘坐遊輪至莫色爾河中游，盡可能靠近三國交界處呢！

**小公園的紀念碑開啟歐洲大門**

莫色爾河岸豎立著申根公約紀念碑，三座高3.5米的鋼柱象徵歐盟概念的萌芽—歐洲煤鋼共同體（ECSC），其三顆銅星代表法國、德國與荷比盧經濟聯盟三方接壤的邊境。在莫色爾河的對岸，左側是德國，右邊是法國，而腳下這個寧靜小公園就是開啟歐洲的大門。

# 僅僅1小時車程，<br>就能忘情沉醉於葡萄酒鄉！

優質酒品中，以使用Pinot Gris釀製的特級葡萄酒Grand Premier Cru和Riesling釀製的氣泡酒Crémant最具代表。

## 雷米希&莫色爾河
## Remich & The Moselle

如何前往

◎公車

從盧森堡市中央車站搭乘413號公車至Bech-Kleinmacher, Centre站下車，步行2分鐘可達莫色爾河旅遊局；413號公車繼續往前搭至Remich, Gare routière站下車，站旁就是雷米希遊客中心。

公車：www.mobiliteit.lu/en

旅遊諮詢

◎雷米希遊客中心Centre visit Remich

1, route du vin L-5549 Remich

+325-27075416

10:00~17:00

visitremich.lu

◎莫色爾河旅遊局

Office Régional du Tourisme Région Moselle

52, route du Vin, Bech-Kleinmacher, Grand-Duché de

+325-26747874

www.visitmoselle.lu

莫色爾河是盧森堡葡萄酒的故鄉，釀酒歷史可追溯至古羅馬時期，產區從南部申根（Schengen）、雷米希（Remich）向北延伸到Wasserbillig，綿延42公里，主要種植白葡萄品種如Riesling、Auxerrois、Pinot Gris與Pinot Blanc。為了控制品質，沒有混雜其他區域葡萄的優質酒品都會貼上「Marque nationale – appellation contrôlée」酒標。

開車不喝酒，安全有保障

**Highlights：在雷米希&莫色爾河，你可以去～**

## 1 聖馬丁酒窖 Caves St Martin

聖馬丁酒窖採用傳統方式釀造氣泡酒，每瓶氣泡酒需在恆溫12度與一定溼度下，自然發酵至少兩年後，靜置於酒窖3到4個月才能產出。參觀酒窖時，由導覽人員帶領認識葡萄酒的釀製過程、昔日釀酒大木桶、裝瓶工具和現代化設備。

P.249 從盧森堡市中央車站搭乘413號公車至Remich, Maatebierg站下車，沿河岸往北步行約10分鐘可達。 53 Route de Stadtbredimus, Remich +352-23699774 參觀酒窖：週三至週日10:00~17:00，平均1小時一場。 休 週一和週二 $ 成人€8（酒窖導覽+一杯氣泡酒），成人€10（酒窖導覽+一杯氣泡酒+一杯紅酒）。 www.cavesstmartin.lu

7位共同創立者在Remich附近的河岸發現這塊富含鈣質的巨大岩石，適合釀造葡萄酒，於是在1919年開鑿這洞窟中的酒窖。

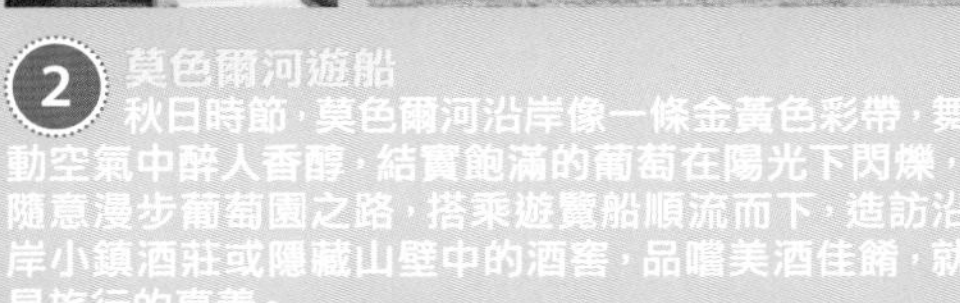

## 2 莫色爾河遊船

秋日時節，莫色爾河沿岸像一條金黃色彩帶，舞動空氣中醉人香醇，結實飽滿的葡萄在陽光下閃爍，隨意漫步葡萄園之路，搭乘遊覽船順流而下，造訪沿岸小鎮酒莊或隱藏山壁中的酒窖，品嚐美酒佳餚，就是旅行的真義。

**Navitours**

從盧森堡市中央車站搭乘413號公車至Remich, Gare routière站下車，步行可達登船處。 登船報到處： 1, route du Vin, Remich（雷米希遊客中心前方碼頭） +352-758489 5~9月11:15~17:45，每1.5小時一班；其他月份僅週日一班。以上皆從雷米希往返於申根之間，航程約1.5小時。 $ Panorama tours：往返成人€12.5、6~12歲€6。另有Gourmet cruises和Daily cruises行程可選擇，詳情請查詢官網。 www.navitours.lu

**Princesse Marie-Astrid**

10, route du Vin, Grevenmacher +352-758275 每天有不同主題的遊船，出發時間因主題而不同。 $ 視起迄點河遊船主題而不同€7~25 www.marie-astrid.lu

# 荷蘭 比利時 盧森堡

27

**作者**墨刻編輯部
**攝影**墨刻編輯部
**主編**戴鎂珍
**封面設計**羅婕云
**美術設計**許靜萍（特約）．羅婕云
**地圖繪製**墨刻編輯部

**出版公司**
墨刻出版股份有限公司
地址：台北市104民生東路二段141號9樓
電話：886-2-2500-7008／傳真：886-2-2500-7796
E-mail：mook_service@hmg.com.tw

**發行公司**
英屬蓋曼群島商家庭傳媒股份有限公司城邦分公司
城邦讀書花園：www.cite.com.tw
劃撥：19863813／戶名：書虫股份有限公司
香港發行城邦（香港）出版集團有限公司
地址：香港灣仔駱克道193號東超商業中心1樓
電話：852-2508-6231／傳真：852-2578-9337
城邦（馬新）出版集團 Cite (M) Sdn Bhd
地址：41, Jalan Radin Anum, Bandar Baru Sri Petaling, 57000 Kuala Lumpur, Malaysia.
電話：(603)90563833／傳真：(603)90576622／
E-mail：services@cite.my

**製版．印刷**漾格科技股份有限公司
**ISBN**978-986-289-855-0．978-986-289-858-1（EPUB）
**城邦書號**KV4027 **初版**2023年4月 **二刷**2023年10月
**定價**399元
**MOOK官網**www.mook.com.tw
**Facebook粉絲團**
MOOK墨刻出版 www.facebook.com/travelmook


**執行長**何飛鵬
**PCH集團生活旅遊事業總經理暨墨刻出版社長**李淑霞
**總編輯**汪雨菁
**資深主編**呂宛霖
**採訪編輯**趙思語．陳楷琪
**叢書編輯**唐德容
**資深美術設計主任**羅婕云
**資深美術設計**李英娟
**影音企劃執行**邱茗晨
**業務經理**詹顏嘉
**業務副理**劉玫玟
**業務專員**程麒
**行銷企畫經理**呂妙君
**行銷專員**許立心
**行政專員**呂瑜珊
**印務部經理**王竟為

荷蘭.比利時.盧森堡/墨刻編輯部作. -- 初版. -- 臺北市：墨刻出版股份有限公司出版：英屬蓋曼群島商家庭傳媒股份有限公司城邦分公司發行, 2023.0
256面；16.8×23公分. -- (Mook city target；27)
ISBN 978-986-289-855-0(平裝)

1.CST: 旅遊 2.CST: 荷蘭 3.CST: 比利時 4.CST: 盧森堡

747.29　　112003282